复旦卓越·经济学系列

电力企业文化理论与实践

何宇宏 等 编著

复旦大学 出版社

本书编委会

主　编　何宇宏
副主编　焦娅敏　江晓花
参编者（按姓名笔画顺序）
　　　　丁建凤　巩军伟　安　艳　江晓花
　　　　何宇宏　张宗峰　张贵红　吴翠芹
　　　　夏太娣　焦娅敏

前　言

　　企业文化理论发端于 20 世纪 80 年代初,它标志着企业管理理念由以物为核心的刚性管理向以人为核心的柔性管理的转变。仅仅三十年,企业文化管理模式已风靡全球,成为现代企业谋求发展、提升核心竞争力与生存力的不二之选。究其因,知识经济时代与服务制胜时代的来临,人的主观能动性与精神动力成为企业成败的关键因素;战略管理的崛起也使企业哲学成为决定企业命运的基石;而分权管理的大型、超大型企业的不断涌现又不得不依赖于企业精神增强企业的凝聚力。也就是说,在生产高度社会化与国际化、市场竞争日益激烈的形势下,企业要在复杂多变的国内国际环境中立于不败之地,必须走文化管理之路。

　　我国电力企业文化建设的滥觞与发展正是与电力企业的市场化步伐同步前行的。

　　1978 年的改革开放完全改变了人们对于市场和企业的认识。1985 年开始,全国性的电力体制改革拉开帷幕。特别是 2002 年,国务院下发《电力体制改革方案》(业内通称的"5 号文")决定对电力工业实施以"厂网分开、竞价上网、打破垄断、引入竞争"为主要内容的电力体制改革,两大电网公司、五大发电集团、四大电力辅业集团应运而生,国家电力公司独家垄断的局面就此打破。

　　新的电力体制的初步形成,促使我国电力企业不仅要适应国内的市场化变革,也要面对国际的行业竞争与经营风险。为了谋求生存与发展空间,电力企业必须选择尽快实现管理理念的现代化转型,管理模式也逐渐由计划导向型向市场导向型转变:对内,要关注员工利益,强调团队精神,营造和谐的生产环境;对外,在建立市场观念、强化竞争意识的同时,也要重视社会责任意识,树立良好的企业形象,营造和谐的外部环境。因此,企业文化建设的必要性开始受到重视。电力行业各集团公司先后成立了专门的企业文化领导机构,将企业文化建设作为硬任务下达基层各单位,从而引发了电力行业企业文化建设的热潮,并延续至今。

　　在这个过程中,作为电力特色高校的教师,我们也参与其中,承接了很多企业文化建设的相关项目,掌握了大量一手资料。我们发现,一方面,由于各电力集团领导对企业文化建设的高度重视和强力推行,电力行业的企业文化建设蓬勃开展、成效显著。另一方面,由于电力企业集团体量庞大、人员结构复杂、管理模式、经营方式多元化等客观因素的制约,又使电力行业的企业文化建设出现了一些发展瓶颈,比如：集团高层与基层单位之间存在着认识不统一、理念不同步的问题；某些基层企业文化建设存在表面化、形式化、被动化的问题；具体操作过程中存在照搬照抄缺少特色、实践经验不足难以落地的问题等等。要打破瓶颈，进一步提高企业文化建设的成效，就需要有行业针对性的系统理论做指导。

2011年，两大电力辅业集团——中国电力建设集团与中国能源建设集团挂牌成立，并与国家电网、南方电网签订了分离企业整体划转移交协议，标志着历时9年的电网主辅分离改革重组取得重大进展。2014年6月13日，国家主席习近平在中央财经领导小组会议上强调"抓紧制定电力体制改革方案"，标志着新一轮电力体制改革正式开启。2015年3月5日，国务院总理李克强在第十二届全国人民代表大会第三次会议上，首次将能源领域体制改革问题写入《政府工作报告》，提出要"加快电力、油气等体制改革"。紧接着，在3月中旬，《中共中央国务院关于进一步深化电力体制改革的若干意见》(简称"9号文")内部下发至各部委和电力企业，其核心是电价改革，意欲破除电网垄断格局，改变电网的盈利模式，使电网从盈利性单位变为公用事业单位，推进电网两端的市场化机制，并在此基础上重塑"绿色低碳，节能优先"的核心价值取向。

一系列事实说明，停滞13年之久的电力体制改革已重新提速，并成为我国经济结构调整的重头戏，电力企业的机制和角色也将因此而发生较大变化，电力企业的市场化变革必将进一步深化和加速。随之而来，企业文化对企业发展的引领和支撑作用也必将日益凸显，并促使电力行业的企业文化建设向更个性化、更切实、更深入的方向努力完善。要做到企业文化建设的上下同心、统一认识、更新理念、认真贯彻、扎实落地，同样需要有行业针对性、有实际操作性又有系统理论性的书籍做指导。

这是我们编著本教材的初始动机。

2010年，教育部启动了"卓越工程师教育培养计划"，旨在培养造就一大批创新能力强、适应经济社会发展需要的高质量各类型工程技术人才，为国家走新型工业化发展道路、建设创新型国家和人才强国战略服务。这项教育改革发展的战略重点包括：一是要更加重视工程教育服务国家发展战略；二是要更加重视与工业界的密切合作；三是要更加重视学生综合素质和社会责任感的培养；四是要更加重视工程人才培养国际化。其中的每一项都离不开文化的参与。

我校有幸成为"卓越计划"的试点单位，为了真正实现此项计划的教育目标，我们一直都在摸索着进行合理的课程配置，这样，"电力企业文化"课走入了我们的视野。但是，在我们有限的阅读范围里还没有合适的教材可用，于是，我们决定自力更生。

正是企业需要与"卓越计划"教学需要的双重机缘，促使我们编著了这本教材。

因此，本教材主要适用于下述四类读者群体：1."卓越计划"与电力相关专业的本科生。2. 参加短期培训的电力系统职工。3. 电力系统在职学历教育的学生。4. 作为电力企业文化建设理论与实践指导用书，也适合所有电力企业的领导和职工阅读。

为了与上述目的相契合，本书在编著过程中始终坚持行业的针对性、理论的系统性和实践的操作性，并追求深入浅出、通俗易懂的文风。本书使用了大量电力行业企业文化建设实例，力求将抽象的知识具体化、共性的知识个性化、枯燥的知识趣味化。同时，本书每章设章前引言，简要介绍各章的要点和思路，指导读者阅读；章后设思考题、案例及对应的案例分析，一方面帮助读者消化、融合所学内容，另一方面强化理论的实际运用，激发读者的独立思考与学以致用意识。

本书共八章。一至四章偏重于理论介绍与理念阐释，五至七章围绕诊断、设计、实施等企业文化建设关键环节给出实践操作建议，第八章则对我国电力产业链中各类企业的企业文化建设的现状和特色进行了整体描述和分析。

本书由上海电力学院"电力企业文化研究所"的教师集体编著。何宇宏担任主编，焦娅敏、江晓花为副主编。参与编著的教师有：焦娅敏、张宗峰（第一章）、夏太娣（第二章）、张贵红（第三、四章）、吴翠芹（第五章）、安艳（第六章）、何宇宏（第七章）、江晓花、巩军伟、丁建凤（第八章）。何宇宏、焦娅敏、江晓花负责审稿、统稿，张宗峰、吴翠芹也为最后的统稿、校对付出了大量时间和精力。

在本书编著过程中，参阅了国内外学者大量的优秀论著和研究成果，引用了电力企业大量的企业文化建设实例，在此一并表示诚挚的感谢！

虽然我们与电力企业交流较多，但毕竟不是行业内人士，加上编著者水平有限，书中相关论述难免会有疏漏、不妥之处，恳请读者海涵并批评指正，以便改进。

本书的编著和出版获得上海市市本级财政部门预算学科建设项目《电力行业文化建设》、上海市重点科研创新项目《话语理论视阈下的电力企业精神文化构建研究》（Z2011－073）资助，特此致谢！

编者
2015年3月

目 录

前　言 ··· 1

第一章　企业文化概述 ··· 1
第一节　企业文化的产生与发展 ··· 1
一、企业文化产生与发展的背景 ··· 1
二、企业文化理论的发展 ·· 4
三、企业文化在我国的发展 ·· 12
第二节　企业文化的内涵 ·· 14
一、企业文化的定义 ·· 14
二、企业文化的结构 ·· 16
三、企业文化的形成 ·· 20
第三节　企业文化的功能 ·· 21
一、导向功能 ··· 21
二、约束功能 ··· 23
三、凝聚功能 ··· 24
四、激励功能 ··· 25
五、调适功能 ··· 27
案例：生生不息的华为文化 ·· 29

第二章　电力企业文化与企业核心竞争力 ··· 33
第一节　电力企业文化建设概况 ··· 33
一、电力企业文化建设的历程 ··· 33
二、电力企业文化的基本特质 ··· 34
三、电力企业文化建设的成效和经验 ·· 35
第二节　企业文化建设是提高电力企业核心竞争力的源泉 ···························· 39

一、什么是企业核心竞争力 ………………………………………… 39
二、企业文化建设是提升电力企业核心竞争力的关键 …………… 41
三、基于核心竞争力的电力企业文化建设 ………………………… 45
案例：国电公司创新企业文化建设的经验总结 …………………… 51

第三章 企业文化与电力企业的社会责任 …………………………… 57
第一节 企业伦理与企业文化 ……………………………………… 57
一、企业伦理的概念 ………………………………………………… 57
二、企业伦理的内容与重要性 ……………………………………… 58
三、企业文化与企业伦理的关系 …………………………………… 59
四、企业伦理的构建模式 …………………………………………… 61
第二节 企业的社会责任 …………………………………………… 63
一、企业社会责任的概念 …………………………………………… 63
二、企业社会责任的主要内容 ……………………………………… 64
三、企业社会责任的意义 …………………………………………… 67
第三节 电力企业的社会责任与企业伦理 ………………………… 68
一、电力企业的基本性质 …………………………………………… 68
二、电力企业社会责任与企业伦理的主要内容 …………………… 69
三、电力企业社会责任的现状 ……………………………………… 72
四、电力企业履行社会责任的对策 ………………………………… 74
附录：企业社会责任的相关标准 …………………………………… 79
案例：国家电网社会责任的主要内容 ……………………………… 82

第四章 领导者与电力企业文化建设 ………………………………… 84
第一节 领导者是企业文化的缔造者、倡导者和管理者 ………… 84
一、领导者决定了企业文化的基调 ………………………………… 84
二、领导者的态度决定了企业文化的推进速度 …………………… 86
三、领导者的管理决定了企业文化建设的效果 …………………… 87
第二节 领导者的示范作用关系企业文化建设成败 ……………… 89
一、领导者示范的作用 ……………………………………………… 89
二、领导者示范的显效途径 ………………………………………… 91
第三节 领导者的素质提升推动文化创新 ………………………… 94
一、企业文化创新 …………………………………………………… 94
二、提升领导者素质加快文化创新的途径 ………………………… 95

　　　　三、电力企业领导者与企业文化建设 …………………………… 97
　　　　案例：王万春对大唐电力同心文化的倡导 …………………… 101

第五章　电力企业文化诊断 ……………………………………………… 103
第一节　企业文化诊断的目的和主要内容 ……………………………… 103
　　　　一、企业文化诊断的目的 ……………………………………… 103
　　　　二、企业文化诊断的主要内容 ………………………………… 104
第二节　企业文化诊断的基本方法 ……………………………………… 104
　　　　一、企业文化的定性研究 ……………………………………… 105
　　　　二、企业文化的定量研究 ……………………………………… 107
第三节　电力企业文化诊断 ……………………………………………… 114
　　　　一、电力企业文化诊断的基本原则 …………………………… 114
　　　　二、电力企业文化诊断的主要步骤 …………………………… 115
第四节　电力企业文化调研问卷 ………………………………………… 120
　　　　一、领导者企业文化倾向评估问卷（L‐PCAI）……………… 120
　　　　二、丹尼森组织文化调查问卷 ………………………………… 123
　　　　三、查特曼企业价值观 OCP 量表 …………………………… 125
　　　　四、企业文化年度自我评估问卷 ……………………………… 126
　　　　案例：中国电力行业企业文化管理状况调查 ………………… 140

第六章　电力企业文化设计 ……………………………………………… 146
第一节　电力企业文化设计的原则 ……………………………………… 146
　　　　一、继承传统文化，秉承企业传统 …………………………… 146
　　　　二、遵从企业文化的一致性，坚持社会性 …………………… 147
　　　　三、兼顾前瞻性和可操作性 …………………………………… 148
　　　　四、根植于电力行业自身特点和时代环境 …………………… 148
第二节　电力企业文化精神层设计 ……………………………………… 149
　　　　一、电力企业目标与愿景的设计 ……………………………… 149
　　　　二、电力企业价值观设计 ……………………………………… 150
　　　　三、电力企业经营理念设计 …………………………………… 153
　　　　四、电力企业精神设计 ………………………………………… 155
　　　　五、电力企业道德设计 ………………………………………… 156
第三节　电力企业文化制度层设计 ……………………………………… 157
　　　　一、电力企业工作制度设计 …………………………………… 157

二、电力企业激励制度设计 158
　　三、电力企业责任制度设计 160
　　四、电力企业教育培训制度设计 161
第四节　电力企业文化行为层设计 162
　　一、电力企业员工行为规范设计 162
　　二、电力企业风俗设计 166
第五节　电力企业物质层设计 167
　　一、电力企业基本标识设计 167
　　二、电力企业文化用品设计 171
　　三、电力产品造型和包装设计 175
　　四、电力企业物质环境设计 177
　　案例一：创建企业文化的延伸——社区文化 179
　　案例二：华润电力的文化传承 180

第七章　电力企业文化落地 183
第一节　电力企业文化落地概述 183
　　一、企业文化落地概述 183
　　二、我国电力企业体制与企业文化落地 189
第二节　电力企业文化落地的基础建设 192
　　一、电力企业文化落地的基本原则 193
　　二、电力企业文化落地的基础保障 194
　　三、电力企业文化落地的渠道建设 197
第三节　电力企业文化落地的实用方略 201
　　一、演绎精彩故事 201
　　二、推举典型案例 202
　　三、善用多种媒介 203
　　四、提升示范效果 204
　　五、营造浓郁氛围 206
　　六、提供多重体验 207
　　七、打造暖心工程 209
　　八、积累社会资本 211
　　九、借助外脑提升 213
第四节　电力企业文化落地的系统策略 213
　　一、企业文化落地的实施流程 213

二、企业文化落地规划 …… 214
三、电力企业文化落地系统模型 …… 215
案例：国家电网某子公司的企业文化落地工作实践 …… 217

第八章 现代电力企业文化建设实例 222
第一节 电力企业特点及其文化共性 222
一、中国电力企业的改革历程 …… 222
二、电力企业的行业特点 …… 224
三、电力企业的企业文化共性 …… 226
第二节 中国电力建设企业文化 227
一、电建企业的性质和特点 …… 227
二、电建企业文化体系的特点 …… 229
第三节 中国发电企业文化 231
一、发电企业的性质和特点 …… 232
二、发电企业文化体系的重要内容和特点 …… 234
三、发电企业文化建设的措施和成效 …… 236
第四节 中国供电企业文化 245
一、供电企业的性质和特点 …… 245
二、供电企业文化体系特点 …… 246
三、供电企业文化建设的措施 …… 248
四、供电企业文化建设的成效 …… 255
案例：文化领航企业兴——江苏华电扬州发电有限公司
文化兴企 …… 260

参考文献 …… 265

第一章　企业文化概述

企业作为一种经济组织,不仅仅是从事经济活动,而且还创造一种文化,即企业文化。企业文化作为一个新的管理学概念,其形成具有一定的时代必然性。它既源于日本经济的崛起和美国的反思,又有其客观的实践基础。企业文化是企业生存与发展的灵魂,企业文化是一个完整的系统,有其丰富的内涵。企业文化由多个要素构成,各要素之间既相互联系又相互作用。通过优化企业员工的群众意识来发挥企业文化的导向、约束、凝聚、激励、调试等作用,促进企业提高整体素质,增强企业核心竞争力。

第一节　企业文化的产生与发展

企业文化的产生与发展过程是企业管理从传统走向现代的过程。"企业文化"的提出和成功实践,是 20 世纪下半叶一次重大的企业管理革命,涉及全球,影响深远。它改变着企业的信念、价值准则、管理模式、行为方式和个性特征,推动着企业向人本化和市场化和谐互动的方向发展。只有了解这场管理革命的时代背景,才能正确理解企业文化的真谛。

一、企业文化产生与发展的背景

企业文化概念的提出并不是说以前的企业没有文化。企业的生产、经营、管理本来就是一种文化现象,企业文化作为一个新概念提出来,意味着当代的企业管理已经冲破了以往传统模式,正以一种全新的文化模式出现,而"企业文化"这个词汇很贴切地反映了这种新的管理模式的本质及特点。随着经济的全球化以及员工的知识化程度日益提高,仅仅依赖于制度管理,只能管住人的行为,却管理不了人的思想,因此,企业文化管理便应运而生。

1. 企业文化研究兴起

企业文化的研究发端于 20 世纪 70 年代末、80 年代初出现的日美比较管理学的研究。美国人发现,在美国和日本的商品竞争中,美国往往处于被动地位。这究竟是怎么一回事呢? 美国作为最强盛的资本主义国家,工业化水平达到相当高的程度,不仅企业的发展水平处于世界前列,企业管理理论的研究与实践也始终处于领先地位。二战以后,美国更是抓住机遇,大力发展社会化大生产。在行为科学理论和管理科学理论的指导下,取得了令人瞩目的成就,成为世界头号经济强国。尽管70年代初遭遇石油危机的冲击,但无论如何,美国在技术设备、经济实力、人员素质、管理水平等诸多方面均优于日本。而日本作为战败国,政治、经济、文化都曾受到严重打击。几乎到处都是一片废墟,百废待兴。1952年,日本的国内生产总值只有172.2亿美元,而美国则是3 457亿美元,日本的人均国内生产总值只有200美元,而美国已达到2 194美元。但就是这个资源匮乏,资金设备短缺,经济基础几乎为零的弹丸小国,他们经过几十年的奋斗,在短时间内实现了本国经济的恢复,并于70年代安然度过了全球性石油危机,创造了持续高速增长的经济奇迹,到80年代,一举成为世界经济强国。

日本经济的快速增长和西方经济的停滞不前极大地震动了美国各界。特别是日本的企业成功地与美国对手相抗衡,其产品打入并立足于美国市场,使美国人感到了压力和威胁,迫使美国不得不实行贸易保护主义。于是,一大批经济学家、管理学家和企业界人士开始了对日本深入持久地考察研究。考察探寻的结果是美国学者发现日本经济腾飞的主要原因竟然是文化的作用,即日本企业并不单纯讲究科学管理,而是将企业视为一个文化实体实施管理。他们把日本的成功经验与美国的管理现状作了深入的比较分析,进行系统的概括和总结,于80年代提出企业文化理论,从而揭开了管理理论发展史上的新篇章。这就是为什么有人说,企业文化是日本人的实践、美国人的理论。企业文化的理论研究最早出现在美国,其实早已成为日本企业中普遍存在的管理思想,它是管理实践的结晶。正是日本企业管理的成功,为企业文化理论的诞生提供了最直接的实践依据。在旷日持久的研究热潮中,产生了一系列阐述企业文化的论著,极为畅销,并对后来产生了深远的影响。因此,企业文化是孕育于20世纪70年代末,形成于80年代初,在发达国家兴起的以人为中心的企业管理的新理论。

2. 文化管理的蓬勃发展

19世纪末,西方"管理学之父"泰勒创立的科学管理基本假设是将人当作机器一样看待,他要求人和机器达到一种最佳的匹配,最终使人成为机器流水线的一部分。到20世纪20年代以后,管理的中心逐渐由物转向人。到了70年代,企业管理理论进入三论管理(系统论、信息论与控制论),管理的重点放在人和机器系统的协调控制上。

到了80年代,由美国学者开始提出了企业文化理论,强调"企业即人",认为企业中人、财、物的管理应是一个有机系统,其中人处于管理的中心和主导地位。企业文化更强调企业精神、全体员工共同的价值取向及在此基础上形成的凝聚力、向心力,因而称其为柔性管理。

文化管理提倡以人为中心,高度重视观念和感情因素的非理性管理模式。其特色是将理性与非理性相结合,是有人情味的管理,强调人与人之间的交流、沟通、平等、关心。

与传统管理相比,文化管理是一种全新的管理思想。文化管理更加注重对人个体需求满足的基础上寻求组织共同的愿景和价值观。这一管理思想的产生,源于以下三个方面客观需求。

(1) 文化管理是追求组织精神的需求

随着科学技术的进步和社会生产力的不断发展,人们的物质生活得到了极大满足,开始追求组织(集体)精神层面上的需求。马斯洛曾经说过,人是有需求的,这种需求取决于他已经得到的东西。他将人的需求按其重要性和发生的先后顺序划分为五个层次:生理的需求,是为支持生命所必需的需求,包括衣食住行等;安全的需求,是指心理和物质上的安全保障、职业稳定、工作安全、防止疾病与意外事故等方面的需求;社会的需求,包括友情、归属、爱情等;尊重的需求,包括自尊和他尊的需求;自我实现的需求,即希望充分展示出自己的才干,实现自己所能实现的一切欲望。当物质需求得到一定程度的满足以后,人们开始追求精神层面上的需求。这就要求管理也必须从重视物到重视人的发展,尊重人的价值,发挥员工的积极作用。

在传统管理中,企业普遍重视物的因素而忽略了人的因素,尊崇"见物不见人"的量化的刚性管理模式。在这个阶段占主导地位的管理学理论,很大程度上没有说明怎样才能使人感到工作有意义,未能说明如何给员工一定的自主权以充分调动他们的积极性,也没有让管理者懂得怎样与用户建立起真挚的感情。从领导管理者与员工关系看,只注意经济指标,忽视企业的文化,将企业看成单纯赢利的场所,雇主和雇员纯粹是雇佣关系,把工人仅仅看作是机器人、经济人和获取利益的工具。从决策看,管理者在决策时很少征求下属的意见,根本不注重了解雇员的看法,常常出现上下不协调的现象,上下级之间关系冷漠,甚至存在严重的对立情绪。在这种情况下,企业文化的必要性日渐凸显。随着时代的进步,企业要把关心员工的生活、改善劳动条件、与员工平等相处放在重要地位,把关心人、尊重人看作是企业成功的关键,才能够长盛不衰。

(2) 文化管理是价值观管理的需要

随着科学技术的进步,人们从繁琐的劳动中解脱出来,管理工作更需要创造和协调,人们也从注重依靠制度管理过渡到依靠文化管理上来。现代一般企业都注重建立详细严格的规章制度,且赏罚分明,企业和员工的关系主要靠"契约",而不是靠情感来维系,所以具有一定的不稳定性。员工对企业,合则留,不合则去,企业辞退员工也是很平常的事情。这就很明显地暴露了单纯依靠制度管理的弊端,更加彰显了企业文化在管理中的重要作用。

企业文化管理,重视管理哲学的构建与塑造,追求构建以价值观为纽带的和谐关系。对内,讲求企业的经营理念、价值观和员工信念;对外,讲求行为准则导致行为模式,以及企业形象塑造和传播等等,文化意识都表现得很自觉很明确。企业理念中的价值观为员工设定了成功的方向和目标。美国的托马斯·J·彼得斯和小罗伯特·H·沃特曼合著的《成功之路》一书中指出,出色的公司几乎都只是以寥寥几条主要的价值观来作为驱动力,给员工们以充分展示才能的余地,使其发挥主动性,为实现这些价值而大显身手。

(3) 文化管理是个人、企业、社会三者价值相统一的需求

在物质财富逐步充裕的今天,人的价值不仅仅体现在自身,还体现在社会中。企业不仅仅是谋利场所,而且也是社会的有机组成部分,是社会财富的创造者、群众美好生活的服务者;企业不仅仅要注重经济效益,还要注重社会效益。正是基于这样的原因,个人的价值与企业的价值在某种程度上达到了统一。企业价值方向的确立与个人奋斗心态的价值确认相一致,并且将个人理念与企业制度在实际运作过程中密切结合,从而产生强大的文化驱动力,激励企业员工为了个人利益、企业价值和社会价值目标的实现去拼搏和奋斗。但是,依靠什么可以将三者统一起来?不断由人们探索和思考,只有在传统文化的脉络中,只有到社会大多数人认同的理念中寻找共同的东西,那就是文化。在文化中,社会群体可以找到共同的认同感和习俗,共同人生观和价值理念。可以说,文化的积淀和文化的内涵是一根无形的线,凝聚着个人、企业、社会,形成了真正的"软实力",文化管理则是将这些线段连接起来。

二、企业文化理论的发展

企业文化是在吸收借鉴以往的各种管理理论的基础上,通过对企业运营过程的不断研究,反复实践,加以改造和创新形成的,是现代企业管理科学逻辑发展的必然结果。因此,它与其他管理理论存在着历史的渊源关系。在此,就管理理论发展的历史做一简单的回顾,从中探明管理理论是如何演变发展的,也使我们明确由古典管理理论到行为科学理论再到管理科学理论直至企业文化理论的提出有一个思想的继承性,而理论的每一次飞跃都极大地促进了企业的发展与社会的进步。

1. 古典管理理论

古典管理理论主要包括三大部分:第一,美国的弗雷德里克·泰罗创立的"科学管理理论";第二,法国的亨利·法约尔创立的"管理要素或管理职能理论";第三,德国的马克思·韦伯创立的"行政组织理论"。

(1) 科学管理理论

在科学管理理论诞生以前近一个半世纪的时间里,早期的工厂主由于没有系统的管理理论指导,也没有形成科学的管理制度,往往仅凭经验进行管理,工人也仅凭经验进行操作,没有科学的操作标准和操作规范,劳动生产率很低。到了19世纪末和20世纪初,随着以电为动力的工业的出现和发展,生产力发展到一个新水平。企业的规模日渐扩大,社会化大生产逐步形成,这时经验管理成了企业发展的一大障

碍,致使企业劳动生产率十分低下。与此同时,资本主义经济也出现了所有权和经营权分离的现象,使管理职能专门化,这就需要先进的管理理论与之相适应。以泰罗为代表的一批工程师应运而生,致力于运用科学方法改善落后的企业管理,取得了良好的效果。

作为古典管理理论的创始人和杰出代表,泰罗主要就如何提高劳动生产率的问题进行了大量的试验,提出了一系列的科学管理原理、方法和管理制度,包括工作定额原理、第一流工人制、职能工长制、刺激性差别计件工资制度以及生产标准化原理等,后被概括为"泰罗制"。不仅如此,泰罗还主张通过"精神革命"使劳资双方能够理解这些管理原则,并能够最终实现合作互利。1911年,泰罗在上述研究的基础上,完成并出版了《科学管理原理》一书。它标志着科学管理理论的诞生,在西方管理理论发展史上具有划时代的意义,人们盛赞泰罗时期的企业管理科学化为"科学管理运动",他本人也被誉为"科学管理之父"。

(2) 管理职能理论

法约尔于1916年出版了《工业管理和一般管理》一书。他结合自己长期担任矿业公司总经理的工作经验,以大企业整体为研究对象,从一般管理原理角度对管理理论进行了系统的研究。在书中,法约尔首次区分了经营和管理的概念,提出了经营的六种职能,即技术活动、商业活动、财务活动、安全活动、会计活动和管理活动;阐明了管理的计划、组织、指挥、协调和控制五要素;系统论述了14条原则的学说,即分工原则、权限与责任原则、纪律原则、指挥或命令统一原则、尊重等级和跳板的信息传递原则、个别利益服从整体利益原则、报酬原则、集权原则、等级系列原则、秩序原则、公平原则、保持人员稳定原则、首创精神原则及集体原则。法约尔还特别强调了进行管理教育和建立管理理论的重要性,力倡通过管理教育提高管理水平。他说,一个大型企业高级人员最必需的能力是管理能力,但没有理论就不可能进行教育,重要的是尽快建立一种管理理论。法约尔的古典管理理论是在韦伯理论基础上的升华,使萌芽状态的企业管理理论得到了进一步发展。

(3) 行政组织理论

韦伯的行政组织理论,主要反映在他的《社会组织与经济组织理论》(1947年)一书中。韦伯认为,理想的行政组织不是通过世袭地位,而是通过职务和职位来进行管理的,它是建立在"合理—合法"基础上的,这种组织就是官僚制,亦叫科层制,是工业社会主导性的组织形式。这种行政组织体系包括如下内容:正式建立的持久而统一的规则系统、具有明确职权范围限定的行政机构、等级管理、正式的选拔、固定的薪酬制度、非人格化、文书和档案管理。韦伯认为,这种理想的行政组织体系能提高工作效率,在精确性、稳定性、纪律性和可靠性等方面优于其他组织体系。

韦伯的行政组织理论,开辟了管理理论研究的新领域,为企业组织管理奠定了理论基础,故被人们誉为"组织理论之父"。

从泰罗到韦伯的理论创新,我们不难发现,古典管理理论及其实践对资本主义社会具有划时代的意义。泰罗倡导的科学管理的理论与方法,极大地促进了生产效率的提高,对当时美国社会经济的发展起到了巨大的推动作用,对包括美国在内的整个西方社会的工业化进程的发展以及企业管理水平的提高产生了很大的影响。韦伯提出的行政组织理论,在20世纪被公共部门和私人部门的组织广为采用,官僚制组织,较之其他组织体系,具有精确性、稳定性、纪律性和可靠性的优势,因而也更能保证实现组织效率的最大化。

但无论泰罗还是韦伯,古典管理理论的共同点都是坚持理性的原则,强调科学性、精密性和纪律性,而把人的情感因素放到次要地位,过分强调严格用科学方法和规章制度来实施管理,把工人看成是机器的附属物,从而激起日渐觉醒的工人的强烈不满和反抗。于是,就有了行为科学理论的纠偏行动。人际关系运动的兴起被认为是美国工厂非人道条件下的一粒解毒药。

2. 行为科学理论

行为科学理论的发展可以分为两个时期。早期以人际关系学说为主要内容,以20世纪二三十年代梅奥的霍桑试验为标志,直至1949年在美国芝加哥讨论会上第一次提出行为科学的概念,此为行为科学研究时期。在1953年美国福特基金会召开的各大学科学家参加的会议上,正式定名为行为科学。所谓行为科学,就是对工人在生产中的行为及其行为产生的原因进行分析研究,以便调节企业中的人际关系,达到提高劳动生产率的目的。

(1) 人际关系理论

泰罗之前的企业管理基本上把工人看作机器的延伸,会说话的工具,大大挫伤了工人的劳动积极性,严重影响劳动生产率的提高。为改变这种状况,泰罗运用胡萝卜加大棒的奖惩方法来提高工人劳动生产率,在当时也收到一定的效果。然而,由于科学管理理论存在着重物轻人等固有的缺陷,使得劳资矛盾激化,工人往往采用罢工、怠工等各种形式进行抗争,泰罗科学管理开始失灵。为了挽救资本主义的危机,许多西方管理学者把社会学、心理学等学科的理论与方法引入企业管理,来研究工作环境中的个人和群体行为,试图通过调节人际关系、改善劳动条件等办法来提高劳动生产率。由此,早期行为科学——人际关系学便应运而生。

人际关系学说是美国管理学家埃尔顿·梅奥在霍桑试验的基础上创立的。霍桑试验表明,工人不是被动的、孤立的个体,其行为不仅仅受工资的刺激,影响生产效率的最重要因素不是待遇和工作条件,而是工作中的人际关系。据此,梅奥系统地提出了人际关系理论的基本原理:

第一,企业员工是"社会人",而不仅仅是"经济人",他们不单纯是为了追求金钱和收入,还有社会上、心理上的需求,如人和人之间的友情,对社会的安全感、归属感和受人尊重等需求。

第二,在企业组织中,除了正式的组织外,还存在着"非正式的组织",两者相互依存。区别在于,在"正式组织"中以效率的逻辑为重要标准,而在"非正式组织"中则以情感的逻辑为重要标准。非正式的组织对生产效率的提高也有很大的影响。

第三,作为一种新型的企业领导,其领导能力体现在提高员工的满意程度和员工的士气上,以此达到提高劳动生产率的目的。人际关系学说为后来的行为科学理论的形成和发展奠定了理论基础。

(2) 行为科学理论

继梅奥之后,大批学者从心理学、社会学、人类学和管理学科等角度不断推进人际关系的研究,逐步发展成为行为科学理论。在 60 年代中期,又发展为组织行为学。目前从组织行为学研究的对象和涉及的范围来看,可分成三个层次,即个体行为、团体行为和组织行为。

第一,个体行为理论,主要包括有关人的需要、行为动机和激励方面的理论,以及企业中的人性理论。其中,最具代表性的就是马斯洛的人类需求层次理论和麦格雷戈等人提出的"X—Y 理论"。注重通过满足不同人的需求来激励人的积极性,认识人的本性从而掌握人类行为规律及其对管理的影响。此外,还有双因素理论、成就需要理论、期望理论、公平理论等都从个体行为的角度丰富了行为科学理论。

第二,团体行为理论,主要是研究团体发展动向的各种因素以及这些因素的相互作用和相互依存的关系,还包括信息沟通和团体意见冲突理论等内容,如行为科学家卡特勒温提出的团体力学理论,就对团体要素、团体立场、团体目标、团体结构、团体规模、团体领导方式等进行了深入研究并提出了许多有价值的观点。

第三,组织行为理论,主要包括领导理论和组织变革、组织发展理论。领导理论又包括三大类,即领导性格理论、领导行为理论和领导权变理论等。

行为科学理论结束了古典管理理论机械的硬性管理模式,将心理学和社会学的成果引入企业管理,它对"社会人"的认识及相关激励理论的提出,克服了把人视作机器的缺陷,为企业文化正确了解组织成员的真实需求,掌握调动员工积极性的各种需求因素和激励手段奠定了理论基础。

虽然行为科学理论较科学管理原理对"人性"的认识有了很大的进步,但它还不能全面解释诸多因素对企业发展产生的影响,尤其是文化因素对企业发展的影响。行为科学理论第一次把人的感情因素纳入到企业的管理活动之中,把泰罗时期的"经济人"发展到了"社会人",并把满足人的需要作为企业管理的重要内容。但是,它所研究的人是单个的个体,是群体中的各个成员,而非群体的整体性。同时,它不重视人的内在机理更深层次的研究,把人作为手段而非目的,思维依然停留在管理效率主义的框架内。企业文化对人的研究是把人作为主体的人、人本的人来研究,以人为目的,因此人是全部意义上的人,是自由、全面发展的人。此外,行为科学家也像古典管理学家们一样,把企业看成是一个封闭的系统,只关注企业内部的活动,一点也不关心顾客、竞争、市场以及企业之外的事物,无视企业规模不断扩大。企业与社会、市场的联系日益紧密并不断受变化的现实条件冲击,依然遵循固有的思维逻辑试图解决提高效率和最佳利用资源的问题,显然难以获得满意的结果。

3. 管理科学理论

第二次世界大战以后,西方管理理论发展到现代阶段。这一时期的管理理论充分吸收了现代自然科学和社会科学的研究成果,如信息论、系统论、控制论的运用使管理思想进一步现代化,电子计算机和现代通信设备等高科技成果广泛运用于管理中,使管理方法与手段不断更新和丰富化。各种管理理论层出不穷,形成了管理理论的丛林。管理过程学派、经验主义学派、社会系统学派、决策理论学派、权变理论学派、管理科学学派等都是这一时期的典型代表。

管理科学理论就是运用先进的新兴科学理论,采用数理统计和数学模型的方法,并通过电子计算机对企业的各种行为实行有效的科学管理。管理科学理论有四大特点:一是重视企业决策,将决策的思想和方法深入到管理的一切职能活动中;二是运用信息的、系统的和控制的观点,对企业的信息进行系统的分析,从而达到有效的控制;三是建立数学模型,以确定管理行为的可行性;四是运用电子计算机作为管理的工具,以便计算复杂的数学方程式,从而得出定量的结论。到一时期管理理论的重心已由如何提高企业内部效率,转向了企业如何适应环境,更多关注企业组织与环境的关系。

在管理丛林时代,以西蒙为代表的决策理论被认为是这一时期管理科学理论的主导思想。第二次世界大战后,西蒙等人在吸纳行为科学、系统论、运筹学和计算机等学科内容的基础上创立了决策理论。西蒙鲜明地提出,管理就是决策,决策贯彻于管理的各个方面和全部过程,是全部管理活动的中心。制定计划是决策,选择方案也是决策。组织设计、部门方案的选择、决策权限的分配等,属于组织上的决策问题;实践中的比较、控制手段的选择等,则是控制上的决策。现代决策理论的核心是"令人满意准则",这是相对于古典决策理论来说的。古典决策理论把人看成是具有绝对理性的"理性人"或"经济人",在决策时本能地按照最优化原则来选择备选方案。然而,西蒙认为"理性人"假说是没有根据的,因为人的头脑能够思考和解答问题的容量同问题本身的规模相比是非常渺小的。因此,在现实中要找到最优的决策方案是非常困难的,甚至是不可能的。西蒙提出,应按照两条准则来进行决策:第一是满意准则,即被采纳的不一定是最优的,但却是各方面最满意的;第二是相关准则,即决策时不考虑一切可能发生的情况,只考虑与问题有关的特定情况,对工商企业来说就是只考虑"适当的市场份额"、"适当的利润"、"公平的价格"。

管理科学理论从组织管理的角度出发,侧重于研究企业的组织行为,并将企业看作是与其周围环境相互联系的开放系统。较之把企业看成是一个孤立的封闭系统的观点更贴近现实,极大地拓展了企业管理的视野,使人们更清楚地了解企业的复杂性和所处的环境,从而弥补了古典管理理论和行为科学理论的不足,使管理理论趋于全面化和精细化。它更多地吸收了自然科学的成果,力求把管理理论建成一门精密的学问。它所追求的管理程序化和模型化,就是旨在把科学的管理原理、方法和工具应用于管理的各种活动,以减少经营管理中的不确定性,使投入的资源发挥更大的效益。这就为社会化大生产条件下的管理定量化、科学化和现代化开辟了道路。然而,管理科学理论过分强调理性因素,忽视了感情因素,崇拜逻辑与推理,贬低了直觉和热情的作用;过分依赖解析、定量分析的方法,片面地相信数据,而将现实生活中生动活泼、有血有肉的人的丰富面抽取掉。对数理统计和数学模型的方法的偏好,使得其在管理决策过程中完全过滤掉人文意识和精神文化的内容,甚至贬低价值观的重要性,从而将理性主义管理模式发展到极致。

理性化的管理强调的是战略、规划、规章、制度、组织、结构等一类硬性因素,和以数据为依据的理性化因素。它的最大弊端在于把人与资金、物资设备等一类东西作为管理的对立物,从而对人采取约束与限制性的管理方式,显然不利于发挥人的创造性。虽然行为科学理论发现了人的动机、目的、人际关系、社会环境对企业生产活动及其效果的重要影响。但它仍未跳出理性化管理的基本框架。企业文化的提出,实现了理性与非理性的平衡,使企业管理从具有鲜明理性主义特点的科学管理方式转向了以人为中心的现代管理方式;从把企业视作单一的、向社会最大限度地获取利润的经营组织,转向了把企业看成是整个社会协调发展的有机体的一分子;从过去注重企业管理制度和结构等硬件,转向了既注重硬件又注重经营哲学、信息沟通、人力资源开发和技术创新等软件,强调整体发展和企业效能的实现。

4. 企业文化理论的继承与创新

管理理论发展到 20 世纪 80 年代,产生一种全新的理论——企业文化。它从一个全新的视角来思考和分析企业这一经济组织的运行,把企业管理从技术、经济上升到文化层面,是管理思想发展史上的一场革命。它使传统理性化管理理论和管理模式面临新的挑战。企业文化这一新的管理理论的出现,标志着现代管理进入了一个崭新的阶段——文化管理阶段。

企业文化理论是时代变化与管理理论大综合的产物。企业文化力图把以往的管理各阶段、各学派的成果加以充分吸收,把对人与物的管理以及被西方历史传统割裂开来的人的物质生活和精神生活努力统一于企业管理当中。因而,以往的管理理论成为企业文化丰厚的精神资源和坚实的理论基础。然而,企业文化对各时期管理理论的汲取,绝不是简单的重复,而是一个经过否定之否定的螺旋式上升的过程,是对管理理论的一次升华。

在管理思想的发展中,泰罗被视为对一个寻求效率和系统化为特点的时代出现起了主要的推动作用,其科学管理的三个主要内容——建立在时间和动作研究基础上的标准化原理、刺激性的工资制度和职能组织的改变构成了泰罗制的核心,但泰罗更倾向于认为,科学管理的实质在于劳资双方的"心理革命",用科学取代经验法则,用相互信任取代互为猜忌,从而实现双赢。泰罗的精神革命试图使管理当局和工人认为他们有着共同的利益和目标,这些愿望虽然落空了,但却说明了对目标的内部参与会减少外部控制手段的需要,是管理思想中一种由来已久的假设。而使目标内在化已成为企业文化倡导的重要激励手段和努力的方向。因为当企业文化理论认识到必须把促进人的全面发展作为企业发展的最终目的时,自然会肯定人的价值要求目标的内在化和自我控制,并在此基础上提出实现组织目标和个人目标的共同发展。而当时间管理、全面质量管理、工作标准、人员培训等科学管理的精神还远未深入人心时,科学管理的精神依然是企业文化理论关心的议题,并试图将其内化为企业员工的一种自觉和习惯。可见,科学管理的精神永远不会过时。

企业文化继承了行为科学理论重视人的作用的思想,又对之做了进一步发展。明确提出以人为本的主张,从而大大超越了行为科学将人视为实现效率目标的手段的偏狭功利的认识。同时,企业文化充分发挥文化覆盖人的生理、心理以及人的现状与历史的作用,把以人为中心的管理思想全面地展示了出来。文化的基本特点之一是共享性,即文化是一整套由某个集体共享的理想、价值观和行为准则,是使个人行为能够为集体所接受的共同标准。因此,企业文化中所重视的人,就不仅仅是单个的个体,还是由个人组成的集体;企业文化所关注的问题,不只是满足不同个体的不同需要,还是如何塑造整个企业的价值观;企业文化致力实现的目标,不只是个体的自我实现,还是企业这个群体在多变环境中的精神自主,等等。

如果说,以泰罗为代表的古典管理理论是科学管理理性化的第一阶段,那么以电子计算机、系统工程等为手段的管理科学理论则把管理理性化推向顶峰。现代管理学派为管理提供了各种工具,使人们可以更清楚地了解企业的复杂性和所处的环境,以便更精确地实施控制和管理。管理科学理论中的权变理论和系统管理理论把企业看作一个开放的系统,管理成效完全取决于企业与其环境之间的适应性,不存在一个普遍适用的最好的管理模式,管理者的任务就是要使企业能够在变化的环境中生存与发展,这也正是企业文化秉持的观点,但它并没有停留于此,而是进一步提出发挥企业宗旨和企业价值观等软因素,因为拥有共同价值观的企业员工会自动调整目标和行为,以适应不断变化的情况。现代管理理论的发展,使企业管理从感性走向理性、从简单走向系统、从无序走向有序、从粗放走向集约,这也为企业文化的产生提供了条件,保证企业文化的发展更加科学合理,合乎当代知识经济发展的要求。

企业文化理论有效地克服了以往管理理论的缺陷,但又不是对它们的全盘否定,而是对以往管理理论的超越和升华。企业文化注重企业精神的培育,但也不排斥一定条件下的精确定量分析;强调价值理念和道德规范等精神文化的作用,但也同样肯定规章制度的必要;关心企业与员工的利益,也同样关心企业利益相关者的利益;关注企业内部环境的营造,也不忘强调企业社会责任的担当和对环境的影响。企业文化理论是对理性主义与人文主义的完美融合。企业文化理论的核心就是坚持以人为中心,尊重人、信任人、把人放在企业管理的主体地位上,强调文化认同和群体意识的作用,反对单纯的强制管理,注重在汲取传统文化精华和先进管理思想的基础上,为企业建立明确的价值体系和行为规范,以此实现企业目标和个人目标的有机结合,实现企业与社会以及企业内部物质、制度、精神的最佳组合和动态平衡。企业文化确实是管理理论发展的最新综合。企业文化由自发的现象到自觉的实践再到理论,标志着管理上的一场新革命。企业文化理论不仅是企业管理理论的重要组成部分,也是管理理论的一座新的里程碑,标志着管理理论发展的新阶段。

企业文化作为一种新的企业管理理论,既不同于古典的、科学管理,也不同于行为科学和管理科学,它是在汲取了以往管理理论的基础上创立的一门以企业人为中心的,包括企业经济的和非经济的种种因素在内的全方位的管理理论。前面在对各阶段管理理论的分析比较中,业已探明企业文化独有的优势,这里再对企业文化理论的特点做一总结,从而厘清企业文化与其他管理理论的区别。充分认识企业文化理论的特质,是为了更好地指导企业的管理实践。

第一,对管理对象的认识在肯定对"物"的管理的同时,注重"以人为中心"的灵性管理。这与传统管理中的重物不重人有着根本性的区别。传统管理中,强调"物"的因素多,其理论也多是围绕着企业中的"物"的因素而展开论述,诸如计划、控制等等。企业文化也重视企业中的"物"的因素,但更重视企业中活的因素,即人的因素的作用,认为人是生产力中最活跃的因素,人的积极性一旦调动起来,就可以发挥出无限的潜力,并能支配"物"的因素,使整个管理在人的支配、调控下协调进行。企业文化理论的提出,标志着企业管理从以往"以物为中心"转向了"以人为中心"的轨道,从而使管理成为人们有意识的自觉行动。

第二,对企业人的认识从简单的假设,发展到对整体意义的人的特性的认识。以人为本是企业文化管理最根本的特点。人不再是以单纯的提高生产效率的手段和工具而成为企业的目的。企业文化对人的研究,是把人作为主体的、人本的人来研究的,把尊重人、关心人、理解人作为第一位来加以重视的,因此,人是整体的全部意义上的人,是自由的、自主的、全面发展的人,从而抓住了管理的主脉搏,将管理纳入对人的管理为主线的轨道。

管理理论从科学管理到文化管理的大飞跃表明它又回归到以人为本的轨道上来,是对企业管理人性化的现实要求的回应,管理从经验管理到规范的理性管理再到人性管理的复归,这种复归不是对最初的传统经验管理模式的重复,而是在文化这一节点上,实现了企业与社会和人的融合和统一。

第三,对企业组织的认识,由单纯的生产系统发展到全面的生产、文化系统。企业不仅是一个由经济、技术、组织结构和人员组成的生产系统,而且是一个由信念、原则、企业哲学和企业精神等要素组成的文化系统；企业不仅是物质财富的生产单位，而且是培养人的社会组织；企业不仅是员工求职谋生的工作场所，更是员工实现抱负、发挥个性、成就价值、发展潜能的命运共同体。因此，企业文化更加注重企业中和谐氛围的营造，注重企业内人员的团结、合作及共同的理想、共同价值观的形成，重视企业的社会责任，重视企业成员个人目标与企业目标的协调。

第四，对企业优势的认识，由对物的认识发展到对包括物质、精神、文化在内的企业整体优势的认识。以往的管理理论对企业优势的认识只强调资金优势、资源优势、技术优势、产品优势、质量优势，却不重视企业中的人力、精神、文化优势；企业文化则不然，它是经营管理者对企业所拥有的自然资源、经济资源、社会资源、人力资源和文化资源的有效整合与情感伦理转化的表征。因此，企业文化既重视企业中"物"的优势，又重视企业中人力、精神、文化方面的优势；认为只有把企业在资金、资源、技术、产品、质量、价格等方面的优势与企业在精神、文化方面的优势相结合，才是系统的、整体的优势，也才能体现出真正的优势。

第五，对管理手段和方法的认识，不但重视硬性的手段，更重视软性的手段。管理不仅是一门科学、一门技术、一种职业或专业，而且是一门学无止境的艺术，管理就是对不同文化特征加以人为运用的艺术，这种认识显然大大突破了传统管理理论的视野。企业文化使人们对管理本质的认识从单纯硬性的方法转变为软硬兼备，偏重软性的方法。它不排斥企业管理中采取法律手段、规章制度、操作规范、奖惩办法等硬性的手段，同时更青睐软性的手段，注意发挥文化特有的功能，如良好的组织氛围、管理人员的道德垂范和行为表率，员工对企业目标的认同和群体意识，约定俗成的风俗习惯等皆是软约束的内涵。将企业文化价值理念以润物无声的方式传递和渗透到员工内心深处，并在实际行为中得到体现。可见，软约束手段往往要比硬性的手段和方法更有力、作用更大。

三、企业文化在我国的发展

20世纪80年代初，"企业文化"才被我国的理论界与企业界关注。1984年海尔公司在企业亏损147万元的情况下，张瑞敏首先提出"文化先行、企业理念先行"的管理理念。中国企业从开始关注"企业文化"这个名词，至今已有30多年历史，西方企业文化理论中的诸多内容与我国的传统文化思想不谋而合，两者的融合促进了国内企业文化的研究与发展。但与国外企业文化研究的迅猛发展相比，中国的企业文化研究显得相对薄弱。

1. 我国企业文化研究的总体情况

从20世纪80年代以来，我国企业文化研究的总体情况，学界认为大致可以分为以下四个阶段。

第一阶段，知识传播与认知阶段(1983—1988年)：研究的焦点主要是适合性问题,即企业文化理论是否适合中国企业,能不能适合中国企业管理和改革的实践。

第二阶段,低潮徘徊阶段(1989—1991年):研究的焦点主要是内容的正确性,即企业文化到底是新型的管理理论、管理思想,还是划归自由化思潮,是否属于中国特色的经济理论的内容。

第三阶段,知识普及与实践启动阶段(1992—2000年):研究的焦点主要是企业文化知识如何普及,企业文化如何适应社会主义市场经济的建立,探讨如何建设中国特色的企业文化。

第四阶段,普遍实践与深入发展阶段(2001年至今):研究的焦点主要涉及企业文化的三个核心问题,即"以人为本"的问题、建设核心价值理念的问题、和谐社会和企业社会责任问题。

回顾国内企业文化的研究史,可以看到,在大量的理论与实践探索基础上,建立了多角度、多方位的企业文化模式,并在企业文化同企业经营业绩的关系、企业文化的管理、企业文化的测量等方面进行了大量有成效的研究,取得了一定的理论成果。

2. 我国企业文化建设的主要问题

改革开放以后,随着我国经济不断发展,我国企业文化建设探索的成效也日益显现,主要体现在越来越多的企业开始从根本意义上理解了企业文化建设的重要意义,开始结合企业自身的情况,并结合我国的传统文化,有意识、有针对性地建设企业文化,在很大程度上杜绝了企业文化建设初期出现的走过场、重形式、喊口号等问题。

但是,中国企业文化研究严重滞后于中国企业文化发展的实际,不少企业在塑造企业文化时主要拘泥于企业内部探讨,虽然有时也邀请专家学者参与,但是由于对该企业文化发展的内在逻辑、企业文化的定位、企业文化的变革等问题缺少长期深入的研究,所以企业文化实践缺少真正的科学理论指导,缺乏个性与特色,从而难以对企业的持续发展产生文化推动力。

我国企业文化建设中存在的问题主要体现在以下三个方面。

(1)盲目复制。任何企业文化都有其生存的土壤。西方国家经济发展水平相对较高,在企业文化建设层面相对我国起步较早。于是,有些企业开始不顾实际情况地盲目复制国外的企业文化建设路子,结果发生了东施效颦的错误。

(2)强调形式。企业文化建设说到底是要从内在层面提升企业综合素质,改变企业的现状,从骨头层面改变企业的状况。但是,在企业文化建设之初,我国一些企业将文化建设单纯停留在表面,以致用喊口号、搞形式等取代了企业文化的实质含义。

(3)崇洋媚外。在企业文化建设过程中,将吸收国外的成功做法做过了头,大张旗鼓地宣传舶来品的优点,而忽视了张扬本土文化的长处,致使在企业文化建设中导演出一出出闹剧。一些企业不顾自己的实际情况,跟着其他的企业"一窝蜂"地进行企业文化建设,不但给自己造成了沉重的负担,反而让组织成员充满怨气。企业文化建设出现了很大的负面效应。

第二节 企业文化的内涵

企业文化是在一定的社会经济文化背景下形成的、与企业同时存在的一种意识形态和物质形态,是企业这种人类经济活动的基本组织之中形成的组织和文化。企业文化与文教、科研、军事等组织的文化同属于组织文化的大范畴,但在表现形态上又有独特的性质。在企业中所散发出的气息与在政府和事业单位所感受到的氛围是迥然不同的。这些不同就是各种组织文化的差异性,这也反映出组织文化的客观存在性,因此研究企业文化的特性首先要从企业文化的内涵谈起。

一、企业文化的定义

要了解企业文化,应当先了解"什么是企业"和"什么是文化"。明白了"企业"和"文化"是什么之后,自然就深知企业文化的概念与作用。

1. 企业的定义

企业是指适应市场需要以获取盈利,实行自主经营、自负盈亏,依法独立享有民事权利并承担民事责任的商品生产和经营组织。盈利是这一组织中所有人的共同目的,共同的盈利目的是企业创建和发展的原始动因。单一的盈利目的动因不能保证企业的长期生存和发展,必须形成共同的文化,才有可能实现企业的长期生存和发展。

企业存在的形式是多样化的。按生产资料所有制性质划分,可分为公有制企业和非公有制企业;按所属行业划分,可分为工业企业、商业企业、农业企业、IT企业、文化企业、现代服务企业等;按主要经营资源划分,可分为劳动密集型企业、资金密集型企业、技术密集型企业、知识密集型企业和综合型企业;按企业规模划分,可分为大型企业、中型企业、小型企业和微型企业等。

2. 文化的定义

"文化"(Culture)一词从拉丁文的"耕种"(Cultura)引申而来,概言之,指经过人类耕作、培养、教育、学习而发展的各种事物和方式,是与大自然存在的事物相对而言的。1871年,英国的人类文化学家爱德华·泰勒首先对文化进行了界定:"文化是一个复杂的总体,包括知识、信仰、艺术、道德、法律、风俗,以及人类在社会里所获得的一切能力和习惯。"[1]之后,众多专家学者及研究机构提出了对"文化"的各种定义。《美国传统词典》对文化的定义是:"人类群体或民族世代相传的行为模式、艺

---

[1] [英]爱德华·泰勒.原始文化[M].蔡江浓编译.杭州:浙江人民出版社,1988:1.

术、宗教信仰、群体组织和其他一切人类生产活动、思维活动的本质特征的总和。"①威廉·A·哈维兰对文化的定义是：文化是一系列规范和准则,当社会成员按照它行动时,所产生的行为应限于社会成员认为合理和可接受的变动范围之中②。

综合前人对文化的界定,本书认为：文化是人类在长期生存与发展中,强势群体为满足精神或物质需要,在权力范围内所形成、积累、创造的一系列指导其成员社会实践活动并被认可与遵循的习俗、信仰、规范、准则等本质特征之总和,其核心是价值观念,不同的价值观念通过不同的可传播符号产生不同的文化类型。

3. 企业文化的定义

企业领导者为了解决现代企业管理中的"软"问题,将在经营实践中形成的历史传统、价值观念、职业道德、精神风貌、行为习惯等企业的意识形态进行规范,于是就有了企业文化。

企业文化(Corporate Culture)也称组织文化,是指企业在长期生产经营实践中形成、积累、倡导的,被大多数员工所普遍认同,自觉信奉、遵循并付诸实践的,带有本企业特点的一系列企业价值理念(精神信仰)和行为方式及物质表现的总和。

企业文化的出发点和归宿都是人。它强调在企业的经营管理活动中,要把信任人、尊重人、关心人、培养人,充分发挥人的积极性和创造性放在首位,从各个环节调动并合理配置有助于企业全面发展的积极因素,通过优化企业员工的群众意识来发挥它的导向、约束、凝聚、激励、调试等作用,促进企业提高整体素质,增强市场竞争能力。因此,企业文化体系一旦形成,必将对企业内部的方方面面,包括人和物、改革和管理、物质文明和精神文明建设产生积极的影响和推动作用。

4. 企业文化的内涵

企业文化是一种与民族文化、社区文化、政治文化、社会文化相对独立而存在的经济文化,反映的是企业经济组织的价值观念与目的要求,以及实现目标的行为规则及习惯,它由"精神层"、"制度层"、"行为层"和"物质层"等四个部分组成,是企业为生产经营管理而形成的观念和行为及物质表现。企业文化的内涵具体包括价值理念、道德规范、行为准则、管理哲学、经营伦理、企业精神等因素,是一种以人为中心的企业经营管理理论,它强调管理中的软要素,其核心是企业价值观念。

企业文化结构是指企业文化系统内各要素之间的时空顺序、主次地位与结合方式,具体包括企业文化的构成、形式、层次、内容、类型等的比例关系和位置关系。构成企业文化的主要因素有企业环境、价值观、英雄人物、典礼仪式、经营习俗、文化网络等。企业文化结构正是表明各个要素如何链接,以形成企业文化的整体模式,即

---

① [美] 约翰·P·科特,詹姆斯·L·赫斯克特. 企业文化与经营业绩[M]. 李晓涛译. 北京：中国人民大学出版社,2010：4.
② [美] 威廉·A·哈维兰. 当代人类学[M]. 王铭铭等译. 上海：上海人民出版社,1987：242.

企业的精神文化、制度文化、行为文化、物质文化等形态结构。

二、企业文化的结构

结构是系统内部各组成部分的排列组合方式。企业文化结构是指企业文化系统内各要素之间的时空顺序、主次地位与结合方式,也即企业文化的构成、形式、层次、内容、类型等的比例关系和位置关系。它表明各个要素如何链接,形成企业文化的整体模式。随着企业文化在企业核心竞争力地位的确立,对企业文化的结构的研究就显得尤为重要,这将有利于具有典型中国文化特色的中国式管理模式的形成。

研究企业文化的结构就是把企业文化作为一种独特的文化体系,找出其各个组成部分的关系,了解企业文化作为一个整体与各部分之间的关系,以利于研究企业文化的内容以及构建具有中国特色且符合时代发展的企业文化。通常,人们一般认为企业文化分为三部分:一是精神文化部分,二是制度文化部分,三是器物文化部分。综合学术界的各种观点,我们主张企业文化的结构应包括精神文化、制度文化、行为文化和物质文化四个部分。

1. 精神文化

企业精神文化,是指企业在生产经营过程中,受一定的社会文化背景、意识形态影响而长期形成的一种精神成果和文化观念。

相对于企业制度文化、行为文化和物质文化来说,企业精神文化是一种更深层次的文化现象。在整个企业文化系统中,它处于核心地位。精神文化是企业的灵魂,是支配企业发展的内在品质,它包括企业精神、企业经营哲学、企业道德、企业价值观念、企业风貌等内容,是企业意识形态的总和。企业的各项制度、处理问题的思维方式、企业内部的建筑设计等任何微观的方面无不受到精神文化的影响。精神文化表面上看非常抽象,但实际上非常具体,需要管理者从企业日常运营的任何微观方面做起,只要这些方面做好了,组织氛围就会好,优秀的企业精神文化自然就会建立起来。

2. 制度文化

企业的制度文化是指具有本企业文化特色的各种规章制度、道德规范和员工行为准则的总称,包括厂规、厂纪以及生产经营中的交往方式、行为准则等,也称为强制性文化。

建立企业制度的目的在于协调生产,规范企业活动及员工行为,以提高企业工作效率。制度的突出特点是强制性,营造企业制度氛围就是制定并贯彻企业各项规章制度,强化企业成员的规范行为,引导和教育员工树立企业所倡导的统一的价值观念,使员工顾全大局,自觉服务于企业的整体利益。企业的规章制度主要包括企业的领导制度、人事制度、劳动制度和奖惩制度等。

这里要强调的是,企业制度安排是企业本身及其构成部分的行为准则,也是企业员工的行为规范。这些管理制度是企业赖以存在的基础，是企业在其发展过程中不断制定和完善的。这些制度更加强调外在的约束、强制的约束。它重在利用层级对员工进行监督、考核、监控等。而企业文化，从本意上讲，属于人的思想范畴，强调人的价值理念。虽然这些思想和理念是最终要体现在员工的行为上的，而行为又直接受到企业制度及企业发展战略的约束，但是，毕竟人的行为除了外在的制度约束外，从人的行为产生的根源上看，它还是要受到思想的支配，存在着内在约束。从这一点看，似乎企业制度和企业文化又是不同的事物。我们之所以将企业制度归于企业制度文化，首先就是因为其本身制度的制定就直接受企业价值观、经营理念的影响，是企业文化的制度表现；而且，企业的制度文化并不完全将自己的作用定位于员工行为外在的强制性约束，它更强调在认同企业价值理念的前提下，从内在性上约束员工的行为，从而成为规范企业行为的内在约束力。这也就是所谓的通过制定并贯彻企业各项规章制度，强化企业成员的规范行为，引导和教育员工树立企业所倡导的统一的价值观念，使员工顾全大局，自觉服从于企业的整体利益。

3. 行为文化

企业的行为文化，是指企业员工在生产经营、学习娱乐中产生的文化现象。它包括企业经营、教育宣传、人际关系的活动、文娱体育活动中产生的文化现象。它是企业经营作风、精神面貌、人际关系的动态体现，也折射出企业精神和企业的价值观。

从人员结构上分，企业行为文化主要包括企业家行为、企业模范人物行为、企业员工群体行为等。

（1）企业家行为。企业家是企业的灵魂。企业的文化主要是由企业家导向的，它深深烙上了企业家的个性、志趣情操、精神状态、思维方式和目标追求。企业家的灵魂之光决定企业文化的健康与优化的程度，决定了员工对企业的信心程度，也决定了企业在未来竞争中的胜负。有什么样的企业家，就有什么样的企业和什么样的企业文化。

企业家是企业文化的设计者、倡导者、推动者、弘扬者，也是"企业文化的旗手"。这一点，我们无论是从国外的 IBM 的小沃森、松下电器公司的松下幸之助，还是从我国海尔的张瑞敏、荣事达的陈荣珍、长虹的倪润峰、联想的柳传志以及阿里巴巴的马云对自身企业的文化影响都可见一斑。

（2）企业模范人物行为。企业模范人物是企业的中坚力量，他们的行为在整个企业行为中占有重要地位。在具有优秀企业文化的企业中，最受人尊重的是那些集中体现了企业价值观的企业模范人物。这些模范人物使企业价值观"人格化"，他们是企业员工学习的榜样，他们的行为常常被企业员工视为仿效的行为规范。任何一个企业员工，只要通过自己的努力，都可以成为任何一个层次上的企业模范。从企业模范行为的类别划分，可分为领袖型、开拓型、民主型、实干型、智慧型、坚毅型和廉洁型等七类人的行为,同时它们彼此不相互独立,常常是相互交融的。

(3)企业员工群体行为。企业员工是企业的主体,企业员工的群体行为决定企业整体的精神风貌和企业文明的程度。因此,企业员工群体行为的塑造是企业文化建设的重要组成部分。有人把企业员工群体行为塑造简单理解为组织职工政治思想学习,企业规章制度学习,科学技术培训,开展文化、体育、读书以及其他各种文艺活动。诚然,这些活动是必要的、不可或缺的,但员工群体行为塑造不应当仅仅限于此,它至少还包括三个方面的内容。

第一,激励全体员工的智力、向心力和勇往直前的精神,为企业创新作出实际贡献。例如美国最优秀企业之一的信捷公司,对自己的员工就提出了这样的行为规范:在工作中不断激发个人的潜能,积极主动地为自己创造一种不断学习的机会,尽管工作是日常性的,但工作的全部内容应当提升到与成就个人事业相联系的位置上,以便为个人的成长提供动力。

第二,把员工个人的工作同自己的人生目标联系起来。这是每个人工作主动性、创造性的源泉,它能够使企业的个体产生组合效用,使得 $1+1>2$。它能够唤起企业员工的广泛热情和团队精神,以达到企业的既定目标。

第三,必须使每个员工认识到企业文化是自己最可宝贵的财产,它是个人和企业成长必不可少的精神财富,并以积极处世的人生态度去从事企业工作,以勤劳、敬业、守时、惜时的行为规范指导自己的行为。

4. 物质文化

物质文化是员工创造的产品和各种物质设施等所构成的器物文化。它主要包括企业产品结构、外表款式和提供服务内容、企业劳动环境和员工休息娱乐环境、员工的文化设施以及厂容厂貌等。物质文化层是企业员工理想、价值观、精神面貌的具体反映,集中体现了一个现代企业在社会上的形象。因此,它是社会对一个企业总体评价的起点。

(1)生产资料。技术设备的现代化会影响与制约企业的文明程度,包括建筑物、机器工具、设备设施、原料燃料等。

(2)企业的产品。它是企业物质文化的首要内容。企业文化范畴的产品文化包含有三层内容:一是产品的整体形象,二是产品的质量文化,三是产品设计中的文化因素。如可口可乐的品牌文化、红豆集团的"红豆"文化等。

(3)企业名称和企业象征物。它们都是企业文化的可视性象征之一。例如中国所有银行的建筑风格大体一致,坚实、牢固、宏大,银行门口塑的都是威风凛凛的雄狮。这根源于中华民族传统的文化习俗——中国人在把自己千辛万苦节衣缩食挣来或省下的钱送到银行时,一定认为这是最牢靠的地方。因此,银行的建筑风格都是碉堡般坚不可摧的,门口有兽中之王守护,这样才能暗合老百姓的心理,给他们一种可信之感。

（4）企业对员工素质形成的实体手段。这些手段是企业对员工在生产经营活动中的劳动所建立的必要的保健、卫生安全等设施，以及为提高员工文化知识、科学技术素质所建立的必要的技术培训职业教育、文化教育设施与环境氛围。这一切均是企业文化的外化物，它们会使人受到企业文化的熏陶，提高员工的文化素质。

在现实的企业中，通常使用的方式主要有：建立工会，沟通协调员工与企业经营者的关系；实施员工持股计划，增进员工对公司的忠诚和信赖；制定各项福利措施，如修建公司宿舍、设立优惠住房贷款、建立企业医疗制度等，给员工以归属感和安全感；构建企业文化娱乐设施，丰富员工的业余生活；增强员工体质和文化修养；帮助员工制定个人发展规划，提供各种培训机会，促进企业与员工共同发展等。

5. 企业文化各层次之间的关系

企业文化由物质文化、精神文化、制度文化和行为文化四个要素构成。但是，一个企业在经营过程中体现出来的企业文化，并不是彼此孤立的，而是一个完整的文化系统，在各个方面对企业的经营活动发挥着指南针的作用。这四个构成要素之间是相互联系的，各构成要素互相作用，共同形成企业文化的全部内容。

（1）物质文化是企业文化的基础，为精神文化、制度文化和行为文化提供物质基础。

物质文化即物质层面上的企业文化，它是表层的企业文化，是企业文化在物质上的外显，或者说是企业文化的外在表现和物质载体。物质文化是企业文化的基础，精神文化、制度文化和行为文化均是在此基础上产生的，物质文化为精神文化、制度文化和行为文化提供重要的物质基础。没有物质文化的支撑，精神文化、制度文化、行为文化都只能是"空中楼阁"。正因为物质文化是物质层面的东西，所以物质文化是企业文化四个构成要素中最为可变的部分。

（2）精神文化是企业文化的核心，为物质文化、制度文化和行为文化提供思想基础。

精神文化即精神层面的企业文化，是企业文化的核心。精神文化也是企业文化的精髓部分，是企业健康成长的思想"支撑点"和精神动力。精神文化的形成一般需要较长的时间，但是精神文化一旦形成，就具有相对的稳定性，所以这个层面的企业文化是企业文化三个组成部分中变化最小的部分。

精神文化制约着企业文化的中间层、浅层和表层文化，决定其他文化的变化和发展方向。企业的生产经营行为如何，企业制定什么样的规章制度，企业员工表现出什么样的行为，归根到底受制于企业的精神文化。例如，企业制度的形成与变化均源于企业对制定和修改制度的某种需求，这种需求正是企业价值理念的一种具体表现。正是因为企业认为制定和修改制度有价值，才会去制定与修改，至于价值何在，不同企业有不同的认知和理解，这些认知与理解也是企业价值理念的一个构成部分。反过来，不同企业对制度认知和理解不同，又会使完全相同的制度出现不同的效果。因此,精神文化是企业文化建设的重点。

（3）制度文化是联结精神文化与物质文化及行为文化的纽带,约束和规范着行为文化和物质文化建设。

制度和制度文化并不能画等号,但制度可以体现制度文化。例如,企业制度中规定了企业整体以及员工个体遵循的行为规范,从中我们不仅能看出这个企业崇尚什么、反对什么,企业信奉什么样的价值理念,而且可以看出这个企业的做事方式与风格。制度文化的实质是企业的运行机制或经营管理模式,而不仅仅是指企业制度本身。行之有效的制度文化,指导和约束着企业整体和员工个体的行为,是企业运行机制的一种具体表现。在这个过程中,通过企业制度,人们能更加清晰、准确和全面地表达自己的企业文化,挖掘优秀文化加以继承,剖析劣质文化及时根除,对照外界环境,吸取先进文化、抵制落后文化,从而有利于推动企业文化的发展。任何一个企业的运行机制只能尽可能全面地用制度来表现,却无法用制度来完全表现。

企业制度文化具有明显的中介性,它是精神文化与物质文化的中介。制度文化既是适应物质文化的固定形式,又是塑造精神文化的主要机制和载体。正是由于制度文化的这种固定、传递功能,它对企业文化的建设具有重要作用。

（4）行为文化是企业文化的外显文化,又受精神文化和制度文化的制约。人的行为是受观念支配的,有什么样的观念就有什么样的行为。企业行为和企业员工的行为都是受企业的精神文化和制度文化制约的。

三、企业文化的形成

企业文化通常是在一定的生产经营环境中,为适应企业生存发展的需要,首先由少数人倡导和实践,经过较长时间的传播和规范管理而逐步形成的。它大致经历自发形成、塑造培育、过程巩固创新三个阶段。其过程如图 1-1 所示。

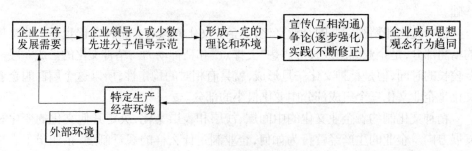

图 1-1 企业文化的形成过程

企业文化是在一定环境中企业生存发展的需要中形成的。存在决定意识,企业文化的核心价值观就是在企业图生存、求发展的环境中形成的。例如,用户第一,顾客至上的经营观念,是在商品经济出现买方市场,企业间激烈竞争的条件下形成的。大庆油田的为国分忧、艰苦创业、自力更生的精神,在某种程度上是在 20 世纪五六十年代我国面临国外封锁、国内经济困难、石油生产又具分散及一定危险性等环境下形成的。企业作为社会有机体,要生存、要发展,但是客观条件又存在某些制约和困难,为了适应和改变客观环境,就必然产生相应的价值观和行为模式。同时,也只有反映企业生存发展需要的文化,才能被多数员工所接受,才有强大的生命力。

企业文化发端于少数人的倡导与示范。文化是人们意识的能动产物,不是对客观环境的消极反应。在客观上出现对某种文化需要往往交织在各种相互矛盾的利益之中,羁绊于根深蒂固的传统习俗之内,因而一开始总是只有少数人首先觉悟,他们提出反映客观需要的文化主张,倡导改变旧的观念及行为方式,成为企业文化的先驱者。正是由于少数领袖人物和先进分子的示范,启发和带动了企业的其他人,形成了企业新的文化模式。

企业文化是坚持宣传、不断实践和规范管理的结果。企业文化实质上是一个以新的思想观念及行为方式战胜旧的思想观念及行为方式的过程,因此,新的思想观念必须经过广泛宣传,反复灌输才能逐步被员工所接受。例如,日本经过几十年的宣传灌输,终于形成了企业员工乃至全民族的危机意识和拼命竞争的精神。企业文化一般都要经历一个逐步完善、定型和深化的过程。一种新的思想观念需要不断实践,在长期实践中,通过吸收集体的智慧,不断补充、修正,逐步趋向明确和完善。文化的自然演进是相当缓慢的,因此,企业文化一般都是规范管理的结果。企业领导者一旦确认新文化的合理性和必要性,在宣传教育的同时,便应制定相应的行为规范和管理制度,在实践中不断强化,努力转变员工的思想观念及行为模式,建立起新的企业文化。[①]

第三节 企业文化的功能

企业文化虽然不能直接产生经济效益,但它是企业能否繁荣昌盛并持续发展的一个关键因素。GE 公司前 CEO 杰克·韦尔奇说过:"健康向上的企业文化是一个企业战无不胜的动力之源。"我国著名经济学家于光远说过:"关于发展,三流企业靠生产、二流企业靠营销、一流企业靠文化。"海尔 CEO 张瑞敏说过:"企业文化是海尔的核心竞争力。"[②]

企业文化的功能归纳为以下五个方面。

一、导向功能

导向即引导方向,一个强力型的企业文化影响下的企业员工必然充满自信与活

[①] Jacalyn Sherriton, James SternL. Corporate Culture. NewYork:AMACOM, 1997.
[②] 侯贵松.企业文化怎样落地[M].北京:中国纺织出版社,2005:91.

力。相反,一个不健康的企业文化只能塑造病态的员工,因为企业提倡什么,崇尚什么,员工就追寻什么。"天上众星皆拱北,地下无水不朝东。"一种强文化可以长期引导员工们为实现企业目标而自觉地努力,有如汽车的方向盘。企业文化的导向作用是指对企业的发展方向、价值观念和行为文化等的引导作用。

由于企业文化集中反映了员工共同的价值观和目标,因此,它对任何一个员工都有一种无形的强大的感召力,把员工引导到既定的目标方向上来,始志不渝地为实现企业目标而奋斗。

企业文化的导向功能主要是从两方面来发挥的:一是直接引导员工的心理和行为;二是通过整体的价值认同来引导员工。后者是更为重要的一方面。良好的企业文化使员工潜移默化地接受本企业共同的价值观。人们在文化层面上结成一体,朝着一个确定的目标而奋斗献身。这样,那些繁复琐碎的规章制度反而显得不怎么重要了。

企业文化的导向功能主要分为目标导向、价值导向和制度导向三种形式。

1. 目标导向

企业的持续发展首先需要有正确的发展方向和目标,确定企业目标的意义就在于指明企业发展的方向,使之成为全体员工共同奋斗的目标动力。如果发展方向和目标错误,即使再努力,也只能是徒劳无功。企业目标既能促使员工的思想认识和行为达成统一,又能激励员工的荣誉感和责任心。著名的丰田汽车公司在第二次世界大战结束后资源奇缺的背景下投入汽车生产之初就确立了合理化生产的目标,要求在生产过程中杜绝浪费,改进质量。在这一目标指引下,公司始终坚持不懈进行合理化生产经营,无论是在当时政府发布一系列不利于企业发展的禁令的条件下还是后来进入经济高速发展时期,"只要生产就能卖出去"的卖方市场主导情况下,丰田公司都义无反顾地搞"合理化",推行全面质量管理(TQC)体制,并因此在1965年荣获质量管理的最高奖项"戴明奖"。合理化生产及鼓励员工提合理化建议,充分调动了员工的积极性和活力,挖掘了企业的潜力,成为丰田公司经营管理的一大特色,也为丰田赢得了巨大的经济效益。在"合理化"这一企业目标的指引下,丰田公司终以"价廉物美"享誉全球。

2. 价值导向

一个公司的文化体系一经形成,就意味着建立起自身的价值系统和规范标准。当企业成员的价值取向、行为规范与企业文化体系相违背时,企业文化的导向功能就将发挥纠偏作用。而企业文化的纠偏作用与传统的强制手段不同,它是通过成员对企业价值观的自觉认同,使之在潜移默化中达到既定目标。正如狄尔和肯尼迪在《企业文化》一书中所说:"管理的方法不是直接用电脑报表,而是经由文化暗示。强有力的文化是引导行为的有力杠杆,它能帮助员工做到最好。"[①]同样,在企业的

---

① [美]泰伦斯·狄尔,艾伦·肯尼迪.企业文化[M].旧金山:长河出版社,1983:25.

发展过程中,经常会出现如违背企业发展宗旨的短期获利项目等各种诱惑,或遇到各种困难,甚至产生迷茫,但只要企业坚持了核心价值观,都可以引导企业化险为夷、渡过难关,明确发展方向。

3. 制度导向

企业通过制定一系列的规章制度为企业成员的日常行为把握方向。企业价值观、企业哲学等是抽象的,看不见摸不着,为了使它们能化为企业成员的实际行动,企业制度是企业管理者用来达成目标和表达组织工作方式强有力的工具。虽然制度本身并不美丽,但却十分有力。松下公司建立了有效的财务、计划等制度,这些制度并用的结果,使"松下帝国"把员工的行为统一到企业的发展方向上并获得了持久的凝聚力。

二、约束功能

企业文化的约束作用是通过制度文化和精神文化规范而发生作用的。制度文化的约束作用较为明显,且是硬性的、有形的。企业文化的约束作用包括自控作用,如果制度规定、道德规范等企业文化成为员工的自觉或不自觉的意识时,员工就会自觉或不自觉地按这些观念和规范行事,即产生一种理所当然、理应如此的感觉。这就是人们所说的"道德自觉",这就表明了该企业文化已经达到了很高的境界。

企业文化的约束功能具体体现为刚性约束和柔性约束。

1. 刚性约束

企业规章制度的约束作用较为明显。它直接要求员工该做什么和不该做什么。通过表扬、加薪、提职、批评、警告、降职、降薪、解雇等方式,规范员工的行为,以保证企业的发展。制度的刚性约束,不是为压制员工的积极性和创造性的发挥,好的制度设计一定是有利于美好人性的发展的。

2. 柔性约束

企业文化通过微妙的文化渗透和企业精神的感染,形成一种无形的、软性的约束。它通过价值观、道德意识的内化,使员工在观念上确立一种内在的自我约束的行为标准。显然,企业伦理道德对员工的行为进行规范比单纯依靠企业制度进行约束更具有主动积极的意义。用制度对员工进行约束,是借助一种强制的外在的力量使员工服从,容易给人紧张、不安,形成压力;而柔性的道德规范,是通过内心信念和道德良心而起作用的,是一种自我克制的行为。这种软约束不是建立在对人的限制和硬性约束的机制上,而是建立在相信人、尊重人、充分释放人的潜能的机制上。孔子曾说"道之以政,齐之以刑,民免而无耻;道之以德,齐之以礼,有耻且格",意即:用政刑的手段只能使百姓因惧怕严刑峻法而不敢犯法,却无自觉羞愧之心;而用仁政德治管理天下,百姓不仅会对不良行为有自觉羞愧之心,而且会真心归顺。这一道理同样适用企业管理。企业软约束形成的自我管理机制在很大程度上弥补了单纯硬约束带来的不足与偏颇。因为再详尽、再科学的管理制度也有不完备之处,会为一些人钻制度的空子提供可乘之机,何况通过制度进行"管卡压",管得越严越死,员工的心理抵触就越大,规章制度就越难实施。唯有企业文化的软约束和硬约束相结合,才能使企业摆脱这一怪圈,从而实现企业规范约束由自发向自为的转变。

三、凝聚功能

企业文化是一种强力的粘合剂。

英国学者凯兹·卡恩认为,社会系统的基础,在于人类的态度、知觉、信念、动机、习惯及期望等心理因素;在社会系统中,将个体凝聚起来的主要是一种心理的力量,而不是生理的力量。企业文化正是以种种微妙的方式,来沟通人们的思想感情,融合人们的理想、信念、作风、情操,培养和激发人们的群体意识。在特定的文化氛围之下,员工们通过自己切身的感受,产生对本职工作的自豪感和使命感、对本企业的认同感和归属感,使员工把自己的思想、感情、行为和整个企业联系起来,从而使企业产生一种强大的向心力和凝聚力,发挥出巨大的整体效应。

凝聚作用功能主要分为目标凝聚、价值凝聚、情感凝聚三种形式。目标凝聚是指通过企业目标以其突出、集中、明确和具体的形式向员工和社会公众表明企业行为的意义,使企业目标成为全体员工努力奋斗的方向,形成强大的凝聚力和向心力。价值凝聚是指通过共同的价值观,使企业内部存在着共同的目标和利益,成为员工的精神支柱,与企业同荣辱、共存亡。

1. 目标凝聚

企业目标是企业全体员工凝聚的基点。凡是具有科学性、合乎企业发展方向并为员工认同的目标都是凝聚企业员工的一种力量。心理学研究表明,人们越能认识行为的意义,行为的社会意义就越明显,就越能产生行为的推动力和向心力。企业的目标正是以其突出、明确、集中等具体的特点向员工和社会表明企业群体行为的意义,成为企业上下共同努力的方向,从而形成强大的向心力与凝聚力。要注意的是,企业目标的凝聚作用是建立在把员工个人的目标与企业总的目标相结合的基础上,使员工能够体会到个人的前途是与企业的发展密切相关的,企业整体目标的实现也意味着个人目标及利益需求的实现。只有这样,企业目标的凝聚功能才能真正发挥出来。

2. 价值凝聚

为企业全体员工所认可的核心价值观是企业生存与发展的精神支柱。企业员工一旦认同企业价值观,就会改变原来只从个人角度出发建立的价值观念,树立起以企业为中心的共同理想、信念和价值取向,用企业的群体意识去考虑问题和指导行动。社会学的平衡理论表明,人们倾向于把看来相似的东西视为同一组合,故而诱发出协调一致的情感反应——喜欢。而强化理论则指出,他人表现出与自己相似的态度,是支持自己评价的有力依据,具有相当高的强化力量。以上两种理论用通俗的话语解释,就是当人们发现彼此间"英雄所见略同",便会油然生出"好汉爱好汉"的情感。可见价值共识和共同理想的不断强化为企业提供了凝聚力。企业文化的同化作用使企业成为一个由具有共同的价值观念、理想追求的人聚合起来的团体,进而使企业成员获得强烈的认同感,对企业产生一种强烈的向心力。新东方教育集团的创始者俞敏洪、徐小平等人正是基于共同理想与信念的追求,一拍即合,共同开创出新的事业,而志趣与价值理念的高度认同,则使他们的事业更加辉煌。

3. 情感凝聚

具有优良企业文化的公司大多重视企业内部的情感投资,尊重个人情感,营造一种亲密友爱、相互信任的企业氛围,增强企业对员工的吸引力。他们认识到企业不仅是员工利益的依靠,而且是员工的精神归宿与情感寄托。良好的企业文化氛围能使员工对企业产生向心力与归属感,使员工的精神寄托于企业、感情上依恋于企业、行动上忠实于企业,与企业风雨同舟、休戚与共,把自己的命运与企业的命运紧密地结合起来。日本索尼集团董事长盛田昭夫曾总结道:"一个日本公司最重要的使命,是培养公司和员工之间的良好关系,在公司中创造一种家庭式的情感,即经理人员同所有雇员同甘苦、共命运的情感。在日本,最成功的公司就是那些通过努力与所有雇员建立一种共命运的情感的公司。"

四、激励功能

企业文化是企业青春的激发剂,是企业活力的加压泵。

所谓的激励,就是通过外部刺激,使个体产生出一种情绪高昂、奋发进取的力量。研究激励理论的学者认为,最出色的激励手段是让被激励者觉得自己确实干得不错,发挥自己的特长和潜能。至于用绝对标准去衡量他们是否真干得不错,那倒是次要的。在一种"人人受重视,个个被尊重"的文化氛围中,每个人的贡献都会及时受到肯定、赞赏和褒奖,而不会被埋没。这样,员工就时时受到鼓舞,处处感到满意,有了极大的荣誉感和责任心,自觉地为获得新的、更大的成功而瞄准下一个目标。这就应了一句西方谚语:"没有什么比成功更能导致成功的了。"企业文化的激励,与早期激励理论相比,是大大进了一层的。它不再是一种手段,而是一种艺术;不再像过去那样带着极强的功利性质,而是着眼于整体的文化建设和人的不断完善,提升到人创造文化、文化塑造人的伟大因果循环的高度来看待了。

激励是指企业通过一定的刺激,使员工产生一种情绪高昂、奋发向上的效果。具体而言,主要包括以下两个方面。

1. 物质激励

物质激励是激励的基本方式,主要指为满足员工物质的需要发放一定数量的工资、奖金、福利等,以达到调动职工积极性的目的。物质需要是人类的第一需要,它是人们从事一切社会活动的基本动因。企业应从具体情况出发,针对不同员工的需要特点,以物质手段满足其合理需求,以唤起其对欲望目标的向往和追求,并引导他们客观认识目标需求、所肩负的责任及工作绩效,激发上进心,促进其对自身社会价值的认识。同时,物质激励的立足点要放在激发人的主观能动性的持久性上才会收到更好的效果。

在这方面,晋商的物质激励制度可以说极有特色。晋商之成功,与其有一套相当完善的激励机制密不可分。凡在票号工作的人,吃穿用度都由票号提供,实行"供给制",同时还有一块固定收入叫做"辛金",即薪金。自出徒后计算,干得时间越久,资历越深,累积越多。此外,晋商的资本采取股份制,按股分红,经营者包括票号的伙计在内也有股份,称顶身股。根据你在票号工作的时间、业绩表现和职位来确定顶身股的拥有数,参与每年的分红。这是晋商一个特殊的创造,这种机制把票号内所有人员的利益与票号的利益紧紧联系在一起,有利于充分调动所有人的积极性,激励他们努力为票号工作,显示出它的进步性。

2. 精神激励

精神激励是指企业为了满足员工精神方面的需求而采取的一系列激励措施,如表扬、授予荣誉称号等。在物质需要得到一定程度的满足后,精神需要就成了主要需要。每个人都有自尊心、荣誉感,满足这些需求,能更为持久、有效地激发人们动机。物质激励到一定程度时就会出现边际递减现象,而来自精神的激励则更持久和强大。因而,注重精神激励将成为员工激励的主要特点。精神激励主要包括信任激励和关心激励等。

(1) 信任激励。信任可以使员工心情舒畅、干劲倍增。当员工感受到公司对他们的信任和尊重时,就会产生极大的荣誉感和责任心,它可以大大激发员工的工作积极性和主观能动性。如惠普作为世界上最大的电脑公司之一,早在公司创业之初就确立了信任和尊重每个人,承认个人的功绩的传统。多年前,公司就不实行上下班计时制度了,后来又推行了一项灵活的工作时间方案。这不仅是一种信任的表示,还是体贴和尊重每位员工的最好表现。公司独具特色的"实验器材完全开放政策",不仅允许工程技术人员自由出入实验室库房取用物品,而且还鼓励他们把设备带回家去自行使用。这样做的理由是,不论工程技术人员拿这些设备做什么,不论是否与工作有关,只要他们在这些零部件或设备上动脑筋,总会学到东西,这就增强了公司的技术革新能力。说来这一政策还源于公司的创始人比尔·休利特,他在一次巡视工厂的过程中,发现那里的实验室库房区上了锁,于是他立即跑到维修班抓起一把螺丝切刀,亲自动手将那把挂锁从实验室库房上切下来,并留下一个字条:"永远不要将此门上锁。谢谢,比尔。"自此这就成为了公司传统。这一政策大大激发了公司员工的研发热情和创新动力,为公司的发展积蓄了强大的实力,这就是公司长盛不衰的秘诀。

（2）关心激励。人的积极性是以合理需要得到满足为基础的,作为一个优秀的企业领导者,必须充分了解人的特性,关心不同人的需要。在日本企业界与松下幸之助齐名的京都陶瓷公司的总裁稻盛和夫总结其经营经历时说,公司的第一目的就是让所有员工的物质和精神上得到双重的幸福,同时尽可能地为社会进步做贡献。他进一步阐述道,如果员工不能心情愉快地工作,员工如果不能发挥他们的智慧来思考公司的战略的话,公司就不能得到发展。中国民生航运公司的创始人卢作孚很早就提出将"公司的事由职工来解决,职工的事由公司来解决"作为公司的座右铭,可见关心员工是世界许多著名企业共同的认识。

（3）目标激励。激励理论认为人的行为受一种预期心理的支配。当人们在现实生活中看到可以满足自己需要的目标时,在需要心理的驱使下,会在心里产生一种处于萌芽状态的期望。但是,能否把这种期望心理转化为驱使行为的动力,也就是说决定人们追求目标的积极性大小的关键,取决于目标效价与实现目标可能性两者的乘积。

目标效价是指人们所考虑的达到目标后能给自己带来的实际利益究竟有多大;实现目标的可能性即实现目标的概率。是否形成有效激励的关键在于科学地设计目标,不要太高或者太低,目标太高会使人感到可望不可及,失去信心;目标太低让人觉得唾手可得,也就失去了激励的作用。目标的确定要使员工有"跳起来够得着桃子"的预期。同时,还必须做到使目标与员工的物质和精神需要相联系,让他们从企业的目标中看到自己的利益,这样目标的效价就大。

除了以上所讲的三种激励模式之外,还有成功激励、宣泄激励等。企业可以根据自身的特点,寻找到适合自身特性的激励模式。例如,松下公司巧妙地运用成功激励、利润激励、福利激励等模式,在企业经营中取得了卓著的成效。

五、调适功能

调适就是调整和适应。企业各部门之间、职工之间,由于各种原因难免会产生一些矛盾,解决这些矛盾需要各自进行自我调节;企业与环境、与顾客、与企业、与国家、与社会之间都会存在不协调、不适应之处,这也需要进行调整和适应。企业哲学和企业道德规范使经营者和普通员工能科学地处理这些矛盾,自觉地约束自己。完美的企业形象就是进行这些调节的结果。调适功能实际也是企业能动作用的一种表现。

企业价值观是企业制定各种行为规范和职业道德规范的依据,也是贯彻执行这些规范的精神武器。在具有强烈文化气氛的企业中,企业价值观引导和约束人们的行为,使之符合企业整体的价值标准。在企业文化的引导与约束下,员工能自觉意识到什么事应该做、什么事不应该做、什么是应该提倡的、什么是应该反对的,从而对产品和服务的质量精益求精,对客户和消费者高度负责,为企业创造美誉度和知名度。经验表明,这种在企业价值观基础上形成的企业文化"软性"约束机制,对企业及其员工行为的规范与约束是十分有效的。

企业作为社会有机体中的细胞,它的生存与发展一方面依赖社会向它提供的必要的生存空间,另一方面企业也要承担起它对社会应负的责任。企业文化中崇高社会目标的规定、企业文化网络的建立等为企业如何协调与社会的关系,提供了现实的选择。

思考题:
1. 如何理解企业文化形成的背景与实践基础?
2. 如何理解企业文化各层次之间的关系?
3. 企业文化在企业的发展过程中主要有哪些功能?

案例：

生生不息的华为文化

华为技术有限公司成立于1988年。经过10年的艰苦创业，华为建立了良好的组织体系和技术网络，市场覆盖全国，并延伸到香港、欧洲、中亚。公司现有员工3 000余人，其中研究开发人员1 200余人。在发展过程中，华为一直坚持以"爱祖国、爱人民、爱公司"为主导的企业文化，发展民族通信产业，连续3年获得深圳市高科技企业综合排序第一，1995年获得中国电子百强第26名。1996年产值达26亿元，1997年已超过50亿元，到1999年已达到120亿元左右。

目前，华为在大容量数字交换机、商业网、智能网、用户接入网、SDH光传输、无线接入、图像多媒体通讯、宽带通讯、高频开关电源、监控工程、集成电路等通信领域的相关技术上，形成一系列突破，研制了众多拳头产品。1996年交换机产量达到250万线，1997年达400万线（含出口）。华为的无线通讯、智能网设备和SDH光传输系统正在大批量装备我国的通信网。华为不仅在经济领域取得了巨大发展，而且形成了强有力的企业文化。因为华为人深知，文化资源生生不息，在企业物质资源十分有限的情况下，只有靠文化资源，靠精神和文化的力量，才能战胜困难，获得发展。

一、民族文化、政治文化企业化

华为人认为，企业文化离不开民族文化与政治文化，中国的政治文化就是社会主义文化，华为把共产党的最低纲领分解为可操作的标准，来约束和发展企业高中层管理者，以高中层管理者的行为带动全体员工的进步。华为管理层在号召员工向雷锋、焦裕禄学习的同时，又奉行决不让"雷锋"吃亏的原则，坚持以物质文明巩固精神文明，以精神文明促进物质文明来形成千百个"雷锋"成长且源远流长的政策。华为把实现先辈的繁荣梦想、民族的振兴希望、时代的革新精神作为华为人义不容辞的责任，铸造华为人的品格。坚持宏伟抱负的牵引原则、实事求是的科学原则和艰苦奋斗的工作原则，使政治文化、经济文化、民族文化与企业文化融为一体。

二、双重利益驱动

华为人坚持为祖国昌盛、为民族振兴、为家庭幸福而努力奋斗的双重利益驱动原则。这是因为，没有为国家的个人奉献精神，就会变成自私自利的小人。随着现代高科技的发展，决定了必须坚持集体奋斗不自私的人，才能结成一个团结的集体。同样，没有促成自己体面生活的物质欲望，没有以劳动来实现欲望的理想，就会因循守旧，固步自封，进而滋生懒惰。因此，华为提倡欲望驱动，正派手段，使群体形成蓬勃向上、励精图治的风尚。

三、同甘共苦，荣辱与共

团结协作、集体奋斗是华为企业文化之魂。成功是集体努力的结果，失败是集体的责任,不将成绩归于个人,也不把失败视为个人的责任,一切都由集体来共担,"官兵"一律同甘苦,除了工作上的差异外,华为人的高层领导不设专车,吃饭、看病一样排队,付同样的费用。在工作和生活中,上下平等,不平等的部分已用工资形式体现了。华为无人享受特权,大家同甘共苦,人人平等,集体奋斗,任何个人的利益都必须服从集体的利益,将个人努力融入集体奋斗之中。自强不息,荣辱与共,胜则举杯同庆,败则拼死相救的团结协作精神,在华为得到了充分体现。

四、"华为基本法"

从1996年初开始,公司开展了"华为基本法"的起草活动。"华为基本法"总结、提升了公司成功的管理经验,确定华为二次创业的观念、战略、方针和基本政策,构筑公司未来发展的宏伟架构。华为人依照国际标准建设公司管理系统,不遗余力地进行人力资源的开发与利用,强化内部管理,致力于制度创新,优化公司形象,极力拓展市场,建立具有华为特色的企业文化。

附录 《华为公司基本法》摘要

核心价值观

追求

第一条 我们的追求是在电子信息领域实现顾客的梦想,并依靠点点滴滴、持之以恒的艰苦追求,使我们成为世界级领先企业。

员工

第二条 认真负责和管理有效的员工是我们公司最大的财富。新生知识、新生人格、新生个性,坚持团队协作的集体奋斗和决不迁就有功但落后的员工,是我们事业可持续成长的内在要求。

技术

第三条 广泛吸收世界电子信息领域的最新科研成果,虚心向国内外优秀企业学习,独立自主和创造性地发展自己的核心技术和产品系列,用我们卓越的技术和产品自立于世界通信列强之林。

精神

第四条 爱祖国、爱人民、爱事业和爱生活是我们凝聚力的源泉。企业家精神、创新精神、敬业精神和团结合作精神是我们企业文化的精髓。我们决不让雷锋们、焦裕禄们吃亏,奉献者定当得到合理的回报。

利益

第五条 我们主张在顾客、员工和合作者之间结成利益共同体,并力图使顾客满意、员工满意和合作者满意。

社会责任

第六条 我们以产业报国,以科教兴国为己任,以公司的发展为所在社区做出贡献。为伟大祖国的繁荣昌盛,为中华民族的振兴,为自己和家人的幸福而不懈努力。

基本目标

顾客

第七条 我们的目标是以优异的产品、可靠的质量、优越的终生效能费用比和周到的服务满足顾客的最高需求。并以此赢得行业内普遍的赞誉和顾客长期的信赖,确立起稳固的竞争优势。

人力资本

第八条 我们强调人力资本不断增值的目标优先于财务资本增值的目标。具有共同的价值观和各具专长的自律的员工,是公司的人力资本。不断提高员工的精神境界和相互之间的协作技巧,以及不断提高员工独特且精湛的技能、专长与经验,是公司财务资本和其他资源增值的基础。

核心技术

第九条 我们的目标是在开放的基础上独立自主地发展具有世界领先水平的通信和信息技术支撑体系。通过吸收世界各国的现代文明,吸收前人、同行和竞争对手的一切优点,依靠有组织的创新,形成不可替代的核心技术专长,持续且有步骤地开发出具有竞争优势和高附加值的新产品。

利润

第十条 我们将按照我们的事业可持续成长的要求,设立每个时期的足够高的利润率和利润目标,而不单纯追求利润的最大化。

公司的成长

成长领域

第十一条 只有当我们看准了时机和有了新的构想,确信能够在该领域中对顾客做出与众不同的贡献时,才进入新的相关领域。

公司进入新的成长领域,应当有利于提升我们的核心技术水平,有利于增强已有的市场地位,有利于共享和吸引更多的资源。顺应技术发展的大趋势,顺应市场变化的大趋势,顺应社会发展的大趋势,就能使我们避免大的风险。

成长的牵引

第十二条 机会、技术、产品和人才是公司成长的主要牵引力。这四种力量之间存在着相互作用。机会牵引人才,人才牵引技术,技术牵引产品,产品牵引更多更大的机会。加大这四种力量的牵引力度,促进它们之间的良性循环,并使之落实在公司的高层组织形态上,就会加快公司的成长。

成长速度

第十三条 我们追求在一定利润率水平上的成长的最大化。我们必须达到和保持高于行业平均的增长速度和行业中主要竞争对手的增长速度,以增强企业的实力,吸引最优秀的人才,和实现公司各种经营资源的最佳配置。在电子信息产业中,要么成为领先者,要么被淘汰,没有第三条路可走。

成长管理

第十四条 我们不单纯追求规模上的扩展,而是要使自己变得更优秀。因此,高层领导必须警惕长期高速增长有可能给公司组织造成的紧张、脆弱和隐藏的缺点,必须对成长进行有效的管理。在促进公司迅速成为一个大规模企业的同时,必须以更大的管理努力,促使公司更加灵活和更为有效。始终保持造势与务实的协调发展。

我们必须为快速成长做好财务上的规划,防止公司在成长过程中陷入财务困境而使成长遭受挫折,财务战略对成长的重要性不亚于技术战略、产品战略和市场战略。

我们必须在人才、技术、组织和分配制度等方面,及时地做好规划、开发、储备和改革,使公司获得可持续的发展。

(案例来源:http://www.docin.com/p-60431989.html。)

案例分析:

综观华为公司的企业文化,可以发现以下特点:

1. 华为文化是华为在经营实践中形成的历史传统、价值观念、职业道德、精神风貌、行为习惯等企业的意识形态进行规范,反映的是华为的经济组织的价值观念与目的要求,以及实现目标的行为规则及习惯。

2. 华为文化并不是彼此孤立的,而是一个完整的文化系统,在各个方面对企业的经营活动发挥着指南针的作用。这四个构成要素之间是相互联系的,各构成要素互相作用,共同形成华为文化的全部内容。

3. 华为文化是为适应华为的生存发展的需要,首先由少数人倡导和实践,经过较长时间的传播和规范管理而逐步形成的。

4. 华为文化使华为为人深知,文化资源生生不息,在企业物质资源十分有限的情况下,只有靠文化资源,靠精神和文化的力量,才能战胜困难,获得发展。

第二章　电力企业文化与企业核心竞争力

企业文化建设不仅是电力企业发展的必然选择,也是提升电力企业核心竞争力的重要途径,本章针对电力企业文化的特质和建设现状,从提升核心竞争力这一根本目的出发,提出电力企业文化建设的着力点、基本要求和实现路径。

第一节　电力企业文化建设概况

电力企业文化是指电力企业在长期的电力生产、经营、管理等实践活动中,逐步形成的具有电力行业特色的企业精神、经营理念、价值观念、行为规范等的总和。中国的电力企业受中国国情的限制,在企业文化建设方面有着自己独特的历程和基本特质。

一、电力企业文化建设的历程

新中国成立60多年来,电力企业文化建设随着电力行业的发展变革,相应地发生着变化。电力企业文化在发展过程中形成了自发、觉醒和自觉三个阶段。

1. 自发阶段(1949—1978年)

新中国成立直到十一届三中全会前的近三十年的时间内,电力始终只作为一种生产资料,而非市场化的商品,生产和分配完全由政府控制。电力企业要做的就是完成政府的指令,做好电力的生产工作。电力企业的文化也是自发形成的,以半军事化管理制度为特点,以支持社会主义现代化建设为核心,激励企业员工提高思想觉悟,发扬主人翁精神,积极投入生产,为企业完成任务献计献策。

2. 觉醒阶段(1978—2002年)

二十世纪八十年代开始的改革开放完全改变了人们对于市场和企业的认识,电力部门首先开始进行行业整顿。从1985年开始,全国性的电力管理体制改革拉开帷幕,国外的各种管理理念纷纷涌入。电力企业的文化建设开始由生产导向型转向市场导向型,电力企业开始重视顾客、投资者和员工利益,强调团队精神、市场观念、竞争意识,能对企业为适应市场环境变化所进行的改革提供支持。

3. 自觉阶段(2002年至今)

经历了1949—1978年的计划经济时期的企业文化自然生长阶段和1978—2002

年市场经济逐步建立时期的企业文化建设阶段,到 2002 年 3 月,国务院正式颁布了《关于印发电力体制改革方案的通知》,明确提出了我国电力体制改革的目标。打破垄断、引入竞争、提高效率、降低成本成为改革的主要目标。随着电力市场化改革的深化,电力企业强烈意识到企业文化建设对于企业发展的重要性,企业文化建设也改变了初期照搬国外经验的做法,注重结合行业特点,适应市场经济的需要,逐步树立了与社会主义市场经济体制相适应的价值观,提炼和培育了具有现代气息和各具特色的经营战略、经营宗旨、经营理念,形成了"企业发展是企业第一要务""文化管理是企业第一管理""创新是企业第一动力""人才资源是企业第一资源""终身学习是企业第一需要"的核心理念,"高水平、高效益,可持续发展"的发展理念,"质量是政治、质量是生命、质量是效益"的质量理念,"客户至上,诚信服务"的营销理念,涌现了一批成功建设企业文化的电力企业。企业文化建设对于电力企业的发展也发挥着越来越大的作用,逐步成为推动企业改革发展的思想先导和驱动力。

二、电力企业文化的基本特质

电力行业作为中国国民经济的支柱行业,其生产经营有着自身的特色,这也决定了电力企业文化具备了有别于其他行业的特质。具体体现在四个方面。

1. 服务社会的核心价值观

电力产业作为国民经济的支柱产业和公益事业,不仅关系着国民经济的发展速度,也关系着人民生活的改善。电力行业"人民电业为人民"的宗旨,是社会主义制度优越性在电力企业的充分体现。电力企业作为国有骨干企业,不仅承担着国有资产的保值增值、增强国家经济实力和产业竞争力的重要责任,还承担着服务国家经济发展全局利益的政治使命,肩负着特定条件下保稳定促发展的国企责任。电力企业文化将社会利益和社会责任放在最重要的位置,服务于经济发展和社会进步所形成的服务文化在企业内具有重要的影响力。

2. 持续发展的经营理念

电力企业在经济社会发展中,承担着重要的社会责任和经济责任。虽然电力企业与其他企业一样,具有追逐利润的主观要求和发展需要,然而电力企业作为国有企业还肩负着国家能源安全的历史使命,具有其他企业所不具备的公益属性。电力企业的发展与和谐社会的构建也有着密切的联系,在能源可持续发展趋势下,需要采取有效措施对电力能源体系建设进行科学管理,以促进生态环境保护目标的实现。因此,电力企业文化所呈现出的"规模化经营,集团化运作,集约化发展"等持续发展理念,不但是实现企业自身发展壮大的需要,更是适应国家发展战略的需要。

3. 乐观奉献的团队精神

塑造一支爱国爱企、爱岗敬业、甘于平庸、甘于寂寞的员工队伍是电力企业文化建设的重要目标。电力企业员工肩负的责任重大,大到国家战略安全、经济社会发展,小到家家户户的光明与温暖,皆与自身工作切实相关。电力企业员工更需要坚持局部利益服从全局利益,服从国家大局,服从经济发展,以爱岗敬业、默默无闻、乐于奉献的精神风貌,以团结互助、和衷共济、密切配合的协作精神,为维护企业的安全稳定生产作出了巨大的贡献。电力企业严格的操作规程,环环紧扣的操作步骤,均需企业员工要具备团结协作的团队精神。

4. 安全生产的企业之本

电力企业因其行业的特殊性,安全生产早已成为企业的立企之基、生存之本。电力企业的安全文化,不仅关乎着企业自身的生产经营,更关乎着国民经济建设和人民群众的日常生活,在电力企业中具有举足轻重的作用。电力企业长期以来形成的一整套安全生产管理体系,既是一种内部的管理和意识的培养,也是一种企业文化的渗透和影响。安全生产的企业文化已经融入电力企业内部生产管理的各个环节和标准控制之中,安全为天、警钟长鸣的思想,已经成为企业员工的自觉行动和强烈共识。

三、电力企业文化建设的成效和经验

1. 电力企业文化建设的成效

新中国成立以来,尤其是改革开放之后,电力企业文化建设取得了较大成效,主要体现在以下三个方面。

第一,企业文化建设增强了电力企业的凝聚力。凝聚力建设是企业发展的根本之道。企业文化对提升企业的凝聚力、支撑力和战斗力有着重要的作用。电力企业文化建设的实践也证明了这一点。

例如,中国南方电网公司从自身的实际出发,提出了以"更加注重依靠科技进步;更加注重树立科学发展观;更加注重社会效益;更加注重管理出实力;更加注重深化改革;更加注重人的发展"为内容的"六个更加注重"的工作方针,为企业的发展注入了强劲的活力,创造了为世人瞩目的"南网现象"。以培育优秀企业精神为核心,不断增强了电力企业的凝聚力。

在电力集团母公司的影响下,一些基层电力企业也意识到凝聚力建设在企业发展中的重要作用。开始自觉地把建设"人企合一"的和谐企业为目标,坚持把"企业发展与员工发展协调"作为企业的战略发展方针之一,把严格的企业管理和人性的情感关怀结合起来,努力做到人得其事、事得其人,人尽其才、事尽其功,由此建立了亲密无间的上下关系,增强了企业的凝聚力与亲和力。

企业文化建设能否取得突破,很大程度上取决于企业领导人重视与否。反过来,企业文化建设也可以增强企业决策团队的领导力。例如,中国华电集团公司在公司成立伊始,研究制定了一个体现科学发展观、符合华电实际的发展战略,并将"科学决策、快速执行、率先垂范"作为集团公司领导力理念确立了起来,企业文化的

建设为企业的科学、可持续发展开辟了道路,也增强了企业领导集体的决策能力。

第二,企业文化建设提升了电力企业的发展力。树立企业的核心价值观是企业文化建设的关键,建设先进的企业文化,要以推动企业发展为根本目的,更要以提高企业的政治责任感和社会责任感为己任。

在电力改革发展过程中,电力企业积累了深厚的文化底蕴,充分发挥核心价值观对企业的牵引和带动作用,培育出了"人民电业为人民"、"努力超越,追求卓越"(国家电网)、"务实和谐,追求卓越"(中国大唐)、"自强求变,厚德求进"(中国华电)、"以电兴企,强企报国"(中国国电)、"奉献绿色能源,服务社会公众"(中电投)等先进的企业精神,这是电力企业的政治优势和传统特色。这些精神激发了广大电力干部职工振兴电业、报效祖国的激情,体现了国有企业艰苦奋斗、无私奉献、产业报国、振兴中华的主旋律和核心价值观,展现了中国电力工人阶级的崇高境界和精神风貌,也为电力企业改革发展稳定提供了不竭的精神动力。例如,国家电网公司提出了"服务党和国家工作大局、服务电力客户、服务发电企业、服务经济社会发展"的企业宗旨和建设"电网坚强、资产优良、服务优质、业绩优秀"(简称"一强三优")的现代公司的企业发展战略目标,坚持"抓发展、抓管理、抓队伍、创一流"(简称"三抓一创")的工作思路,精心培育企业核心价值观。中国华能集团公司将企业文化定义为"三色文化"。这"三色"分别是指"红色、绿色和蓝色",寓意深远。红色,为中国特色社会主义服务;绿色,注重科技、保护环境、促进社会可持续发展;蓝色,坚持与时俱进、学习创新、面向世界。在长期的经营实践中,华能坚持把"诚信、合作、进取、报国"作为公司的基本理念和目标,并逐步形成了与"三色"公司理念紧紧呼应的核心价值观。"价值观管理引领华电走向卓越",不仅仅是口号,中国华电集团公司将其付诸实践,贯穿于企业生产、经营、管理的全过程,由此推动发展战略的顺利实施、增长方式的不断转变、营运改善的全面推行。经过七年的艰苦努力,集团公司现代管理体系基本建立,存量资产初步改善,增量资产有效拓展,经营管理水平、抗风险能力、综合发展实力不断增强,形成规模与效益持续增长、效益增长速度高于规模增长速度的良性发展势头。上述电力公司通过企业文化建设形成了企业价值理念体系,提升了企业的核心竞争力,成为推动公司发展的动力之源。

第三,企业文化建设优化了电力企业的形象力。改革开放以来,许多电力企业坚持解放思想,实事求是,与时俱进的思想路线,从战略高度认识转变企业经营理念的重要性,努力改变长期计划经济体制下形成的思维模式和经营方式,着力打造企业的社会形象。

市场经济条件下,企业的形象日益成为企业核心竞争力的重要组成部分。许多电力企业在导入企业识别系统时,注重优化企业形象和规范员工行为,强调企业形象导入的实用化、标准化和模块化的设计思路,成为实施品牌战略的有力手段。例如,中国大唐在引入企业形象识别系统过程中,为了强化社会公众对企业形象的认知,还特地设立了企业开放日和企业文化节。该集团曾在北京举行"提供清洁电力,点亮美好生活"企业开放日暨集团公司第一届文化节开幕式,拉开了大唐文化节的序幕。当天,大唐系统17个省、市、自治区的25家企业同时面向社会开放。这一举动不仅让用户感受到企业的诚意,也加深了彼此间的了解,对于改善企业的社会形象有较大帮助。

中国电力投资集团公司将企业的价值观熔铸到企业的形象塑造中,着力把集团打造为"优秀的现代国有企业,优秀的市场竞争主体,优秀的绿色能源行业,优秀的跨国经营公司",有效提高了企业的知名度和名誉度,增强了企业的市场影响力和竞争力。南方电网坚持"对中央负责、为五省区服务"的宗旨,打造责任南网,树立了责任文化品牌。三峡总公司坚持"建好一座电站、改善一片环境、致富一批移民、带动一方经济"的新型水电开发理念,注重生态保护,维护移民利益,实现了经济效益、社会效益、环境效益的有机统一。此外,国家电网公司、中国华能集团公司、中国华电集团公司还在中央企业中率先发布了企业社会责任报告,向社会公众展示了作为在国内外有影响力的负责任的良好企业形象。

先进的企业发展理念,负责任的国有企业形象,让消费者对于电力企业有了全新的认识,对于企业核心竞争力也是一大提升。

2. 电力企业文化建设的经验

长期以来,电力企业文化建设取得了不小的成效,也积累了丰富的经验。

第一,始终坚持正确的指导思想,这是电力企业文化建设健康发展的根本保证。科学发展观所强调的以人为本、全面协调可持续发展的重要思想,对我们搞好电力企业文化建设更具针对性和指导性。这就要求我们要视创新为企业的生命之源,大力锻造创新文化,弘扬敢为人先、敢冒风险的创新精神,充分发挥文化引导创新的导向功能和激励功能。

第二,紧扣增强企业核心竞争力、促进电力企业发展这个主题,这是电力企业文化建设的出发点和落脚点。近年来,电力企业结合各自企业特点、业务范围、规模大小、经营环境、员工状况,以及发展战略等实际,总结挖掘本企业文化资源,继承、发扬企业的优良传统,提炼形成了具有丰富管理内涵、特色鲜明的企业精神、核心价值观和经营管理理念。同时,把这些精神文化理念体现在管理制度、工作标准、考评体系之中,贯彻到生产经营管理的实际过程,努力做到有机结合,不断深化细化和丰富发展,促进了企业文化与经营管理的深度融合,在经营管理中的地位和作用得到了强化,成为凝聚电力企业员工、打造坚强团队的共同思想基础,促进电力企业技术创新、体制创新和管理创新,为电力企业参与市场竞争、做强做久提供有力支撑。

第三,牢牢把握员工队伍建设这个根本,切实提高员工队伍素质,这是电力企业文化建设的重要任务。实践中,电力企业坚持以人为本、文化育人,丰富了员工的精神世界,增强了精神力量,提升了精神境界,员工队伍的整体素质有了很大的提高,为电力企业的改革发展提供了人才保证,成为电力企业参与市场竞争的重要骨干力量。广泛开展宣教传播活动,努力营造企业文化建设的良好氛围,是电力企业文化建设的必要条件。在电力企业文化建设中,想要统一认识,企业必须在企业内部加大宣传、教育、传播的工作力度,必须对员工进行企业文化的培训教育,形成浓厚的企业文化建设氛围,使得企业文化融入企业的经营管理之中,融入员工的日常行为之中,这样,企业文化才会慢慢地为员工所接受,最终转化为员工的自觉行为。

第四,同企业党建思想政治工作有机结合,这是电力企业文化建设发挥作用的重要途径。创新企业党建思想政治工作,关键在于正确认识和把握企业党建思想政治工作的管理属性,重点在于要自觉融入中心、主动服务大局。企业文化建设强调以人为本,以文化管理为纽带,融思想教育、制度约束和激励机制于一体,从而成为企业党建思想政治工作服务于生产经营中心工作的切入点和重要载体。

第五,加强组织领导,形成有效工作机制和工作方法,这是电力企业文化建设的制度保障。建设先进的企业文化既是电力企业自身生存发展的需要,同时也是电力企业党政领导的共同职责。事实上,许多电力企业把企业文化作为一项重要的工作纳入了议事日程,与其他工作同部署、同检查、同考核、同奖惩。实践的经验也启发我们,企业文化建设的领导体制建构要与现代企业制度和法人治理结构相适应,要充分发挥好党委(党组)、董事会和主要经营者在企业文化建设中的决策作用。电力企业要明确企业文化建设的主管部门,形成企业文化主管部门负责组织、各项职能部门分工落实、员工广泛参与的工作体系。

3. 电力企业文化建设的不足

电力企业文化建设虽然取得了一定的成效,但还存在着诸多不足之处,主要表现在以下四个方面。

第一,创新企业文化建设的意识有待加强。虽然大多数的电力企业集团都已认识到企业文化对于企业发展的重要意义,并大力推行企业文化建设,但由于电力企业所居的垄断地位,使得部分基层电力企业受习惯性思维定势的影响,一定程度上还存在着"电老虎"的思想,尚未摆脱原有的企业文化的影响。这种状况已经无法适应新环境、新机制的要求,不利于企业核心竞争力的提升,因此迫切需要创新企业文化建设。

第二,缺乏全面的文化内涵理解。企业文化有着丰富的内涵和深厚的底蕴,是企业经营、管理、发展的源动力。企业文化建设的好与坏不仅关系着企业的经营管理,更关系着企业的可持续发展。部分电力企业管理者和职工对企业文化存在着模糊和片面的认识,简单化地把企业文化等同于思想政治工作,认为企业文化建设就是文体活动,是宣传口号,是规章制度,等等。造成这些认识的主要原因,是没有正确理解和把握企业文化的内涵和作用。这也就必然导致企业文化建设流于形式,推进不力,影响着企业文化建设目标的实现。

第三,优秀的电力企业文化是在总结自身发展经验的基础上,原创性地高度凝练自身特色。部分电力企业只是一味地借鉴、引用别的企业现成的文化建设成果,没有将自身的发展特色融入企业文化建设之中,这会导致企业文化不能生根发芽,不能充分发挥其应有的作用,很难达到引导员工的行为价值取向的作用。

第四,企业文化建设是一项系统工程,是一个完整的有机整体。有些电力企业比较注重文化建设的短期效应,远景发展目标有待明确和加强,否则会导致企业文化建设的深度不够,建设成果难以巩固。这也不利于培养员工对远景目标的认知度和认同度。

当前电力企业文化建设的不足既有客观的、历史的原因,也有其思想上的根源。其中,主要的思想障碍还是对企业文化建设未给予足够的重视,多数仅把企业文化当做传统企业管理中的某一环节,没有将它与企业战略实施、人力资源管理相提并重,这是电力企业文化建设中需要重视的地方。

第二节 企业文化建设是提高电力企业核心竞争力的源泉

一、什么是企业核心竞争力

对核心竞争力的研究始自20世纪中叶。20世纪50年代开始就有学者研究企业能力在企业竞争优势中的作用。1957年社会学家塞斯内克首先用独特竞争能力来表示企业同其竞争者相比在某方面做得更好的情况。随后有学者通过实证分析得出了拥有独特竞争能力的组织有望获得更高的经济绩效的结论。到20世纪80年代,关于企业独特竞争能力、核心技巧与战略、产业发展和绩效关系的研究逐渐成为热点。1989年,哈默、都斯和普拉汉拉德在《哈佛商业评论》首次提出核心竞争力概念,他们认为"就短期而言,公司产品的质量和性能决定了公司的竞争力,但长期而言,起决定作用的是造就和增强公司的核心竞争力"。1990年普拉汉拉德和哈默又发表《公司的核心竞争能力》一文,标志着核心竞争能力理论的正式提出。根据该文的定义,核心竞争力是指"组织中的积累性学识,特别是关于如何协调不同的生产技能和有机结合多种技术流的学识"。[1] 此后,作为经济学和管理学交叉融合的理论成果,企业核心能力成为战略管理理论、经济学理论、知识经济理论、创新理论的重要研究领域。

1. 企业核心竞争力的定义

核心竞争力是指是企业在生产经营、新产品研发、售后服务等一系列营销过程

---

[1] Prahald & Hamel. 哈佛商业评论[J]. 1990: 79-91.

和各种决策中形成的,具有自己独特优势的技术、文化或机制所决定的巨大的资本能量和经营实力,也是企业在经营过程中形成的最基本的,能使整个企业保持长期稳定的,不易被竞争对手效仿的能带来超额利润的独特的能力。

2. 企业核心竞争力的内涵

核心竞争力主要包括核心技术能力、组织协调能力、对外影响能力和应变能力。其本质内涵是让消费者得到真正好于、高于竞争对手的不可替代的价值、产品、服务和文化。其中,创新是核心竞争力的灵魂,主导产品(服务)是核心竞争力的精髓,而企业文化则是核心竞争力的源泉。

一项竞争优势要成为核心竞争力,必须具备以下三个条件。第一,要具备充分的用户价值。就是它必须能够为用户提供根本性的好处或效用。第二,应具备独特性和持久性。如果企业专长很容易被竞争对手所模仿,或通过努力可以很快建立,它就很难给企业提供持久的竞争优势了。专长的独特性和持久性在很大程度上由它赖以存在的基础所决定。那些内化于企业整个组织体系、建立在系统学习经验基础上的专长,比建立在个别专利或某个出色的管理者或技术骨干基础之上的专长,具有更好的独特性。第三,应具备一定的延展性。也就是说,它应该能为企业打开多种产品市场提供支持,对企业一系列产品或服务的竞争力都有促进作用。

3. 企业核心竞争力的来源

对于企业核心竞争力来源的研究,众说纷纭。西方学者鲍·埃里克森和杰斯帕·米克尔森等人从较为全面的企业范围和更广泛角度来考察核心能力的成因。他们认为,核心竞争力是企业组织资本和社会资本的集合。组织资本是指组织对所承担任务的协调能力的资产,而社会资本是指作为资源提供给行为人用来获取收益的那部分社会结构的价值,它通过行为人之间相互关系的变化而产生。美国哈佛学院著名战略学家迈克尔·波特运用"价值链分析法"来分析核心竞争力的形成。他把企业内外价值增加的活动分为基本活动和辅助活动,基本活动涉及企业生产、营销、来料储运、成品储运、售后服务。不同的企业参与的价值活动中,并不是每个环节都创造价值,实际上只有某些特定的价值活动才真正创造价值,这些真正创造价值的经营活动,就是价值链上的"战略环节"。企业要保持的竞争优势,实际上就是企业在价值链某些特定的战略环节上的优势。在我国,有的学者认为,企业核心竞争力的形成依赖于企业所拥有的诸多能力,包括市场界面能力、基础设施能力和多种技术能力等;有的则认为企业核心能力一般可以概括为企业技术能力和制度能力两大方面;还有的认为,企业核心能力的构成是核心技术、组织管理知识和市场知识三大要素。

这些理论都有其可取之处,但都有个共同的缺陷——忽视了企业文化这一重要因素。企业发展的实践证明,企业文化是核心竞争力的重要来源。良好的企业文化是企业整合更大范围资源、迅速提高市场份额的利器。在现代市场经济中,企业之间的竞争日趋激烈,从表面上看是产品市场的竞争,实质是以核心竞争力为代表的企业文化的竞争。

第一,人力资源的培育依靠于企业文化。在知识与资本日益对等甚至是知识雇佣资本的时代,人力资源对企业竞争力的作用已毋庸置疑,问题是对于企业的所有者来说,进行怎样的管理文化与机制设计将人力资源与企业有机地结合在一起,使特殊人才竭力为企业奉献才能。在一定意义上,企业的研发能力与管理能力取决于企业是否拥有一支特殊组织才能和企业家才能的经理队伍。吸引人才、留住人才、整合人才则最终靠的是企业独特的文化。

第二,企业声誉维系于企业文化。声誉是拥有私人信息的交易方对没有私人信息的交易方的一种承诺。声誉是企业获得核心竞争力甚至生存的根本和生命线。在产品市场上,声誉是卖者对买者作出的提供优质产品和服务的承诺;在资本市场上,声誉是企业家、经营者对投资者(股东、债权人)作出的回报和不滥用资金的承诺。这种承诺通常不具有法律上的可执行性,但如果卖者、企业家不履行这种承诺,就要失去买者的光顾和投资者的青睐。企业声誉靠产品与服务打响,而最终维系于企业文化。企业只有培育具有自身特色制度文化、行为文化和发展理念,才能有效健全声誉风险防范,才能有效地提高品牌形象,提高核心竞争力。

第三,企业诸多能力的整合依赖于企业文化。企业核心竞争力可以包含由不同形式表现出来的各种能力,其中原创性研究开发能力等技术能力与管理能力等制度能力是企业竞争力的主要组成部分。特别是研究开发能力是企业获得持久制造技术或专利技术从而获得长期利润的源泉。企业通过管理体制和市场机制将这些不同的能力整合成为核心竞争力体系,而这种整合要靠企业文化的作用才能得以实现。

企业文化作为企业全体成员共同遵循的价值观念和行为规范,受到各类企业的普遍重视,这些企业为保持企业核心竞争力的与时俱进,不断通过企业核心竞争力要素中的理念、价值观规范企业领导与员工的行为,并通过其行为促进企业文化建设。

核心竞争力是在独特的企业文化基础上形成和累积起来的,人才、文化和过程是其载体。通过长期学习、积累,企业文化才会与产品、品牌、专利等一起逐渐成长,并演化为企业核心竞争力的基础和有机组成部分。企业文化与核心竞争力存在相互促进、相得益彰关系。缺乏优秀文化的企业不会铸造出持久的一流的核心竞争力。反过来,企业一流竞争力的拥有和维系往往根植于优秀的企业文化。核心竞争力的提升是企业文化建设取得成效的最好体现。同时,建立在优秀文化基础上的核心竞争力形成企业文化建设提供充沛的物质保证。

二、企业文化建设是提升电力企业核心竞争力的关键

企业文化建设对于电力企业有着重要意义,是关乎电力企业兴衰的重要因素,

更是提升电力企业核心竞争力的关键之所在。

企业文化建设是电力企业生存和发展的必要保证。电力企业作为保证社会稳定、促进经济发展的基础行业单位,要不断与周围环境进行信息交流。电力企业要适应环境变化的需要,研究经济、社会、发展变化的规律和要求,明确与经济发展趋势相适应的社会需求及潜在市场,完善电力企业的各种薄弱环节的工作,调整企业战略,塑造全新的企业文化、与环境的关系和谐,为电力企业营造良性循环的运营环境,促使电力企业进入良性运作状态。

企业文化建设是实现电力企业发展目标的有效途径。企业的发展目标是企业及员工在一定时期内的奋斗目标和主要任务,也是企业自上而下发展诉求与员工自下而上发展期盼的有机结合,是企业员工参与发展目标确立和为实现发展目标努力工作的过程。电力企业文化因其强大的凝聚力和感召力,将员工的思想统一到企业的发展目标上来,形成加快发展的共识,发挥员工的积极性、主动性和创造性,并转化成为实现目标而不懈努力的内动力。

企业文化建设还是推动电力企业文化管理的必由之路。世界企业管理的发展经历了以"人治"为特征的经验管理、以"法治"为特征的科学管理,步入到了以"文治"为特征的文化管理阶段。传统的管理理论没有把"人"作为真正的中心,而文化管理将"人"处于管理的中心和主导地位,是企业管理的新方法,而企业文化则是文化管理的有效载体。电力企业的文化管理就是要在企业文化的指引下,将发展战略、人力资源管理、生产经营等活动,融入以人为本的管理理念中,形成一致的价值观念、理想信念和行为规范,变被动管理为自我约束,营造一种健康向上的文化氛围,以期实现企业价值和个人价值的最大化。

企业文化所涉及的领域和影响的范围都与电力企业核心竞争力密切相关。电力企业核心竞争力是电力企业在发展过程中长期培育和积淀而成的,蕴含于企业文化之内、融合于企业内质之间,使得企业长时间内在电力市场竞争环境中能够取得主动,自动适应外界变化,取得可持续生存与发展的核心资源、能力和制度的集合、组合和整合。电力企业核心竞争力的构成要素主要包括企业文化、企业资源、技术能力、企业制度、管理能力等。其中,企业文化是影响电力企业核心竞争力消长的长期性、基础性和战略性要素,是形成核心竞争力的精神动力,为核心竞争力的提升提供了智力支持。

1. 企业文化是电力企业核心竞争力的重要内核

核心竞争力是企业文化成功的最高和最集中的体现,企业文化是企业核心竞争力的内核和形成企业核心竞争力的深层次因素。企业文化建设是提高电力企业核心竞争力的重要源泉。

在企业的成本优势和差异化优势的来源中,有的是其他企业能够模仿的,而有的则是电力企业所独有的,是企业长期生产经营所积累起来的,因而是其他企业所难于模仿的。正是这些独特的、其他企业难于模仿的优势资源，构成了企业的核心竞争力，使企业能够长期保持竞争优势。著名企业家、美国西北航空公司首席执行官哈伯先生说过这样一句话："文化无处不在，你的一切，竞争对手明天就可以模仿，但他们不能模仿我们的企业文化。"企业文化是与一个企业的历史发展息息相关的，它是企业在经营管理过程中所形成的物质财富和精神财富的总和。企业文化只能根植于本企业之中，一个人离开企业，可以带走规章制度、办法措施，但企业文化的核心部分即全体人员所信奉的价值观却不可以被轻易地照搬过去。人们可以重新塑造或变革企业文化，但绝不能照抄照搬其他企业的文化。因此，企业文化具有不可模仿性。一个企业只有形成具有自己特色的企业文化，才能形成企业持久的竞争力。企业的一切经营活动，包括人、财、物的合理使用，都必须受企业文化的指导，因此企业持久的核心竞争力只能起因于先进的企业文化。

2. 企业文化是提升电力企业核心竞争力的精神动力

电力企业文化尤其是其精神文化决定了核心竞争力的价值取向和立足点，并保障了核心竞争力的连续性。相对于核心竞争力，企业文化尤其是核心价值观、经营理念等常常保持较长时期的稳定。电力企业建设企业文化，可以使企业形成一种文化定式，通过营造各种文化意识和文化氛围，引导职工的行为心理，使职工在潜移默化中接受企业共同的价值观的熏陶和感染，把电力职工的努力方向引导到企业所确定的目标上来，使职工把实现企业的目标变为自觉的行为，从而促使企业朝着既定的目标发展，增强企业的向心力和凝聚力。电力企业建设企业文化，可以促使电力职工产生对企业目标、准则及观念的认同和作为企业职工的使命感。在这种文化氛围的作用下，职工从对本职工作的使命感，激发出对本职工作的自豪感，以及对价值的认同和人的主体性的尊重，使企业成为全体职工利益感情的统一体，自然地产生对企业的归属感。例如，福建华电永安发电公司坚持以文化为导向，用文化引领发展，用文化凝聚形象，公司总结提炼了以"永续经营、安居乐业"为核心价值观的"绿竹"文化理念体系，有了全体员工共同认同的价值观，这个价值观无形中就形成了对员工的激励，使他们为此而奋斗，为企业成功进行二次创业提供了强大的精神动力和文化支撑，形成独特的核心竞争力。

电力企业文化不仅可以使员工在提升核心竞争力上达成一致认识，而且会促进员工在培育核心竞争力过程中的协同性。为员工所认同的企业文化统一员工的理念、意志和行为，潜移默化作用于员工的心智，激励员工自觉地并协同一致地为核心竞争力的形成而不断强化努力。企业文化被员工认同的程度越高，其指导员工行为的协同性就越大，由此形成的核心竞争力就越是企业的集体能力，因此也就越不易被竞争对手模仿。

3. 企业文化是提升电力企业核心竞争力的智力支持

一个企业的核心竞争力主要决定于核心人物、核心产品和核心价值观。企业文化不仅为企业的核心竞争力提供了精神动力,也提供了智力支持。

核心竞争力是应付不断加剧的市场竞争,保持企业生存发展的重要武器。人才是企业最重要的资源,具有较强的创造性、主动性及独立性,对电力企业的长期发展具有非常重要的作用。核心竞争优势是与竞争者相比而言的独特能力,无论是开发独资产品、独特技术,还是独特的营销能力,都需要高智能的人,需要共同价值观,也就是为实现企业核心竞争力,企业每一个员工应具备的态度、行为和规范,而企业文化的本质就是要对人进行有效的调整和管理。电力企业文化的激励作用体现在精神褒奖为主体产生的刺激效应,使人产生内动力,朝着企业所期望的目标奋进。

4. 企业文化建设水平制约着电力企业核心竞争力的提升

纵观世界经济发展趋势,构成企业竞争的各种传统因素逐步被削弱,文化作为企业发展的软实力,形成的竞争优势日益明显。世界经济的全球化、竞争的国际化,迫切要求电力企业紧跟国际经济发展的步伐,全面提升企业的核心竞争力。企业文化因其不可复制性、价值优越性、稀缺性、持久性、整体性的特点,成为提升电力企业核心竞争力的重要来源。企业文化建设水平制约着电力企业核心竞争力的提升。

一种能够推动组织变革和发展的企业文化,就会不断丰富和发展、改善和创新各项管理工作,随着市场经济的发展,技术创新推动新产品的开发越来越快。对电力企业来说,这将带来一种不断出现、永远不会消除的压力,在这种压力和挑战面前,电力企业只能是永不停止地推动技术创新,把智力知识注入到企业管理之中,把企业文化与现代文化管理有机结合,理顺企业关系,推动企业发展。

除了企业文化外,资源与技术以及制度、管理等也是构成企业核心竞争力的重要因素,但这些因素需要企业文化来加以整合,才能构建核心竞争力体系。资源是电力企业核心竞争力的基础,是电力企业开展生产经营活动的前提。科学技术是第一生产力,电力工业是技术密集型行业,技术能力是发电企业形成核心竞争力的关键。电力企业的技术能力是蕴涵在企业内部人员、信息、设备和组织等要素中的所有知识的总和,它所反映的是企业内在的潜力,包括技术吸收能力、应用能力和创造能力。电力企业的技术能力又取决于企业拥有的人才、仪器设备等研发手段,所掌握的方法、诀窍、经验,以及队伍的协同性等。制度则是电力企业形成核心竞争力的保障。从制度的内容看,电力企业制度既包括体制机制,也包括产权制度、经营制度和管理制度等具体制度。技术能力和制度能力依靠企业文化的整合发挥最大效应。电力企业要实现技术、资源、能力和制度的有机结合,以创造顾客价值的组织形式,使各种资源相协调,各种能力相配备,各种制度相兼容,这之间起纽带作用的就是企业文化。如果电力企业的行为目标倾向于短期目标,就会忽视核心竞争力培育这种长期目标;如果电力企业的激励和约束机制不健全,培育企业核心竞争力就失去了动力和压力;如果电力企业的权责不清,决策、执行和监督机制不完善,培育核心竞争力的目标就无从实施。毋庸置疑的是,无论是技术、人才还是制度、管理等因素都与企业文化有着千丝万缕的联系。企业文化作为电力企业发展的深层推动力,是决定电力企业核心竞争力的关键要素,也是提高企业核心竞争力的立足点。

三、基于核心竞争力的电力企业文化建设

电力产业作为国民经济的基础产业和战略支柱产业,关系着经济发展、能源安全和社会稳定,是为社会经济发展和人民生活提供服务的公益性企业,在国民经济发展中具有举足轻重的作用。中国加入世贸组织之后,面对的市场竞争日益激烈,打造核心竞争力成了中国企业特别是电力企业的必然选择。但到目前为止,虽然中国企业在国际上的竞争力有很大提高,但仍处在比较落后的水平上。尤其是电力体制改革正在逐步推进,新的发展模式正在形成,要打造核心竞争力,适应新的竞争环境,电力企业必须要转变观念,增强经营意识,培育积极适应竞争环境的企业文化。

企业文化的建设与企业核心竞争力的提升是相辅相成的,两者之间彼此影响。核心竞争力发端于企业文化,也是企业文化建设好坏的试金石。电力企业核心竞争力的提高有赖于企业文化的建设,电力企业文化的建设也必须着眼于企业核心竞争力的提升。紧扣增强电力企业核心竞争力,促进企业发展这个主题,是电力企业文化建设的出发点和立足点。

传统的电力企业文化建设中较为重视以生产为导向,过于注重内部,而现在电力企业要实施的新战略必须以市场为导向,要适应外部环境的变化必须建设重视顾客、投资者和员工等企业构成要素的市场导向的企业文化。它强调团队精神,能对企业为适应市场环境变化所进行的改革提供支持。因此,建立电力企业文化必须围绕电力行业特点展开,以一流的管理、一流的安全、一流的效益作保证,从电力事业的公益性出发,塑造一流的服务形象。要把打造电力优质服务作为电力企业文化建设的关键环节,以增强凝聚力和向心力为企业文化建设的出发点和落脚点,加强员工的思想政治工作和精神文明建设,不断完善服务机制,把优质服务理念灌输到每个岗位。

1. 注重以人为本,发挥凝聚作用

企业文化建设中最重要的因素是人,因为人是企业发展的目的,是企业存在的核心和发展的动力,是企业文化发展的源泉。另外,文化对于企业发展的核心作用是凝聚力与竞争力的形成,而企业文化是否能够发挥作用则取决于员工的心理认同度。因此,在电力企业文化建设中要突出以人为本的管理思想。一个崇尚满足企业成员的自尊、地位、情感、成就和自信等需要的企业文化,就能培养企业成员对企业的归属感、责任心和事业心,一个倡导创新意识、运用创新思维、敢于创新竞争、鼓励尝试风险的企业文化,可以激发成员的积极性、创造性,有助于创新思想的产生,并能使这些新思想迅速而有效地变成实际运用。

目前,大多数电力企业已经意识到企业的人才资源是实现企业知识创新、技术

创新、管理创新的重要保障。例如,深圳能源集团股份有限公司在今后的企业文化建设中充分发挥"能源之星"的示范带头作用,并把安全生产、节能教育、文化传播等活动进行有效整合推广,塑造具有特色的企业文化模式,树立良好的企业文化形象。但是,不少电力企业在重视人才发展,规范员工行为理念方面做得还不够。因此,一方面要在电力企业中形成尊重知识、尊重人才的文化氛围,形成勤学习、讲技术、钻业务的学术氛围,建立起科学的人才激励机制,在尊重员工、关心员工、理解员工的基础上,充分调动员工的积极性和创造性;要充分保障员工的合法权益,想员工之所想、急员工之所急,帮助员工实现自我价值的最大发挥。另一方面,应实行更加人性化、科学化、规范化的管理;要注重在管理上造就一种亲密、友善、信任的组织氛围,有效地避免从政治视角或从经济视角实施企业管理的负效应,化消极因素为积极因素,着力打造一支守纪律、负责任、顾大局、高效率的电力员工队伍;要将个人的行为规范融入到企业的整体形象里,用企业的行为准则来规范员工的个人行为,促进人与企业的意识统一、关系和谐、作风严谨,推动电力企业形象的塑造。

2. 注重企业精神教育,统一企业理念

企业精神的培育,是电力企业文化建设的基石,能为电力企业的企业文化建设提供有力的精神保证。电力企业要建立以市场为导向的企业文化,应以培育优秀企业精神为核心,不断增强电力企业的凝聚力和战斗力。要坚持在发展实践中提炼企业精神,凝聚人心,汇集力量,提高经济效益,提升企业核心竞争力。企业精神是企业员工在长期生活、劳动和经营管理过程中逐渐形成的一种共同信仰、共同价值取向的群众意识,是渗透到企业各种岗位上的员工的精神动力。企业精神体现在各项工作中。它们是无形的,又是能动的,起着增强内部凝聚力、粘合力的作用,并能增强企业在市场上的竞争力和开拓力。安徽淮北供电公司在实践中确立了"以和谐企业文化为牵引力,以企业激励和约束机制为内在动力,以企业科学管理制度为推动力,全力推进和谐供电企业建设"的企业文化建设基本工作思路,提炼整合了具有自身特色的和谐企业文化理念体系,明确了努力营造公司"两个环境"的目标,并积极利用"一个资源"、发挥好"三种力量",推进和谐企业建设,按照"三步走"的工作步骤,由浅入深逐步推进和谐企业文化落地生根,取得了良好的成效。电力企业文化的构建有着自身的要求。电力企业的生产运营管理不能仅仅着眼于生产力诸因素的调配组合,经营者应拓宽视野,从企业文化的角度去认识,对职工的思维方式和行为方式加以引导,善于用企业精神调动员工积极性,通过对员工进行企业精神的培养,使员工产生与企业紧密相连的命运感,从而使员工的工作积极性被充分调动起来,促进各级管理职能的履行和组织效能的发挥。

3. 提升服务品质,塑造良好企业形象

企业形象是企业文化的综合体现,是企业的无形资产。塑造良好的企业形象不仅是时代对电力企业的呼唤与要求,也是电力企业自身发展的需要。电力企业要向社会树立良好的国有企业形象和良好的社会信誉,赢得客户的信赖和支持,扩大市场占有率,为企业的生存和发展创造良好的外部环境。

首先,优质服务是占领市场的根本保证。塑造良好的企业形象,务必要养成服务客户、服务社会的意识。当前电力客户不再仅仅满足于有电用,作为消费者和客户,他们更需要得到方便、及时和高品质的服务。计划经济时代,由于电力企业履行管电职能,习惯于把客户作为管理对象来对待。随着电力体制改革的深入发展,在新的形势下,企业必须转变观念,真正把用户作为客户对待,作为"上帝"对待,围绕客户需求开展用电优质服务,全体员工要充分树立市场意识、竞争意识和优质服务意识,最大限度地满足客户要求。例如,国家电网公司近几年就积极开展服务理念教育,转变服务观念。以"服务真诚、共谋发展"的服务理念为核心,在全系统开展"优质服务是国家电网的生命线"主题教育活动、创建和谐企业、共建和谐社区、客户走访评价、"优质服务进万家"和"百问百查"活动等,强化了服务观念,增强了服务意识。并且,制定了服务规范,细化服务流程。严格贯彻执行"三个十条",实行首问负责制,推进服务规范化、精益化和人性化。还改善服务环境,完善常态机制。服务文化的建设使得国网公司在绝大多数省、市供电企业在各地行风测评中名列前茅。

其次,创建品牌是电力企业文化建设的关键。作为一种文化的载体,品牌形象是企业文化的表现,是企业员工精神风貌和价值观念的集中体现,是企业文化的凝聚物和表现物。电力企业文化是否具有鲜明的企业特征和完善的运行机制,是否代表了时代潮流和社会风尚,是否符合公众的文化心理和思维定势,将极大影响公众对电力品牌形象的接受程度,对电力企业的接受程度。现在不少电力企业开始重视品牌文化建设,如国网公司就制定了"国家电网"VI标识系统,在全公司统一推广使用,并通过一系列活动,提升"国家电网"品牌的知名度和美誉度,在2008年的世界品牌大会上,"国家电网"品牌居"中国500最具价值品牌"榜的第二位。把企业文化建设与公众心理、时代脉搏、社会文化和企业特点有效整合,将品牌的发展建立在先进的企业文化基础上,才能使品牌在竞争的大潮中,显示永恒的风采。电力企业要树立国企新形象,创立电力优秀品牌,必须优化企业形象,在客户中形成深刻的积极影响。

电力企业的产品是电能,提高产品质量就是要提高电能的质量,提高电能质量既包括提高电能的稳定性,降低耗损、降低电价,同时也要提高电能销售的服务质量,这要求电力企业不断地开展技术创新,服务创新,管理创新活动,把创新活动结果付诸实践。在现代市场竞争中,凡是有远见和有生命力的企业都十分注重提高文化科技在投入产出的贡献率,这是确保一个企业持续、稳定、健康发展的重要前提,电力企业作为一个技术密集型的行业,更应该加强技术改造,加强职工的技能培训和素质培训力度,引进新技术,提高自动化水平,建立客户至上的优质服务,打造企业品牌。

另外,还要勇于承担社会责任。电力企业在国民经济建设中处于先行官的地位,担负着国家赋予的职责和使命。因此,电力企业在考虑自身的经济效益的同时,应当将国家利益和社会效益作为企业经营的首要前提。例如,偏远、贫困地区的农民居住分散,输电距离远,用电量小,输电损耗大,电力企业基本上都是亏损经营,大多数企业都靠城市供电的部分收益来填补农电亏损。这些都是电力企业作为国有企业所应承担的社会责任。特别是当前大气污染日趋严重,作为高排放的能源企业,电力企业尤其是发电企业当如何作为,直接关系到企业形象的塑造。大唐公司提出的"价值思维"理念,就不仅仅包括了经济价值,也包括社会价值、生态价值。该公司提出推进节能减排必须两条腿走路,并尝试转变电力发展方式,大力发展新能源。在这一思路指导下,近年来大唐集团节能减排各项指标全面降低,多个指标位居行业前列,为电力行业的健康发展树立了良好的榜样。

4. 硬性管理与软性管理齐手并抓,推进安全生产

安全是衡量电力企业管理工作的综合指标,是电力企业永恒的发展主题,也是电力企业增效的重要保证。电力企业点多、线长,是多层次、多部门、多工种的联合劳动,必须以突出安全生产、经营管理为重点,因此,电力企业文化建设还必须把保证安全生产作为主要内容,以促进企业建设目标的实现,达到企业经营管理的整体优化。安全生产的企业文化应该融入到电力企业内部生产管理的各个环节和标准控制之中,安全为天、警钟长鸣的思想,必须成为企业员工的自觉行动和强烈共识。

一方面,电力企业文化要突出在硬性管理方面的强制作用,安全生产成为中心工作,客观上要求企业必须以严格的规章制度和强制命令去进行生产指挥协调,对作业人员进行硬性化的行为控制,保证生产的安全有序。从文化的角度讲,强化安全的制度管理:一是注重制度的系统性;二是注重制度的科学性;三是注重制度的权威性。企业制度一旦形成,就对企业成员形成了一种强制的管理和行为准则,帮助形成一种安全管理环境。另一方面,要发挥电力企业文化在软性管理方面的激励功能。安全管理中的软管理是指通过感情投入,电力企业文化要强调"硬管理"和"软管理"的紧密结合,形成相互依存、立体、全方位的管理网络。管理的本质是从根本上维护企业的利益,管理只有从尊重人、关心人的角度去实施,才能被员工接受,才能将企业的意志化为员工的自觉行动,这样才能形成一种更完善的、更有人情味的、更有效的安全管理哲学。

5. 建立学习型电力企业文化,吸取世界企业文化发展精髓

我国电力产业正处于改革和发展的关键时期,面对瞬息万变的竞争环境,电力企业要立于不败之地,获得持续、健康、稳步的发展,就必须选择适应知识经济时代的管理理念和模式。要建设学习型组织文化,营造浓郁学习氛围。

建设学习型电力企业文化,能有效推动旧的管理模式、经营理念转变为适应市

场经济条件的新模式、新理念,提高企业的管理水平和员工的服务意识、竞争意识,为企业的健康发展提供源源不断的动力。建设学习型电力企业文化,要以企业的共同愿景为基础,以增强企业的学习力为核心,以提高员工素质为目标,实现企业的健康发展。还要树立正确的学习理念,搭建自由的学习平台,促进员工之间的沟通交流和信息共享,形成浓郁的学习氛围。学习是创新的源泉,是企业取胜的法宝,更是实现个人价值的阶梯。建设学习型电力企业文化,要将员工个人的价值和企业目标融合起来,提高员工对企业精神和经营理念的认同度,提高员工对企业的忠诚度。随着市场经济的不断发展,企业文化早已成为企业兴衰成败的一个重要因素,企业文化影响范畴及涉及领域对企业核心竞争力具有非常重要的作用。因而,电力企业一定要将文化建设及创新置于企业管理的重要位置。从本质上讲,电力企业的核心竞争力优势的提升就是企业的学习能力及把理论转化为生产力的能力。在知识经济时代,市场环境瞬息万变,很多过去有用的经验都不再适合现阶段企业的发展需要。因而,为了有效提升电力企业核心竞争力,一定要有效提升企业所有员工的学习能力,积极营造出浓郁的学习氛围。

建设学习型电力企业文化,要善于吸收国内外企业文化之精华,冷静分析国内外经济发展形势、市场竞争状况,根据电力企业在社会竞争中所处的地位,大胆而又理智地变革企业文化,既要有电力行业本身特征,又要大胆借鉴别的企业文化的优秀成果,丰富企业的文化内涵。电力企业文化就是要在广泛吸收这些优秀文化精华的基础上,赋予行业的特色,创造新的电力企业文化。

企业文化扎根于企业员工的头脑之中,有极强的惯性,因此,变革企业文化注定是一项长期而艰巨的工作,虽然企业文化是企业全体员工所共同享有的价值观和行为规范,但电力企业文化建设却需要从上而下地进行,在这个过程中,企业管理层起着至关重要的作用,企业文化变革不是孤立地进行的,它总是和企业经营管理上的一些重大战略的实施同时进行的,通常企业只有在身处困境或面临很好的市场机遇,原有的企业文化对所要实施的经营战略有阻碍时才进行企业文化变革。从这一点来说,企业所要实施的经营战略必须是正确的,而企业文化建设如果不能取得经营效果的改善,是注定不能成功的。

企业的生存和发展依赖于企业文化,核心竞争力的提升离不开企业文化建设。反过来,电力企业文化的建设也必须是基于企业核心竞争力的提升,并以此为目的和依据。在未来的改革发展过程中,电力企业应将企业文化作为推动企业发展,提升核心竞争力的有效需求。为此,电力企业要冷静分析国内外经济发展形势、市场竞争状况,根据电力企业在社会竞争中所处的地位,大胆而又理智地变革企业文化,构建既富有电力行业本身特征,又大胆借鉴别的企业文化优秀成果的电力企业文化,丰富企业的文化内涵,要在广泛吸收这些优秀文化精华的基础上,赋予行业的特色,创造新的电力企业文化。要真正树立市场竞争意识、企业员工的效益意识,通过尊重知识、尊重人才,不断增强企业凝聚力,培养良好的团队精神,增强员工队伍的集合力,才能牢牢掌握市场的主动权,把握新机遇,才能使企业加快发展,立于不败之地。

思考题:
 1. 电力企业文化核心竞争力提升与企业文化建设存在怎样的关系?
 2. 在电力体制改革过程中,电力企业积累了深厚的文化底蕴,培育出了先进的企业精神,如国家电网的"努力超越,追求卓越",中国国电的"以电兴企,强企报国",等等。试论企业精神的塑造在企业文化建设中占据怎样的地位,对电力企业文化核心竞争力提升有何作用?
 3. 我国电力企业文化建设中有哪些成效和不足之处,如何看待?

案例：

国电公司创新企业文化建设的经验总结

　　国家电网公司(State Grid)成立于 2002 年,2012 年公司一跃成为名列《财富》世界企业 500 强第 7 位的全球最大的公用事业企业,并被国资委评为第一任期考核"业绩优秀企业",先后获得全国模范劳动关系和谐企业、全国厂务公开民主管理先进单位、中华慈善奖、中华社会责任奖、最具社会责任感企业、全国企业文化优秀奖等荣誉。短短十年内取得这么大的成就,这与公司高度重视企业文化建设是分不开的。国网公司坚持以企业文化建设促进公司改革发展,在培育公司核心竞争力,提升公司在国际国内的社会影响力,建设国际一流知名企业等方面发挥了重要作用,促进了公司又好又快发展。

一、国家电网公司建设优秀企业文化的主要做法

　　近年来,国家电网公司党组从服务党和国家工作大局、建设"一强三优"现代公司的战略高度出发,全面推动优秀企业文化建设,抓好企业基本价值理念的塑造、转化与融入,形成了具有"国家电网"特色的统一的企业文化体系。

　　1. 以构建统一价值理念为先导,塑造"国家电网"企业文化灵魂

　　优秀企业文化是具有统一价值理念的企业文化。企业价值理念是企业文化的灵魂,体现了企业对国家、对客户、对员工、对社会所遵循的价值取向和价值判断,决定着企业文化建设的方向。国网公司党组把企业价值理念的统一作为企业文化建设深入推进的先决条件,坚持传承历史、探索创新、与时俱进,在实践中不断充实完善,确立了以核心价值观为主导,以企业宗旨、企业精神、企业理念和奋斗方向等理念为主要内容的、具有国家电网特色的、统一的企业基本价值理念体系。

　　确立了"诚信、责任、创新、奉献"的公司核心价值观。诚信是国家电网公司发展的基础,讲诚信就是对电力客户和利益相关者讲信誉、重信义、守信用,要求员工坚决贯彻落实党组决策部署,严格执行规章制度,自觉遵守公司纪律。责任是公司发展的使命,国网公司作为关系国家能源安全与国民经济命脉、服务遍及千家万户的全球最大公用事业企业,承担重要的经济责任、政治责任和社会责任。创新是公司发展的动力源泉,创新精神集中反映了公司与时俱进、开拓进取的精神风貌和勇于变革、敢为人先的价值追求。奉献精神是国家电网人崇高的思想境界和精神品质,是推动公司事业发展的强大精神动力。

　　以核心价值观为主导,构建公司基本价值理念体系。一是确立了"服务党和国家工作大局、服务电力客户、服务发电企业、服务经济社会发展"的企业宗旨。这表明公司对自身性质职能的清醒认识与准确把握,体现了公司基本使命与价值追求的统一,体现了国有企业的经济责任、政治责任与社会责任的统一,是电力行业长期践行的"人民电业为人民"服务宗旨在新时期的深化和发展,是公司一切工作的出发点

和落脚点。二是大力弘扬"努力超越,追求卓越"的企业精神。"两越精神"是电力事业长期发展历程的生动写照,是员工内心态度、群体意识和改革开放时代精神的高度概括,是推动国家电网事业取得更大发展的强大动力。三是树立"以人为本、忠诚企业、奉献社会"的企业理念。这表明在处理公司对待员工、员工对待公司、公司对待社会三组重要关系时,公司所坚持的基本态度和行为准则。四是提出"建设世界一流电网、建设国际一流企业"的奋斗方向。这"两个一流"是国家电网公司的远大理想,是全面建设小康社会对公司的客观要求,是实现"四个服务"企业宗旨的本质要求,是公司"努力超越、追求卓越"企业精神的必然体现。

企业核心价值观、企业宗旨、企业精神、企业理念、奋斗方向构成国家电网公司企业基本价值理念体系,是一个有机统一的整体,是企业宝贵的精神财富和无形资产,更是企业锐意进取、开拓创新、科学发展、和谐发展的动力源泉。

2. 略
3. 以融入公司发展为根本,完善"国家电网"企业文化体系

优秀企业文化是企业价值理念全面融入企业管理、促进企业科学发展的企业文化。公司成立以来,坚持从企业发展改革全局统筹企业文化建设,着眼于推进企业全面可持续发展,切实把企业基本价值理念体系融入公司生产经营管理的各个环节,通过与实践相结合,不断探索创新,推进特色鲜明、内涵丰富的企业子文化建设,丰富和完善了公司的企业文化体系。

融入安全生产,建设安全文化。一是开展安全理念教育,培养安全意识。公司以"相互关爱,共保平安"的安全理念为核心,确立了"安全第一、预防为主、综合治理"的基本方针、电网安全"可控、能控、在控"的指导思想,深入开展安全教育,牢固树立"全面、全员、全过程、全方位"做好安全工作的意识。二是开展安全活动,营造安全氛围。组织开展安全征文、安全知识竞赛等活动,开展安全大检查、安全隐患专项治理、安全生产和优质服务"百问百查"活动,开展"爱心活动"、实施"平安工程",营造浓厚的安全氛围。三是完善防范体系,落实安全责任。公司深刻吸取国外大面积停电事故教训,按照人员、时间、精力"三个百分之百"要求,完善安全风险防范体系、应急管理体系和事故调查体系,明确各级人员安全责任。几年来,在新机组新设备大量投产、自然灾害频繁肆虐、外力破坏严重的情况下,成功化解大面积停电风险,确保了电网安全稳定运行。

融入优质服务,建设服务文化。一是开展服务理念教育,转变服务观念。以"服务真诚、共谋发展"的服务理念为核心,在全系统开展"优质服务是国家电网的生命线"主题教育活动、创建和谐企业、共建和谐社区、客户走访评价、"优质服务进万家"和"百问百查"活动等,强化了服务观念,增强了服务意识。二是制定服务规范,细化服务流程。严格贯彻执行"三个十条",实行首问负责制,推进服务规范化、精益化和人性化。三是改善服务环境,完善常态机制。设立95598统一服务热线,建立

供电营业大厅和电力交易大厅,开展明察暗访,聘请社会监督员,形成常态机制,及时发现问题解决问题。四是推广先进经验,开展理论研讨。公司与中国企业文化研究会联合召开了全国服务文化建设现场经验交流暨理论研讨会,推介公司服务文化建设典型,邀请专家介绍服务文化建设前沿理论,指导服务文化建设。公司供电服务"十项承诺"兑现率达到99.99%;城市供电可靠率99.839%,农村供电可靠率99.491%,用户平均停电时间同比分别下降34.4%和17.6%。绝大多数省、市供电企业在各地行风测评中名列前茅。

融入经营管理,建设管理文化。一是转变电网发展方式,实现电网的科学发展、协调发展和集约发展。以"建设世界一流电网",提高电网优化配置资源能力为目标,实施"一特四大"战略,建设以特高压电网为骨干网架、各级电网协调发展的坚强国家电网。全面落实环保节约、节能减排要求,奉献清洁能源。二是转变公司发展方式,实施集团化运作、集约化发展、精益化管理、标准化建设。以"建设国际一流企业"为目标,落实"三重一大"集体决策制度,推行资产全寿命周期管理,优化配置公司资源。建立健全各类标准体系,深化创一流同业对标。坚持依法从严治企,认真落实依法经营企业、严格管理企业、勤俭办企业的各项要求,以提高发展效率和经济效益为目标,把增收节支、降本增效的要求贯穿经营管理的全过程。按照集团化、扁平化、专业化的要求,完善管理体制,健全内控机制,提高效率和效益。三是加强公司内质外形建设。着力提高公司安全、质量、效益、科技、队伍"五方面素质",塑造"五方面形象"(认真负责的国企形象、真诚规范的服务形象、严格高效的管理形象、公平诚信的市场形象、团结进取的团队形象)。

融入廉政建设,建设廉洁文化。一是深入调研,确定框架。公司开展了廉洁文化调研活动,印发了《关于加强廉洁文化建设的指导意见》,确立了以"干事、干净"理念为核心、廉洁文化制度为基础、廉洁文化环境为载体的公司廉洁文化建设框架。二是开展廉洁文化宣传教育。将"干事、干净"的理念教育融入干部教育培训、干部作风建设与警示教育活动之中。三是加强廉洁制度建设。先后制订《关于加强廉政建设预防职务犯罪的决定》、《关于进一步加强民主集中制建设若干问题的决定》、《国家电网公司招标管理办法》和《国家电网公司招标监督管理办法》等文件,把预防腐败的各项要求体现在企业管理的全过程和各个环节。四是营造廉洁文化的环境与氛围。开通廉洁文化网页,设立工作动态、廉洁论坛等10个板块34个专题。廉洁文化建设促进企业内部风正气顺,形成了"以廉为荣、以贪为耻"的道德风尚和"知荣辱、讲正气、促和谐"的良好氛围。

融入责任实践,建设责任文化。一是提出社会责任观。2006年3月10日,公司在中央企业中率先发布了企业社会责任报告,明确了"发展公司、服务社会"的责任目标和"以人为本、共同成长"的责任准则,全面阐释了公司坚持发展自己,确保可持续发展;努力服务行业,推动电力工业可持续发展;做好优秀企业公民,促进经济社会可持续发展的深刻内涵。二是开展社会责任研究。2007年创建了公司社会责任理论模型,发布了第二份企业社会责任报告,进一步明确了公司承担的12个方面的社会责任,实现了企业社会责任理论和实践的重大创新。三是全面履行社会责任。为实现理念与管理实践的全面融合,公司发布了《国家电网公司履行社会责任指南》,建立社会责任组织管理体系,全面推进社会责任实践。近年来,公司积极参与抢险救灾、扶贫济困、助学助教、环境保护、文化体育、慈善福利等各类社会公益活动,全面履行企业社会责任。

融入品牌建设,建设品牌文化。一是加强"国家电网"品牌建设的管理。制定下发了《关于加强"国家电网"品牌建设的指导意见》,明确了公司品牌建设的目标和任务,对品牌建设加强组织领导,统筹推进。二是积极开展"国家电网"品牌的宣传推广。制定了"国家电网"VI标识系统,在全公司统一推广使用。整合内部媒体,创办《国家电网报》《国家电网》杂志、国家电网门户网站等,开展多种形式的宣传活动,展示公司履行"四个服务"的新风采,提升了"国家电网"品牌的知名度和美誉度。三是结合公司特色工作提升"国家电网"品牌价值。利用国家电网公司成为北京奥运会合作伙伴的契机,开展"金牌服务迎奥运"等活动,塑造公司积极服务奥运的品牌形象;通过实施"新农村、新电力、新服务"农电发展战略,结合"户户通电"工程,塑造公司服务社会主义新农村建设的品牌形象;通过深化优质服务工作,全面提高服务质量,塑造公司优质服务的品牌形象;通过宣传公司优化能源资源配置、发展特高压电网的重要举措,塑造公司服务国家能源战略、促进经济社会可持续发展的品牌形象。2008年6月2日在北京召开的2008年世界品牌大会上,"国家电网"品牌居"中国500最具价值品牌"榜的第二位。

二、国家电网公司建设优秀企业文化的经验总结

企业文化是企业核心竞争力的源泉,是企业软实力的集中反映,事关企业的可持续发展,影响重大而深远。企业文化建设一项长期复杂的系统工程,是落实企业发展战略的重要手段,涉及企业发展的各项工作,需要协调企业各方面力量和资源的支持配合。企业文化建设的目标任务和原则,需要在企业形成共识,特别是需要在企业领导班子和管理层形成共识。企业文化建设工作的顺利推进,需要在组织领导、体制机制、工作载体等方面予以充分保障。在"国家电网"优秀企业文化建设的实践中,有以下的经验值得推广。

1. 形成思想共识是必要前提。国网公司在企业文化建设的实践中,清晰地认识到,企业文化的本质是企业管理,优秀企业文化是优秀企业管理的体现。因此,国家电网公司企业文化建设不是抛开公司的管理,另行制定一套理念口号,搞企业文化包装;而是从公司的管理思想、管理实践中提炼出公司的基本价值理念体系,作为公司统一的价值观,深深植入公司员工的思想行为,深深融入公司经营管理,提升企业的管理水平,促进公司科学发展。

2. 加强组织领导是关键环节。企业文化建设成功与否在一定程度上取决于领导重视程度。公司制定了企业文化建设的一系列指导政策,把企业文化建设任务和目标纳入公司"十一五"发展规划。2008 年公司印发了《关于进一步加强企业文化建设的指导意见》,明确了公司建设统一的优秀企业文化的指导思想、基本原则、重点任务和工作要求。2009 年公司以党组[1]号文印发了《关于建设优秀企业文化促进公司科学发展的意见》,成为公司优秀企业文化建设的基本纲领。

3. 完善体制机制是根本保证。国网公司不断完善优秀企业文化建设的体制机制,为各项工作的顺利推进提供有力保证。在管理体制上,公司精神文明建设指导委员会负责系统企业文化建设的指导,开展理论研究,推荐典型,推广经验。在工作机制上,按照齐抓共管、分工负责的原则,公司政工部负责企业理念系统和行为规范的建设,办公厅负责内质外形建设的推进,对外联络部责公司标识的应用和推广。在工作措施上,2009 年公司印发了《关于贯彻落实公司党组〈关于建设优秀企业文化 促进公司科学发展的意见〉的通知》,进一步明确了公司优秀企业文化建设的工作重点和措施保障,同时落实了各部门的具体工作责任。在考核评价上,公司制定了企业文化建设指标考核办法,将企业文化建设指标纳入公司各单位负责人绩效考核;同时以创一流同业对标、文明单位评选为载体,将企业文化建设列入文明单位考核标准。公司正在编制《企业文化建设先进评选表彰办法》,将于今年开展企业文化建设先进评选表彰活动。公司积极开展企业文化评价试点研究,评估研究成果获得中央企业党建研究会一等奖。在教育培训上,把企业文化教育纳入公司干部员工培训计划,将公司企业文化内容编入《电网企业新员工培训读本》,作为公司系统新员工的上岗培训内容。

4. 坚持以人为本是基本原则。公司牢固树立以人为本的管理思想,把以人为本作为优秀企业文化建设的基本原则,落实到公司企业文化建设的各个方面。公司坚持全心全意依靠职工办企业的方针,尊重劳动、尊重知识、尊重人才、尊重创造,用美好的愿景鼓舞人,用宏伟的事业凝聚人,用科学的机制激励人,用优美的环境熏陶人;搭建员工发展平台,提供员工发展机会,开发人力资源,挖掘员工潜能,增强员工的主人翁意识和社会责任感,激发员工的积极性、创造性和团队精神,达到员工价值体现与企业发展的有机统一。在企业文化建设的过程中,公司坚持把领导者的主导作用与全体员工的主体作用紧密结合,尊重群众的首创精神,在统一的领导下,有步骤地发动员工广泛参与、全员共建;努力使广大员工在主动参与中了解企业文化建设的内容,认同企业的基本价值理念,形成上下同心、共谋发展的良好氛围。

5. 强化工作载体是有力抓手。优秀企业文化建设的目标和任务,需要丰富多样、切实有效的工作载体来实现。国网公司主要从四个方面来加强企业文化的载体建设。一是加强企业文化宣传载体建设。按照公司党组关于建设统一优秀企业文化的要求,进一步规范全公司报纸、杂志、电视、网站、宣传栏等企业文化宣传载体的职能定位,形成网络化的、运转有序的企业文化宣传载体体系。二是深入开展企业文化活动。紧密结合公司实际,融入中心工作,不断创新形式、内容和手段,组织开展丰富多彩的主题性企业文化活动,增强企业文化的穿透力、影响力和震撼力。广泛开展文明单位、文明行业、文明工区、文明班组、文明职工等群众性精神文明创建活动。贯彻落实国资委关于加强班组文化建设的有关要求,以爱岗敬业、诚实守信、遵章守纪、团结和谐、开拓创新和提升执行力为主要内容,开展多种形式、多种类型的班组文化建设活动。三是抓好企业文化产品创作生产。公司正在制定《企业文化精品工程建设实施方案》,引导各单位按照建设统一的优秀企业文化要求,推进企业文化产品创作和生产;进一步梳理和整合公司内外优秀文化资源和优势项目,统一规划、统筹创作一批感染力强、影响力大,反映公司管理思想,贯彻公司党组决策部署,展示公司发展和电网发展成就,全公司统一使用的企业文化产品。四是推进企业文化环境建设。建立健全公司企业文化环境建设相关制度和规范,推进办公、会议、营业、施工等场所的企业文化环境规范化建设。因地制宜,科学设计,把公司党组各项决策部署、公司发展战略、公司各项经营管理理念、工作思路、工作制度等以规范、合理、有效的形式体现在企业文化环境建设中。

(节选自国家电网公司思想政治工作部报告《国电:建设优秀企业文化 提升国家电网核心竞争力》)

案例分析:

决定企业核心竞争力的要素中有的是其他企业能够模仿的,而有的则是企业所独具的,具有不可复制性。正是这些独特的、其他企业难于模仿的优势资源,构成了企业的核心竞争力,使企业能够长期保持竞争优势。企业文化便属于这类优势资源,国网的企业文化建设取得了一定成就,也为其核心竞争力的提升发挥重要作用。其优秀的企业文化虽不能复制,但其经验可以供我们借鉴,尤其是对于国有大中型企业而言,取其精华,为我所用,必然会取得事半功倍的效果。

第三章　企业文化与电力企业的社会责任

企业伦理是在现代西方企业管理中产生的概念,随着市场竞争的日益激烈,企业伦理问题尤其是其中的企业社会责任问题,越来越多地受到广大企业和社会各界的关注,本章从企业伦理及企业社会责任的基本概念入手,介绍企业伦理的主要内容与主要构建模式,展示其在企业管理中的重要意义,并从电力企业的角度分析该行业的社会责任与伦理的内容、现状,所面临的主要问题与对策选择。

第一节　企业伦理与企业文化

一、企业伦理的概念

伦理是处理人们相互关系所应遵循的道理和准则,是人类社会中人们在各种实践中应该遵循的道理和规范。

企业伦理(business ethics)是指蕴含在企业生产、经营、管理等各种活动中的伦理关系、伦理意识和伦理准则的总和。

(1) 伦理关系包括企业与投资人、员工、顾客、合作者、竞争者、媒体等关系。

(2) 伦理意识包括企业的道德风气、道德传统、道德心理、道德信念等。

(3) 伦理准则包括企业的生产和服务伦理准则、营销伦理准则、研究与开发伦理准则、信息伦理准则等。

企业伦理反映了企业在处理企业内部员工之间,企业与社会、企业与顾客之间关系的行为规范等,也可以看成是增强企业的凝聚力、向心力、创造力的各种意识形态的总和,以及渗透在职工劳动行为中的行为动机、道德心理和道德意识等。企业伦理包括企业经营伦理和管理道德两部分,因此,涉及市场领域的伦理问题可称为经营伦理,而组织内部活动引起的伦理问题可称为管理道德。企业伦理表明了企业将以什么方式和途径来实现存在,所以可以将企业伦理看做是企业竞争力的最初发源地。企业伦理是企业内部的微观道德规范,属于企业道德的范畴,而企业文化则包括真善美三个层面,所以企业伦理所反映的"善恶"标准价值判断,是企业文化的一个重要组成部分。

如果在企业经营活动中采用没有必要的伦理观指导,经营本身也就不能成功。

树立企业伦理的观念,体现了重视企业经营活动中人与社会要素的理念。经营是与市场机制相联系的企业活动,管理是组织内部的活动。经营意味着预测与通过签订新契约,利用价格机制进行操作。管理则恰恰意味着仅仅对价格变化作出反应,并在其控制之下重新安排生产要素。

此外,企业伦理也不同于商业伦理,商业伦理是社会经济活动中的生产、交换、分配和消费四大环节相应的交换伦理或流通伦理,属于经济伦理的范畴,也是宏观伦理的一部分,而企业伦理属于微观伦理的内容,企业伦理的内容还要更宽泛一些,不仅包括企业对外的伦理行为,还包括内部的道德观念。

二、企业伦理的内容与重要性

1. 企业伦理的主要内容

企业伦理的内容主要分为对内和对外两部分:内部包括劳资伦理、工作伦理、经营伦理;外部包括社会责任、客户伦理、社会伦理、社会公益。具体可分为以下几个部分。

企业与员工间的劳资伦理:劳资双方如何互信、劳资双方如何拥有和谐关系、伦理领导与管理、职业训练(员工素质的提升,包括职前训练与在职训练)。

企业的社会责任:企业与社会息息相关,企业无法脱离社会而独立运作。取之于社会、用之于社会。重视社会公益,提升企业形象,谋求企业发展与环境保护之间的平衡。

企业与客户间的客户伦理:最主要是服务伦理,服务的特质包括无形性(intangibility)、不可分割性(inseparability)、异质性(heterogeneity)与易逝性(perishability)。客户伦理的核心精神:满足顾客的需求才是企业生存的基础。顾客是企业经营的主角,是企业存在的重要价值。

企业与同业间的竞争伦理:不削价竞争(恶性竞争)、散播不实谣言(黑函、恶意中伤)、恶性挖角、窃取商业机密等。

企业与股东间的股东伦理:企业最根本的责任是追求利润,因此企业必须积极经营、谋求更多的利润,借以创造股东更多的权益。清楚严格地划分企业的经营权和所有权,让专业经理人充分发挥、确保企业公司营运自由。

企业与政府间的政商伦理:政府的政策需要企业界的配合与支持,金融是国家经济发展的重要产业之一,因而金融政策更是政府施政的重点,企业体必须不但要遵守政府相关的法规,更要响应与配合政府的金融政策。

2. 企业伦理的重要性

不正当的市场竞争永远没有赢家。无视伦理准则,违反法律法规,不讲公众意识的不正当竞争不仅损害了诚实经营者和广大消费者的权益,企业本身也失去了公众的信任。

2001年11月,安然向美国证券交易委员会递交文件,承认做了假账,并于12月正式向法院申请破产保护,破产清单所列资产高达498亿美元,成为美国历史上最大的破产企业;2002年,安达信倒闭、世通公司财务丑闻等一系列恶劣事件震撼了美国与全球业界。曾屡次创造利润神话,一度号称"中国第一蓝筹股"的ST银广夏,因伪造经营业绩、虚报财务报表而受到中国证监会的处罚。由此可以看出,企业伦理已成为全球企业共同面临的问题。

二十世纪七十年代起,在美国、西欧、日本的一些先进的企业,就已经在组织内部建立起严格的伦理制度和监管制度,企业不再认为企业的竞争是赤裸裸的斗争,不再认为打垮对手就是赢得了自己。这些认识,促使企业改变旧有的经营观念,把企业定位在追求利润与推动良性的社会变迁上,使企业能够长久地生存下去。例如,英国的美体小铺(The Body Shop)创立之始就很注重企业伦理,《天下》杂志在新闻媒体的专业伦理要求上也堪称媒体之最,据了解,这两家公司的获利能力均超过同业水准。因此,要同时兼顾企业伦理与企业的生存绝非不可能,伦理是企业赖以生存的基石,有了它,企业可以同时拥抱利润与灵魂。

遗憾的是,伦理问题并没有引起我国大多数企业的重视,伦理道德的约束、调控仍然在不少企业的决策管理以及生产经营活动的范围之外。不少企业经营者把伦理道德看作是游离于经济建设之外的可有可无的东西,甚至理解为这是外部强加的一种精神文明建设的需要,这导致了对企业伦理的漠视。

其实,企业伦理道德是企业一种极为宝贵的无形资产,会对人的经济行为发生作用,从而促进对企业经济目标的实现。因此,在现代企业制度建设中,必须加强伦理建设。

三、企业文化与企业伦理的关系

企业文化是企业的精神体现,企业的核心价值观是企业的文化之根,而企业伦理是企业文化的重要组成部分。

1. 企业伦理是企业文化的核心精神体现

企业文化是企业在长期经营过程中,企业成员之间形成的共同的价值观念、行为准则、制度规范、思维方式、道德观念、经营理念等等,可以看出企业伦理属于企业文化的精神内容。企业伦理从总体上决定了企业文化的基调,从根本上决定了企业文化的精神实质。

2. 企业伦理是企业文化建设的目标

伦理作为企业文化的核心价值观,可以有效地指导企业和员工的生产经营行为,树立在社会公众中的良好形象。伦理是人们心目中认可的社会行为规范,而一个普遍被接受的目标和一套完善的价值体系是组织力量的中心,也是组织个性(标识)的源泉。并且,这样的组织个性(标识)能够带来组织的自豪感和满足感,帮助公司适应环境,有利于公司的长期生存、繁荣和发展。在逆境中,一套合理的价值体系是抵抗短期诱惑的缓冲区,可以避免损伤长期利益。企业发展到一定程度时,就要重视道德经营理念,并把这种道德理念作为企业发展的内在动力,才能使企业形成独特的企业文化管理风格,使企业产品在市场竞争中获得持久的竞争力。

例如,我国的"青岛啤酒"。青岛啤酒一直秉承"好心有好报"的环境观,并在日常的生产经营中一直围绕这个环保观念,在国内最早着手进行"碳管理"实践,以建立高效、节能和低碳的运营模式和构筑企业的可持续竞争优势。公司投入大量资金,对污水处理、锅炉脱硫除尘治理、异味处理、噪声治理及固废处理等环保项目进行了新建或改造,取得了很好的环境效益。不难看出,企业伦理的建设和提高对企业文化和企业发展是至关重要的,它就像一个灯塔,指引着企业文化和企业发展的前进方向,是企业文化发展的目标。

3. 企业文化与企业伦理互相促进

企业文化以企业伦理为基础构建了完整的物质文化、制度文化和精神文化,其中的每一个细节都反映着企业的伦理状况,企业伦理的任何细小的变化,都会在企业文化中反映出来。另一方面企业文化保证了企业伦理思想与意识的实施,从制度层强化企业的伦理观念。企业文化中的物质文化、制度文化和精神文化都是以书面形式形成制度固定下来,有强制执行性,这就保证了隐含在这些制度中的企业伦理思想与意识能够得到进一步地强化与执行。

企业文化是企业在长期生产经营和管理过程中积累形成的,具有企业自身的独特性和难以模仿性。优秀的企业文化才是企业最深层次的核心竞争力。企业伦理的提升,反过来又促进企业文化活动符合现代市场发展的趋势。

4. 依托企业文化塑造企业伦理

企业伦理是企业文化的重要内容,要塑造企业伦理,就离不开企业文化,企业依托企业文化塑造企业伦理,是不可忽视的有效途径,具体可以从以下三个方面着手。

(1) 理念引导

企业经营者的价值观导向,直接决定着企业的伦理观念,企业在描述企业核心价值观的时候,是否以国家兴旺、社会繁荣为己任,反映出企业家的精神境界和企业的伦理水平。成功的企业家都把企业伦理放在企业文化建设的重要地位,比如:以德经商、诚信为本、以义取利等,如张瑞敏提出"顾客永远是对的","对顾客忠诚到永远";中国农业银行提出"诚信立业"的核心理念;中国移动"以天下之至诚而尽己之性、尽人之性、尽物之性"的企业责任观。这些案例都凸显了依托企业文化塑造企业伦理的理念和方法。

(2) 制度规范

是否有良好规范的企业伦理制度流程,也是检查企业伦理建设的好标准,作为一个企业,应该将法律条款内化为企业的行为规范,用严格的规章规避不法行为。

企业可以建立一整套伦理监督制度,比如,成立监察小组,定期和不定期督察,甚至引进外援为企业把关。同时,对相关问题进行明确规定,明确区分各种不道德行为的惩罚措施与认定标准。也可以通过职代会等民主参与制度,进一步强化对企业伦理的监督和控制。道德规则的履行不仅包括一整套科学公正的考核制度,还包括与之对应的奖惩制度,通过事后强化的奖惩措施,会对人们信奉的道德标准加以强化,具有积极地倡导和警示作用。

(3) 行为约束

成功的企业往往是运用正确的观念来引导员工正确的行为。世界500强的企业创始人和领导们,大都强调员工的正直和诚实,例如GE公司的领袖韦尔奇,明确提出全体员工要以正义为师,他在选拔管理人才的时候,第一个要考虑的条件就是正直。如此重视员工的道德水平,是因为只有员工在道德上有了卓越的表现,企业才能构建优秀的企业文化。

企业应从制定行为规范开始,将企业伦理外化为员工的伦理行为,包括制定领导者的行为规范、员工行为规范、服务规范、礼仪规范、人际关系规范等方面,约束员工的伦理行为。在世界著名公司中,就有许多关于个人行为的规定,比如有伤风化者,胁迫行为者都给予重罚。美国约有80%的大公司制定了正规的伦理规则,其中44%的公司还为员工提供道德培训。企业还应该对个人行为进行连续性反馈与监督,对违背企业伦理的行为及时纠正。

四、企业伦理的构建模式

企业可以从以下五个方面入手,推动企业伦理的构建与完善。

1. 制定并执行企业伦理守则

伦理守则所规范的主要内容是企业与其利益相关者、员工、顾客、股东、政府、社区、社会大众等的责任关系,它同时包含公司的经营理念与道德理想,如同一般人的座右铭,多少可以反映公司的文化与行为、生存的基本意义和行为的基本方向。企业信奉的伦理守则应贯彻到经营决策的制定以及重要的企业行为中。在建立伦理法则的同时,通过一系列的奖励、审核以及控制系统加以强化,并对破坏伦理规范的行为予以惩罚。

伦理法规要想更具效力,必须把组织里经理、员工的思想和政策信仰予以具体化。威塞里尔协会是一家小型的、为汽车行业提供电子部件的私人供应商,它拥有一本"质量担保手册",是思想方针、行为指导、技术手册和企业简介的一个统一体,记录了公司对于正直人格的承诺和关于正确行为的指导原则。公司从来不用销售比赛等来激励员工的个人工作表现,也不通过销售数字来判断竞争状况,而是教育员工在决策时,既要考虑公司和个人的利益,也要考虑供应商、客户以及社会的需求,绝对的诚实、礼貌以及尊重他人是公司业务程序的标准。自步入业界以来,威塞里尔的销售收入不断增长,在一个发展缓慢的行业里创造了奇迹。

2. 设定伦理目标

企业伦理目标强调企业行为不仅具有经济价值,还必须具有伦理价值。企业在追求经济目标的时候,往往不由自主地将获利作为衡量行为价值的唯一尺度,于是为了实现利润最大化不惜损害他人利益的行为时有发生,这说明企业的经济目标需要伦理目标的调节和制约。企业目标制约下的行为不仅不能违背以法规形式体现出来的经济活动的游戏规则,而且要进一步以伦理准则来约束自己,主动实现道德自律。

企业要想获得持久的发展,其追求的经济目标中应该包含有伦理道德的要求,应该是经济目标与伦理目标的统一。实践证明,企业经济目标和伦理目标相辅相成,只有同时并举,企业才能真正兴旺发达。强生公司在发现其生产的泰诺胶囊被污染以后,当时的 CEO 詹姆斯·布克当即决定在全国范围内回收所有的泰诺胶囊,这反映了强生公司经济目标与伦理目标统一的企业文化。

3. 加强员工企业伦理教育

不少国外的大企业在员工的教育训练课程中,邀请诗人、哲学家为员工上课,目的就是希望员工能对身边的人与物有更高的敏感度,帮助员工在道德思想和行为中注入强大个人意志,防止破坏性的道德沦丧。企业也可参与一些有意义的社会活动,协助推动社会良性改革,这样不仅可以提高公司的向心力,激励员工士气,同时也可提升个人的品质,满足员工更高层次的精神需求。这种需求的满足会进一步激发员工的积极性、创造性和敬业精神,从而更有利于企业经济目标的实现。

因此,企业应加强员工有关企业伦理教育,注重培养反映企业价值观的态度观念、思考方式等,让员工深刻了解到企业更高一层的使命。比奇鲁特营养公司在发现公司的一家供应商提供的用于制作比特鲁特百分百纯正果汁的苹果浓缩液不过是化学添加剂和水的混合物以后,为了实现成本控制的目标,竟几乎没有人考虑公司对于消费者肩负的义务,也没有人想过一旦问题曝光后的严重后果。最后,公司因为罚款、诉讼以及损失的销售量而付出了 2 500 万美元的代价。

4. 由上层开始推动伦理建设

企业中卓有成就、德高望重的领袖人物,恰恰是最有资格提升社会伦理道德的人物。因此,高层领导的重要职责之一是赋予企业的价值观以生命,建立一个支持各种道德行为的环境,并在员工中灌输一种共同承担的责任感,让员工体会到遵守伦理是企业积极生活的一面,而不是权威强加的限制条件。领导要敢于承诺,敢于为自己所倡导的价值观念而采取行动,同时当道德义务存在冲突时,敢于以身作则。如果绝大部分的企业领袖能充分认识并致力于提高企业伦理,我们社会的人文精神、生活品质自然也就提高了。那时候,我们的经营环境会大大改善,产品的国际形象也会随之"水涨船高",企业也将得到他们应享的"回报"。

5. 强化伦理建设的途径

在企业的经营管理中存在各种各样的伦理道德问题,这些问题的解决需要通过加强企业的伦理道德建设来完成,而伦理道德建设要从企业的内部与外部同时入手做到更全面,更彻底。在企业内部,企业管理者在思想上要澄清一些模糊和错误的认识,充分认识到企业伦理建设与盈利的辩证关系,认真处理好企业生存和发展的利益与道德的关系,同时加强对员工的道德教育,提高员工的道德境界。

加强社会监督,约束企业行为。企业作为社会的成员,其行为也处于社会的监督之下。对企业的监督应是一个全方位的监督,可以从法律监督、环境监督和自我监督三个方面来考虑。

法律手段作为国家的一种强制性手段,具有至高无上的权威。以法律监督为手段促进道德建设,首先可以提高道德的权威性。道德固然以扬善为基本特征,但惩恶也是不可缺少的一个方面。法律监督以强制为特征,是更严厉的治恶性手段,以此来监督企业的行为,对各种非道德行为必定会起到震慑作用。法律监督手段可以强制性地为企业行为确定价值取向,有助于迅速扭转企业行为失范的状态。

环境监督是检验企业是否履行道德义务的一种必不可少的手段。如果道德环境过于宽松,没有约束力,会有损道德行为的施行,严格的环境监督则能够防患于未然,时时督促企业弃恶从善,加速道德风气的改善。环境监督包括三种方式:传播监督,即大众传播媒体对企业善行的褒扬和恶行的谴责;人际监督,即在道德环境空间增大,变动增加的情况下,企业的人际关系流动性与陌生性也相应增加,此时更需加强人际监督;组织监督,即通过建立一定的组织对企业行为进行全方位的监督,使企业的非道德行为无处藏身,从而能有效促进企业日常行为的改善。

企业只有在自我不断的对照、反省、提示、监督下,道德境界才可能不断提高,成为一个有高度道德觉悟的个体。1994 年,美国、日本和欧洲的企业界领袖在瑞士通过的《CAUX 圆桌会议企业商务原则》,为企业经营提供了商业伦理的基本准则。CAUX 圆桌会议认为:企业的经营活动应基于以"共生"和"人的尊严"两者为基点的伦理观念中,这种基本的伦理观念应该得到所有企业的普遍尊重和严格遵守。"共生"是指为全人类的利益和幸福而共同生活,共同劳作,使相互合作、共存共荣与正当、公平的竞争两者并存;"人的尊严"则是指把个人的神圣不可侵犯性和真正价值作为终极目标,而不是简单地作为达到他人的目的或获得过半票数的手段,即实现真正的"人性化"。

第二节 企业的社会责任

一、企业社会责任的概念

关于企业社会责任(英文为 Corporate Social Responsibility,简称 CSR),目前尚未

形成一致的看法,国际上普遍认可的理念是:企业在创造利润、对股东利益负责的同时,还要承担对员工、对社会和对环境的责任,包括遵守职业道德、保证生产安全、注重职业健康、保护劳动者合法权益及资源等。

企业社会责任这一概念是由美国学者奥立佛·谢尔顿于 1924 年首先提出的。著名美国管理学家斯蒂芬·罗宾斯认为,企业社会责任是指超越法律和经济要求的,企业为谋求对社会有利的长远目标所承担的责任。菲利普·科特勒和南希·李在他们所著的《企业的社会责任:通过公益事业拓展更多的商业机会》中指出,企业的社会责任是企业通过自由决定的商业实践以及企业资源的捐献来改善社区福利的一种承诺。

企业社会责任的概念是基于商业运作必须符合可持续发展的想法,企业除了考虑自身的财政和经营状况外,也要加入其对社会和自然环境所造成的影响的考量。利害关系人是指所有可以影响、或会被企业的决策和行动所影响的个体或群体,包括但不限于员工、顾客、供应商、社区团体、母公司或附属公司、合作伙伴、投资者和股东。企业与相关利益者接触时,试图将社会及环境方面的考虑因素融为一体。企业社会责任是通向企业可持续发展的重要途径,它符合社会整体对企业的合理期望,不但不会分散企业的精力,反而能够提高企业的竞争力和声誉。

企业社会责任的提出,反映了人们对企业的本质和存在的社会性的深化认识。企业作为社会经济组织,首先具有经济属性,必须通过生产产品或提供社会服务取得利润,求得自身发展,所以企业应该首先肩负着经济责任。但是,企业又是社会组织,社会是企业的发展空间和利润来源,企业必须承担自身的经济活动所导致的社会后果,即在以营利为目的的生产经营活动中,履行回报社会、支持公益、救助贫困等多种社会责任。

企业经济责任是社会责任的基础和前提,社会责任是经济责任的延伸和保障,两者是一种辩证的互动关系,两者和谐统一才能使企业得到最大的发展。松下幸之助在《松下经营哲学》一书中指出:"企业从社会中获得的合理利润,正是该企业完成社会使命,对社会做了贡献而得到的报酬。"[①]如果企业在履行经济责任的同时不能特别重视社会责任,把两者结合起来,就会出现片面追求经济利益而损害社会利益的形象,最终损害到企业自身的利益。

二、企业社会责任的主要内容

企业社会责任的内容包括对员工的责任、对消费者的责任、对债权人的责任、对环境和资源的保护与合理利用的责任、对所在社区经济社会发展的责任,以及对社会福利和社会公益事业的责任等。

---

① [日]松下幸之助.松下经营哲学[M].北京:中国社会科学出版社,1988,16.

1. 对员工的责任

企业和员工之间是契约关系,除了相互间有支付报酬和付出劳动的法律关系以外,企业还要为员工提供安全工作环境、职业教育等保障员工利益的责任。因此,世界各国无一例外地将企业对员工的责任列为企业社会责任内容的首位。

我国《公司法》第 17 条规定:"公司必须保护职工的合法权益,依法与职工签订劳动合同,参加社会保险,加强劳动保护,实现安全生产。公司应当采用多种形式,加强公司职工的职业教育和岗位培训,提高职工素质。"第 18 条规定:"公司应当为本公司工会提供必要的活动条件。公司工会代表职工就职工的劳动报酬、工作时间、福利、保险和劳动安全卫生等事项依法与公司签订集体合同。"

根据我国《公司法》的规定,企业对员工承担的社会责任有:(1)按时足额发放劳动报酬,并根据社会发展逐步提高工资水平;(2)提供安全健康的工作环境,加强劳动保护,实现安全生产,积极预防职业病;(3)建立公司职工的职业教育和岗位培训制度,不断提高职工的素质和能力;(4)完善工会、职工董事和职工监事制度,培育良好的企业文化。

2. 对债权人的责任

债权人是与企业密切联系的重要的利益相关者,主要包括银行等金融机构、民间金融公司,以及与企业进行交易的相对人。我国《公司法》第 1 条将"保护债权人合法权益"作为立法目的之一。由于各国在公司法上都设立了法人制度和有限责任制度,股东并不直接对债权人承担责任,股东只是以自己的投资来承担有限责任,这使本应由股东承担的风险转嫁给了债权人。例如,当企业由于经营不善而面临破产和清算时,企业很难向债权人足额还本付息,这样债权人利益就会受到损失。因此,债权人需要企业依据合同的约定以及法律的规定对债权人承担相应的义务,保障债权人合法权益。这种义务既是公司民事义务,也可视为公司所承担的社会责任。

公司对债权人承担社会责任主要表现有:(1)按照法律、法规和公司章程的规定,真实、准确、完整、及时地披露公司信息。持续、及时、准确的信息披露尤其是上市公司应尽的责任,同时也是公司对债权人承担社会责任的最高表现,因为公司信息特别是财务信息决定了交易相对方是否与其进行交易,以期防范风险,更好地维护自身的相关利益。(2)诚实信用,不滥用公司人格。例如,我国《公司法》第 20 条第 2 款规定"公司股东不得滥用公司法人独立地位和股东有限责任损害公司债权人的利益"。第 20 条第 3 款引入"公司法人人格否认(刺破法人面纱)制度",规定"公司股东滥用公司法人独立地位和股东有限责任,逃避债务,严重损害公司债权人利益的,应当对公司债务承担连带责任"。很明显地是在股东有限责任与债权人利益保护之间寻求某种平衡,客观上也体现着对公司债权人利益的保护。(3)积极主动偿还债务,不无故拖欠。例如,我国《公司法》第 185 条规定"清算组应当自成立之日起十日内通知债权人,并于六十日内在报纸上公告"。(4)确保交易安全的责任。企业对债权人的该项责任要求企业无论在何种情况下、对任何债权人都应当该依照法律规定,善意、无过失地实施交易行为,切实履行合法订立的合同。

3. 对消费者的责任

所谓消费者,是指为生活消费需要购买、使用商品或者接受服务的公民个人和单位。公司的价值和利润能否实现,很大程度上取决于消费者的选择。"水能载舟,亦能覆舟",例如,三聚氰胺问题导致了三鹿公司像泰坦尼克号一样沉沦。"地沟油事件"使台湾顶新、味全等著名食品公司都陷入四面楚歌的境地,遭到台湾民众的普遍抵制和声讨。因此,为了实现企业的利润和价值、为了保障消费者利益,企业必须真诚地向消费者承担社会责任。

企业对消费者承担社会责任主要表现为:(1)确保产品货真价实,保障消费安全。消费安全是消费者最基本的权利,企业只有加强内部质量管控,确保消费者的消费安全,才能稳定消费者的消费信心,营造整个社会安全的消费环境。(2)诚实守信,提供正确的商品信息,确保消费者的知情权。诚实守信是一个企业的安身立命之本,更是一个社会和谐稳定的基础。企业从诚信出发,对商品品质不隐瞒、不夸大,对消费者不故意误导,将所有关系消费者权益的信息开诚布公,这不仅关系到自身的兴旺发达,更承载着社会的责任和希望。(3)提供完善的售后服务,及时为消费者排忧解难。服务与产品质量是一体的,服务是企业继产品质量后的第二次竞争。企业提供优质的售后服务,一方面可以在客户当中树立良好的口碑,夯实自身品牌形象,另一方面了也可以为社会创造更多的财富。

4. 对社会公益的责任

随着公益事业的发展,目前已经开始出现形式多样的企业公益活动,如联想的"公益创投"、腾讯的"新乡村建设"等,不仅带动了公益事业的发展,也树立了企业的公众形象,企业在付出的同时也有相应的收获。企业对社会公益的责任并不仅仅是捐款捐物,还涉及慈善、社区等。

企业对慈善事业的社会责任是承担扶贫济困和发展慈善事业,表现为企业对不确定的社会群体(尤指弱势群体)进行帮助。捐赠是其最主要的表现形式,受捐赠的对象主要有社会福利院、医疗服务机构、教育事业、贫困地区、特殊困难人群等。此外,还包括招聘残疾人、生活困难的人、缺乏就业竞争力的人到企业工作,以及举办与公司营业范围有关的各种公益性的社会教育宣传活动等等。

企业社会公益责任的主要内容包括:① 承担明礼诚信确保产品货真价实的责任;② 承担科学发展与交纳税款的责任;③ 承担公共产品与文化建设的责任;④ 承担扶贫济困和发展慈善事业的责任;⑤ 承担保护职工健康和确保职工待遇的责任;⑥ 承担发展科技和创造自主知识产权的责任。

5. 对环境和资源的责任

企业对环境和资源的社会责任可以概括为两大方面：一是承担可持续发展与节约资源的责任；二是承担保护环境和维护自然和谐的责任。环境保护是关系到所有人利益的事业，是关系到全人类可持续发展的大事，全人类都在为此付诸努力。企业要深入学习实践科学发展观，坚持走新型工业化道路，建设资源节约型、环境友好型企业，使企业的生产经营与自然生态系统和谐统一，以最小的环境代价换取企业长久发展的条件。

此外，企业还有义务和责任遵从政府的管理、接受政府的监督。政府依法对企业进行宏观管理与指导，为企业的运作提供了必要的制度保障和社会公共服务。因此，企业要在政府的指引下合法经营、自觉履行法律规定的义务，同时尽可能地为政府献计献策、分担社会压力、支持政府的各项事业。

三、企业社会责任的意义

企业社会责任是经济社会发展到一定历史阶段对企业提出的期望与要求。在现代市场经济条件下，企业对社会生活的影响日益深入，在经济社会发展中发挥着越来越重要的作用。在现实社会中，有的企业因为未履行其社会责任而走向破产，也有的企业因为出色履行社会责任而获得市场的肯定，得到消费者的青睐。因此，企业社会责任作为一种激励机制，对企业本身的管理来说，具有非常重要的意义。

1. 提高企业市场开拓能力

企业社会责任作为一种激励机制，对企业管理来说是一场新的革命，更是提高企业开拓能力的动力源泉。企业承担社会责任不仅可以促进经济社会的良性发展，也是提高企业自身竞争力和降低经营风险的有效途径。

2. 树立企业形象，增强竞争力

企业承担一定的社会责任，虽会在短期内增加经营成本，但无疑有利于企业自身良好形象的树立，形成企业的无形资产，进而形成企业的竞争优势，最终给企业带来长期潜在的利益。企业在承担社会责任的过程中，将利益相关者的利益和社会整体利益的提高与企业个体利益的实现有机结合起来，会受到全社会的普遍尊重和支持，并提升企业形象和品牌价值。

3. 促进企业创新

对社会责任的关注将促使企业转向对产品、设计、流程、管理和制度等环节进行创新，促进其盈利方式和增长方式的转变。通过提高生产效率、改变生产方式、拓宽创新领域、改善经营环境和发展循环经济，从而获得更大的利润。如德国 E.ON 能源公司颁布了《机会平等和多样化指南》，将可持续发展的详细计划融入公司的社会责任战略规划，通过"innovate.on"活动、颁发客户导向"OneE.ON"创新奖，不仅强化了企业的创新管理，还有力地支撑了公司的绩效。

4. 为企业的可持续发展赢得良好外部环境

社会责任是企业利益和社会利益的统一，企业承担社会责任的行为，是维护企业长远利益、符合社会发展要求的一种"互利"行为，可以为自身创造更为广阔的生存空间。企业信息的发布所带来的透明度可以使顾客对企业和产品产生信任，这种信任使顾客不愿转换品牌，形成较高的品牌忠诚度，从而提高企业的市场地位和市场竞争能力。基于对企业价值观念和行为方式的认同，员工会产生较高的工作满意度和自豪感，可以减少员工流失，并有利于企业吸引优秀人才。例如，香港中华电力集团（CLP）作为亚太地区电力行业的领导者之一，长期以负责任的态度处理各项事务，致力于社会与环境的改善以及各利益相关方的满足，不断创新社会责任实践形式，如建立科学完善的治理架构、持续发起和资助与社会责任相关的项目，以及构建内外结合的全面环境责任管理体系。这样，既为社会的可持续发展作出了贡献，也为自身的发展创造了良好的外部环境。

5. 推动优秀企业文化建设

企业社会责任作为企业文化的新内容，重新塑造和创新了企业文化的价值观念，推进了企业文化的相关建设。企业文化作为企业的一种价值体系，又将企业社会责任建设提升到新的理论高度和较高的文化层次。英国国家电网公司从2003年开始连续多年入选道琼斯可持续发展全球指数，以提供安全、可靠和高效率的能源著称于世，围绕企业社会责任核心议题进行系统规划，建立完善的包括企业社会责任委员会在内的社会责任组织机构，将企业社会责任理念融入到企业文化中。

此外，企业承担社会责任，对于和谐社会建设也具有重要的意义。企业若能履行其社会责任，维护职工合法权益，实现经济、社会与环境的全面、协调和可持续发展，对于保护资源和环境，实现企业和社会的可持续发展，促进形成民主法治、公平正义、安定有序的局面，建立诚信友爱的社会氛围，实现人与自然和谐相处，建立公平的利益分配机制都将发挥不可替代的重要作用。

第三节　电力企业的社会责任与企业伦理

一、电力企业的基本性质

电力行业具有基础性的特点，应履行支柱产业的社会责任。这种基础性实质上指的是国计民生的基础性，它决定了电力企业必须为国民经济的发展提供优质可靠的电能。这就要求电力企业加快电力的发展，满足社会日益增长的用电需要，不断提高供电能力和供电质量，确保电网安全经济运行，确保社会安全用电。

电力企业具有公益性特点。电力是一种准公共物品，应履行公益性的社会责任。公共物品有两个特质：一是排他性，二是消费上的非竞争性。根据有无排他性和竞争性，将公共物品分为三类：（1）纯公共物品，即具有完全的非竞争性和非排他性，如国防和灯塔等，通常采用免费提供的方式；（2）具有非排他性和竞争性的公共资源，也称公益物品，如义务教育、公共图书馆、博物馆、公园等；（3）具有排他性和非竞争性的准公共物品，也称自然垄断产品，如电信、电力、自来水、管道、煤气等。电力使用的广泛性，遍布城乡的电网连着千家万户，电力企业的工作质量和行业作风，直接影响着社会生活，这就要求电力企业：一方面要加快电力企业发展，解放和发展生产力，使电力企业有满足社会对电力需求的能力；另一方面要始终代表广大人民群众的根本利益，从人民群众的利益出发，正确处理好电力企业利益与社会效益的关系，并且要把社会效益放在第一位。

电力企业具有垄断性特点。电力行业是一种自然垄断行业，自然垄断是指由于市场的自然条件而产生的垄断，这些部门如果有几个企业进行竞争，则可能导致社会资源的浪费或者市场秩序的混乱。这就是说，一个产业的规模经济是如此之大以至于一两个厂商就能有效满足大多数消费者需求的行业。自然垄断最大的特点就是管线，实质上表现为固定投资很大，而边际成本很小。电力企业的自然垄断性要求电力企业履行更多的公益性社会责任，一方面垄断性的企业缺乏竞争，容易忽视公共服务质量，另一方面垄断性行业效益好，开展社会公益活动的实力强。

二、电力企业社会责任与企业伦理的主要内容

1. 电力企业社会责任的主要内容

（1）社会责任框架

电力企业应致力于成为国家清洁能源资源优化配置的执行者，区域经济社会可持续发展的能源保障者，安全可靠优质绿色供电服务的提供者，在追求卓越经营业绩的同时，积极与利益相关方共同为全国或地区经济的可持续发展、为实现人与自然环境和谐相处做出贡献。

电力供应责任。为经济社会可持续发展提供安全、稳定、可靠、优质的电力保障，是公司的核心责任。在重大突发自然灾害面前，维护公共安全和公众利益，是公司的政治责任。

绿色环保责任。坚持资源节约型、环境友好型电力设施建设，生产清洁电能，创建绿色电网，推动全社会节能减排，促进企业与社会、环境全面协调可持续发展，是电力企业的时代责任。

经济绩效责任。严格执行国家电价政策，注重提升管理水平，确保国有资产保值增值、降本增效，优先考虑社会效益，是电力企业的基本责任。

社会和谐责任。坚持电力普遍服务，促进城乡协调发展，是电力企业的特殊责任。与利益相关方携手共进、合作共赢，是公司与社会各界的共同责任。

(2) 社会责任机制

完善社会责任管理机制。为有效开展社会责任管理,推动社会责任实践,积极承担社会责任,电力企业要依据《中华人民共和国公司法》《关于中央企业履行社会责任的指导意见》和企业实际,编制并发布社会责任管理办法,明确社会责任管理机构,有序推进企业社会责任管理。例如,法国电力集团作为全球企业社会责任实践的先行者,通过与法国政府签订公共服务协议明确了承担的社会责任,在欧洲电力市场改革过程中,逐步成长为欧洲乃至全球能源产业的领导者。法国电力集团的社会责任实践不仅全员参与,社会责任意识覆盖领导层、管理层和操作层;还实现了全过程覆盖,社会责任意识覆盖发电、输电、配电、售电全过程,涵括采购、生产、销售和售后服务各环节。

发布社会责任报告。电力企业每年都应该践行企业社会责任可持续发展,并且应该主动承担社会责任,全力做好电力供应。每年发布社会责任报告,将电力企业生产经营活动给利益相关方带来的经济、社会和环境影响等向利益相关方进行披露,通过构建与利益相关方的和谐互动关系,促进企业和社会共同可持续发展。例如,意大利国家电力公司是世界上第一个采用《可持续发展报告指南》G3 版编制社会责任和可持续发展报告的企业,一次次引领全球企业社会责任发展的潮流,是当之无愧的"全球责任先锋"。超前的社会责任意识和良好的社会责任业绩,使公司在《财富》2006 年社会责任排行榜中名列全球第 6。近年来,我国很多电力企业集团也开始相继发布社会责任报告。2011 年 9 月刚刚成立的中国电力建设集团有限公司和中能建控股集团,也已连续两年分别发布了自己的社会责任报告,充分展现了电力企业社会责任意识的觉醒。

完善责任监督机制。要建立责任披露机制和企业行为章程,以及接受外部监督和强化宣传引导等。从社会和谐、经济效益、绿色环保、电力供应等方面进行宣传和引导,打造电力企业社会责任的品牌形象,提升企业品牌塑造能力和软实力。例如,东京电力公司(TEPCO)在长期的社会责任实践中,建立了较完善的社会责任管理体系和透明完善的披露机制,成立了以外部专家为主的企业社会责任委员会,确保社会责任实践接受制度化的外部监督;修订企业行为章程,使履行社会责任成为员工的自觉行为;建立社会责任日常管理体系,实时动态监控企业社会责任工作。

(3) 利益相关方分析

利益相关方为社会责任所牵涉的利益主体,主要包括监管部门或股东、员工、客户、与社会环境。监管部门是企业的管理方,对企业的期望为保障安全供电以及稳定回报等,主要通过执行国家能源政策、推进电网建设加强管理等方面加以管理;员工是企业的核心主体,员工的要求主要是福利安全等保障,以及发展空间;客户是电力企业的直接目标群体,其利益关注点主要在高质量的电力供应和便捷的服务渠道;社会环境是企业所处的外部环境,主要包括合作伙伴、公众与自然环境的社会要素,合作伙伴需要得到公平收益以及管理经验,而公众的利益为社会公益事业的进步,自然环境的要求为节能减排与生态保护。

2. 电力企业伦理建设的主要内容

(1) 树立社会责任理念

电力企业是生产和销售电力产品的企业,肩负着保障国家能源安全、经济安全、社会稳定的重任,在整个国民经济和社会发展中处于特殊的地位,是构建和谐社会的重要力量。因此,必须适应当前的新形势,牢固树立电力企业社会责任理念,正确认识和处理经济责任和社会责任的关系,既立足于现实又着眼于长远,既尊重市场经济的竞争规则又尊重电力企业在社会环境中生存和发展的规律,明确社会责任范围,自觉地把履行社会责任作为提高电力企业竞争力的重要内容,以求经济效益与社会效益、经济责任和社会责任的协调统一。

(2) 开展节能减排

根据规划,我国电力工业发展的基本任务是在优化电力能源结构和布局,提高效率、保护环境的同时,形成安全、可靠、协调、高效的电力工业体系。具体措施就是以大型高效环保机组为重点,加大清洁能源比例,减少燃煤、燃气机组的比例,优化发展火电,在保护生态基础上有序开发水电,积极推进核电建设,加快新能源发展,适度发展天然气发电,加强电网建设,优化能源资源配置。燃煤发电和燃气发电比例要下降,水力发电、风电与核电要相应增加。在用电定价中要考虑环保和节能等其他因素,使价格全面反映电能产生的全过程。还要充分发挥大型骨干企业在节能减排中的作用,进一步优化运行方式,积极开展对标管理,加大节能技术改造力度。在 SO_2 的控制上,要制定 SO_2 减排目标及规划,火电厂 SO_2 的排放绩效要达到国际先进水平。

(3) 维护电价的平稳运行

电力企业要加强电价管理,严格执行国家电价政策,杜绝各种违反国家电价政策行为的发生。电力监管机构要完善监督检查制度,形成监督检查的常态机制,加大对电力企业电价政策执行情况的监督检查力度,督促电力企业严格执行国家电价政策,维护市场主体和消费者的合法利益,确保国家电价政策执行到位。电力企业还要按照电力监管机构的要求,及时、准确上报各类信息,并定期披露,以此增加社会对电价信息的知情权,增加电价等信息的公开、透明、对称,维护市场主体的合法权益。电网经营企业在向消费者出售电力产品的同时,必须把服务送给消费者,向消费者提供规范的服务是电网经营企业的主要社会责任。由于电力企业、设备、管理或人为的原因所造成事故使消费者遭受损失的,电力企业应当给予一定的补偿,除不可抗力造成的灾害,电力企业都应把对消费者的补偿作为其社会责任。电力企业既承担起这一责任,就应当把这一责任落实到电力企业的有关部门、单位、甚至岗位,用社会责任约束自己的员工,进一步提高电力企业自身的安全性,同时还要加强对消费者用电安全的指导和管理。

三、电力企业社会责任的现状

1. 电力履行社会责任的成绩

在我国,电力企业在履行社会责任方面虽起步较晚,但也取得了卓越的成绩,2008年11月13日,美国《财富》杂志公布了2008年全球100强企业社会责任排名。其中,中国的国家电网、中石化、中石油三家企业入围,分别排名第55位、第84位、第87位,而国家电网排名较2007年度提升了14位,获得中国企业历史最好排名。2008年胡润企业社会责任50强排名中,国有企业21家,民营企业17家,外资企业12家,其中,电力企业有国家电网和南方电网,而国家电网的排名升至第一位。在举世震惊的汶川大地震中,电力企业更是慷慨解囊,仅国家电网公司向地震灾区捐款及捐赠物资设备就超过2.1亿元。

2013年11月14日,中国社科院发布2013《企业社会责任蓝皮书》,根据市场、社会、环境等指标确定社会责任排名。其中国企前三:国家电网、南方电网、中国石化;民企前三:民生银行、华为、兴业银行。可见电力企业在履行社会责任层面得到了普遍的认可。

在单个企业层面,国家电网公司创造了中国企业社会责任发展的一系列里程碑事件,拥有近20个"第一"的头衔,捧回各类奖项70余个,不仅在中央企业中始终保持领先地位,还创造了中国企业社会责任在国际上的最好排名。

在企业社会责任领域,发布于2010年的ISO26000《社会责任指南》被视为最权威的国际标准,包括中国在内的90多个国家的400多名专家共同参与了该标准的制定工作。中国企业(国家电网公司)第一次直接走上了社会责任国际标准制定活动的国际舞台。不仅如此,国家电网公司还积极参加社会责任国内外交流,与社会责任领域的专家学者、意见领袖建立了良好联系,推动社会责任案例进入国内外著名高校。《国家电网:企业社会责任》案例相继进入哈佛大学商学院全球案例库和北京大学教学案例库。2011年1月,哈佛大学商学院40余名师生考察国家电网公司社会责任履责实践。

2. 电力企业履行社会责任所面临的主要难题

(1)电力企业节能减排工作还很艰巨。改革开放以来,我国经济取得了举世瞩目的成就,目前我国GDP总量已高居全球第二名,仅次于美国,在短短的几年内连续超越了意大利、法国、英国、德国和日本等经济强国。但据世界银行统计,世界20个污染最严重的城市中,中国就占有16个。我国的环境质量急剧下降与能源的过度消耗和污染物大量排放有很大关系。目前,我国大多数电能是靠燃煤电厂生产出来的,在燃煤发电中产生大量的SO_2等污染气体。另外,电煤质量下降影响发电企业节能减排效果,小火电、自备电厂节能减排力度有待强化,通过市场手段促进节能减排的力度不够,用其他能源发电虽技术成熟,但经济上不可行。

(2) 电力发展还不能完全满足我国经济发展的需要。全国电力工业保持了持续快速健康发展,电力供应能力持续增强,电网建设规模增长加快。但是,在某些地区尤其是在高负荷用电地区的用电高峰期,电力还没有完全满足经济发展的需要。2014年5月,国家电网的安全生产会议的数据现实表明,当前区域电力供需总体平衡但余缺分布不均,局部存在缺口,特别是京津唐、河北南网、山东电网,合计最大电力缺口1 400万千瓦,保证电力有序供应还存在较大压力。此外,电网和设备运行还存在一些问题,安全管理存在薄弱环节,也对电网安全稳定运行造成影响。这些因素都会我国的经济发展有着一定的制约作用,所以电力供应依然形势严峻。

(3) 电价整体较低,但弱势群体依然用电困难。目前,我国整体上电价处于一个较低的水平,但不和谐之音依然存在。一些电力企业无视国家对弱势群体如福利院、偏远农村等的照顾,依然实行市场电价;一些企业电力定价不透明,且在具体运行过程中含糊其辞等。

(4) 电力部门服务水平较低,影响了我国电力企业的形象。因为电力行业是自然垄断行业,在这个行业中,尤其是在一个具体的地域,几乎没有竞争者,一个电力企业自然而然地就成为本地的垄断者,在服务方面就没有竞争的压力。服务质量一般来说没有令公众放心,尤其是在边远地区经常出现服务质量问题,服务人员的服务意识不强,没有把提高服务质量看成是自己的责任。只有少数大型电力企业会主动采取一些提高服务人员素质进而提高服务质量的措施,但很多时候也仅限于短期,没有形成一个长效机制。

3. 电力企业履行社会责任的主要问题

电力企业虽然在履行社会责任行为中取得了一定的成绩,但是在我们经济快速发展的阶段,电力企业在履行的社会责任方面还存在着许多的不足之处。

中国电力企业还存在电网建设投入的重复性和电力资源的浪费等情况,有的地方还比较严重,与科学发展观的要求是背道而驰的。造成这一情况的原因,有经营管理者决策失误引起的,有地方官僚主义或部门保护主义导致的,也有电力专业设备质量和技术含量低产生的,等等。例如,一些地方在城镇、农村建设中,全局性、规划性、科学性、长远性不够,造成电力线路不必要的搬迁、改造;一些房产开发商、私营业主短期行为、短视行为,图一时省钱、唯小团体利益至上,选用低价低质或低容量产品,造成电力设备不必要的再投入;一些电力设备制造生产企业,包括一些系统内部企业长期"背靠大树好乘凉",以次充好,使电力系统的人为性故障产品增多等等。由此既导致供用电可靠性的下降,又增加基层维护人员的工作量,并降低了电力客户对电力行业的公信力,更严重的是造成了大量资源和资金浪费。所幸的是,在国家电网公司,这一情况已经得到足够的重视并开始采取积极的应对和改进措施,为中国电力企业作出了表率。然而,从意识的形成到观念的落实是需要一个过程的,也需要所有的电力企业共同关注与参与。

中小国有企业通过改制实现了"政企分开"后,在许多以中小国有企业为主的县市地区,电力、电信等成为当地仅有的几家实力型国有企业。在地方经济不景气的的情况,这几家企业树大业大责任更大。例如,电力企业在城市建设、新农村建设中,除应积极配合政府作好电网建设与改造工程外,还必须承担由于规划不科学、不合理以及政府财政不力所致的经济损失或缺口。强调企业承担社会责任不能成为政府或相关利益群体不合理要求的借口,特别是在中国当前容易滋生腐败的关键转折期,应当积极引入国际企业社会责任标准,坚持"政企分开"、树立有限责任观念,着重承担与电力企业生产的产品或提供的服务相关的有限社会责任,实现内部经济与外部经济的结合。

近年来,电力企业围绕打造核心竞争力做了大量工作,收到了一定效果。然而,也存在"投入"与"产出"不对称的现象。企业承担社会责任的同时不应以破坏另一种制度或规范为代价。企业社会责任应当坚持以下四方面基本内容:公司的基本价值观,引导社会公认的商业道德标准和公司行为准则;对利益相关者如股东、员工、用户、供应商、社区等,承担责任;注重资源节约和环保;服务社会公益。据此,电力企业首先应按标准规范提供合格的电力产品和服务,除此之外,电力企业承担的社会责任在内容上和形式上都应是与电力产品或服务相关的,其次在成本结算上可以坚持有偿责任,适度收取成本费用。为了打造企业核心竞争力,电力企业可以在提供的电力产品与服务或相关的产品与服务中更加注重服务的质量和效率,注重能源的节约和充分利用。值得注意的是,在一些基层县市,政府或社会强加于电力企业的社会责任,实质是完全的政府责任,如名目繁多的各类捐赠,远远超出企业可以承受或企业应遵守的法律法规的范畴之外,一些地方政府官员在招商引资中拍脑袋承诺无偿提供电力配套等,迫使电力企业通过虚假财务报表、抬高成本等形式承担这些"社会责任",这其实是与企业承担社会责任的初衷相悖的,也是企业在承担不适当社会责任中遭遇的道德与法律挑战。

四、电力企业履行社会责任的对策

随着我国电力体制改革的不断深化,电力行业的竞争格局日益显现,产权制度的变革、公司制改革、市场化运作将使电力企业经营管理内容发生深刻变化,也必将激发企业求生存、求发展的主体性的强烈表现,电力企业应积极致力于构建企业伦理。当前,电力企业伦理应从以下方面加以构建。

1. 完善企业社会责任体系

企业在追求自身利益发展的同时应承担一定的社会责任,这是一个法律问题,也是一个道德问题。只有充分全面地履行自己的社会责任,企业才会最终获得消费者的高度评价和认可,使企业具有良好的形象。

完善电力企业的社会责任体系应当围绕员工、产品(服务)、社会(国家)这三方面展开,并依据企业对社会责任承担的自觉程度和社会责任的不同而划分不同的层次。

一是企业最基本的义务性的社会责任,即任何企业都必须履行的最起码的责任。要求企业:对员工提供安全的工作环境(作业安全和职业安全);对客户提供性能良好、使用安全的产品或服务;对社会和国家,应当遵纪守法、照章纳税。

二是企业反应式的社会责任,这是社会责任精神的进一步强化和扩展。对员工,企业能建立公平、正义的员工评价系统和有效激励机制;对客户,企业能自觉为消费者提供优质、廉价的产品或服务;对国家和社会,企业能自觉遵循社会公德,有效地保护和利用国家资产,扶助社会经济的繁荣与稳定。

三是企业前瞻性的社会责任,这是社会责任发展的最高层次。作为市场经济行为的主体,企业要认识到自身经营行为对社会经济发展、人们生活方式的变化和价值观念的形成所产生的影响及因此所具有的责任。对员工,能创造良好的工作环境,使他们的个人价值得到较为充分的体现;对客户,能根据消费者的需求,创造更多、更好的产品和服务,提升人们的生活质量;对社会和国家,能主动了解企业对社会经济发展、人们生活方式变化及价值观形成上的引导作用,以探讨健康生活方式和文明价值观念为己任,促进社会持续健康发展。

2. 构建电力企业社会责任的评价指标体系

评价指标体系建立的原则。评价指标的建立通常需要遵循四大原则,即科学合理性原则、系统性原则、可操作性原则和全面性与重要性相结合的原则。企业社会责任评价体系首先要能够全面反映评价对象的各有关要素及有关环节,以揭示评价对象的全貌。

遵循上述原则,结合电力行业的特点,尽可能的涵盖企业社会责任所涉及的各个重要方面,本书选择了 4 个一级指标,分别是电力供应、经济法规、环保节能、社会和谐。在一级指标下设了 11 个二级指标,经过进一步的细化,在 11 个二级指标下又设了 38 个三级指标,通过这三级指标来评价电力企业社会责任的绩效,如表 3-1。

表 3-1 电力企业社会责任评价指标体系

序 号	一级指标	二级指标	三 级 指 标
1	电力供应	安全生产	安全运行、安全生产管理、应急管理
		可靠供电	居民供电、企业供电
		服务管理	营销服务、电网维护、服务创新
2	经济法规	交易者权益	供应商利益、消费者利益
		股东利益	财务状况、市场份额、发展潜力、分红及利息发放
		法律义务	依法纳税、遵纪守法、社会责任报告发布

续表

序号	一级指标	二级指标	三级指标
3	环保节能	绿色电能	清洁能源发电、火力发电革新、新能源发展、废物处理、资源节约、环境影响
		绿色工作	节能环保宣传、客户节能指导、绿色环保研究、绿色办公
4	社会和谐	员工利益	工资奖金、社会保障、发展培训、健康安全、企业文化
		社会公益	扶贫救困、救灾援疆、服务三农、社区服务
		合作交流	行业交流、跨行业合作

"电力供应"表现在电力企业作为国民经济的基础产业特色,肩负着的是为经济可持续发展提供安全、稳定、可靠、优质的供电责任。"经济法规"重点说明的是企业作为一个经济主体,首先需要不断提升经营管理水平,降低成本,增加企业经济效益,确保资产保值增值,为利益相关方创造更多的价值。"环保节能"是一项在低碳经济背景下需要给予充分重视的企业责任。"社会和谐"指在社会经济高速发展的时代,电力企业的发展离不开社会的支持,因此电力企业要坚持以人为本,承担电力普遍服务同时,需要保障企业员工利益,促进城乡协调发展,热心于公益,回馈社会。例如,德国莱茵集团(RWE)作为德国最大的能源供应商,在100多年的发展历程中,形成了完善的社会责任管理体系和方法。集团秉承"力求集团和社会的可持续发展"的企业使命,坚持以环境保护为中心的可持续发展原则积极开展企业的各项经营活动。在长期的社会责任实践中,德国莱茵集团建立了由《环境报告》《员工报告》和《企业责任报告》构成的完善信息披露体系。

3. 强化企业道德管理

强化企业道德管理应集中体现在三个方面。

一是树立人本主义管理理念,实行人性化管理。企业的规章制度只是告诉员工不能去干什么,如果做了,会受到什么样的惩罚,如果服从命令、遵守制度会获得怎样的承认和奖赏。要使企业生机勃勃还需要管理与道德结合,需要伦理理念、价值观等非经济因素的融入,而人本主义管理的本质正是激励尊重人的独立人格、挖掘人的智慧和潜能,使企业管理刚柔相济,更加灵活、高效。树立人本主义管理理念,需要进行相应的体系配置,如建立企业信用管理系统和企业信用评价系统,强化员工特别是企业经营管理者的商誉意识和经济信用意识,注重权利与义务相统一的思想建设和制度建设。重视企业伦理教育,包括:对员工个人隐私权的尊重、性骚扰的防范、参与地域社会的共建、环境保护;鼓励员工揭发违反企业伦理的言行,设立员工交谈室,可以通过电子邮件、电话、书信、面谈等形式提出交谈要求,交谈室的专职人员要调查事情内容,并向有关部门提出改进建议。

二是正确理解和运用集体主义道德原则。集体主义原则是我国企业首要的道德原则。它主张企业必须履行根据国家法令、法规和各项政策所规定的责任和所承担的任务,尽量做到国家、集体、个人三者关系的统一和兼顾,并作为一种道德义务来执行。电力企业总体上说,都是集约化、社会化程度高的技术密集型企业,随着电力行业社会化程度的越来越高和分工的越来越精细,电力企业之间、企业内部各部门之间的相互依存、共同促进的要求更高,其严密的组织形式、群体配合的作业方式要求企业正确利用集体主义原则处理集体与个人之间的利益关系,继续培育和发扬优良的集体主义传统。

4. 完善调节企业各种关系的行为准则,加强职业道德建设

职业道德是整个社会道德的基础之一,也是企业道德的重要支撑点。电力企业的"职业道德规范"系指从业人员应自觉遵守的习惯、规则、纪律,是社会公德在职业活动中的具体体现。它与"岗位职责"等同属于"岗位规范"的范畴。"职业道德"属意识形态范畴,描述的是员工在岗位上的精神追求,具有鲜明的自律性。电力企业加强职业道德建设,要在落实《公民道德建设实施纲要》的同时,完善《电力职工行为规范》等调节企业各种关系的行为准则,强化电力企业职工特有的职业道德观念和价值观念,如对客户的高度负责、服务于生产、造福于社会的行为准则,安全与效益的思想,艰苦奋斗的作风,做到敬业爱岗、尊师爱徒、忠于职守、礼貌待人,对本职工作精心、尽心,为他人服务热心、诚心,约束引导职工行为,争做文明职工。尤其是对于供电企业来说,直接为社会开展服务,更需要很强的道德行为规范,应该指定并发布《供电企业员工职业道德规范》,让员工在服务中有一个直观明确的行为准则,对于提高服务质量有着积极的引导作用。

5. 创新电力企业环境伦理建设

目前火电厂二氧化硫污染排放尚未得到有效控制,氮氧化物、二氧化碳的控制较差,这已成为电力工业实施可持续发展战略的制约因素。从企业来讲,缓解乃至最终解决环境污染问题,既要遵守环境保护方面的立法和有关政策,借鉴国内外一些合理、妥善的实际办法,更要自觉承担或履行保护环境、改造和美化环境的道德义务,创新企业环境伦理建设。

一是增强环境意识。就电力企业而言,要增强对环境极限的认识,树立绿色营销观念,形成以自愿为基础的绿色电力市场,制定并优化营销组合方案。二是重视企业环境审计工作。环境审计的开展,也是企业自身发展的需要。企业的烟尘、污水、废气、噪声等,对内影响职工健康,对外影响周边居民的生活环境和健康,引起公众不满并败坏企业形象。环境审计可通过积极协调企业与资源环境的关系,帮助企业赢得社会公众的信任与支持。三是积极倡导发展绿色电力。21世纪将被看成是绿色电力的发展和大规模传播的时代。发展高效、洁净与节约电力,是21世纪绿色电力的基本宗旨。倡导发展绿色电力,是电力企业环境伦理目标得以实现的主要途径。

思考题:
1. 谈谈企业发展与履行社会责任的关系。
2. 电力企业的社会责任主要体现在哪些方面?
3. 电力企业应该怎样履行社会责任?

附录：

企业社会责任的相关标准

联合国全球盟约

联合国全球盟约要求各企业在各自的影响范围内遵守、支援以及实施一套在人权、劳工标准及环境方面的十项基本原则。这些基本原则来自《世界人权宣言》、国际劳工组织的《关于工作中的基本原则和权利宣言》以及《里约环境与发展宣言》，涉及四个方面如下。

1. 人权方面

(1) 企业应该尊重和维护国际公认的各项人权；

(2) 保证不与践踏人权者同流合污。

2. 劳工标准方面

(1) 企业应该维护结社自由，承认劳资集体谈判的权利；

(2) 彻底消除各种形式的强制性劳动；

(3) 消除童工；

(4) 消除就业和职业方面的歧视。

3. 环境方面

(1) 企业界应支持采用预防性方法应付环境挑战；

(2) 采取主动行动促进在环境方面更负责任的做法；

(3) 鼓励开发和推广环境友好型技术。

4. 反腐败

企业界应努力反对一切形式的腐败，包括敲诈和贿赂。

SA8000

Social Accountability 8000(SA8000)社会责任标准系依据国际劳工组织条例所建立之国际性社会责任标准。

1. 童工

(1) 不得雇用童工

(2) 现有童工的教育

(3) 童工保护措施与工时限制

(4) 禁止危险的工作环境

2. 强迫性劳动

禁止强迫劳动

3. 健康与安全

(1) 提供安全环境的义务

(2) 管理代表指派

（3）职安卫训练实施

（4）建立危害侦测、规避与回应的机制

（5）提供卫生设施及饮用水

（6）有宿舍时要确保安全卫生

4. 结社自由及集体谈判权利

（1）自由参加工会以及集体谈判权利

（2）协助结社的机制（注：在中国可以理解为企业的中国共产党党员、民主党派成员在工作时间有参加其组织活动的权利。）

（3）禁止歧视工会员工

5. 歧视

（1）禁止就业歧视

（2）尊重信仰和风俗的权利

（3）禁止性骚扰

6. 惩戒性措施

禁止体罚、精神或肉体惩罚措施与言语侮辱

7. 工作时间

（1）遵守法定正常工时及延时规定

（2）禁止强迫加班

（3）依集体协定要求弹性加班

8. 报酬

（1）满足基本工资

（2）不因惩戒扣薪

（3）保证不规避员工照雇义务

OECD 多国企业指导纲领

OECD 多国企业指导纲领是各国政府对多国企业营运行为的建议事项，为一符合相关法律规范的自发性商业行为及标准。共有 10 项指导原则如下。

1. 观念与原则

指导纲领系各国政府对多国企业营运行为的共同建议，企业除应遵守国内法律外，亦鼓励自愿地，采用该纲领良好的实务原则与标准，运用于全球之营运，同时也考量每一地主国的特殊情况。

2. 一般政策

企业应促成经济、社会及环境进步以达到永续发展的目标，鼓励企业伙伴，包括供应商，符合指导纲领的公司行为原则。

3. 揭露

企业应定期公开具可信度的资讯，揭露两种范围的资讯；第一，充分揭露公司重要事项,如业务活动、公司结构、财务状况及公司治理情形;第二,将非财务绩效资讯作完整适当的揭露,如社会、环境及利害关系人之资料。

4. 就业及劳资关系

企业应遵守劳动基本原则与权利,即结社自由及集体协商权、消除童工、消除各种形式的强迫劳动或强制劳动及无雇佣与就业歧视。

5. 环境

适当保护环境,致力永续发展目标,企业应重视营运活动对环境可能造成的影响,强化环境管理系统。

6. 打击贿赂

企业应致力消弭为保障商业利益而造成之行贿或受贿行为,遵守"OECD打击贿赂外国公务人员公约"。

7. 消费者权益

企业应尊重消费者权益,确保提供安全与品质优先之商品及服务。

8. 科技

在不损及智慧财产权、经济可行性、竞争等前提下,企业在其营运所在国家散播其研发成果。对地主国的经济发展与科技创新能力有所贡献。

9. 竞争

企业应遵守竞争法则,避免违反竞争的行为与态度。

10. 税捐

企业应适时履行纳税义务,为地主国财政尽一份心力。

案例：

国家电网社会责任的主要内容

国家电网公司坚持以科学发展观为指导，认真贯彻党中央、国务院的决策和部署，坚持"服务党和国家工作大局、服务电力客户、服务发电企业、服务经济社会发展"的宗旨，积极履行社会责任，为推动电力和谐发展、服务和谐社会建设作出了贡献。

一是加快建设坚强的国家电网，促进电力工业协调发展，为和谐社会建设奠定坚实的物质基础。基于我国能源资源分布与生产力发展不平衡的基本国情，公司认真分析煤、电、油、运紧张的严峻现实，从持续满足全面建设小康社会对电力的需求出发，正在加快建设以特高压电网为重点、各级电网协调发展的坚强国家电网。特高压电网建设取得重大突破，我国第一个 10 000 千伏高压试验示范工程通过国家核准并开始建设，标志着我国电网发展进入了一个新的历史阶段。电网规划建设全面加强，近两年来国家电网投资规模和项目投产、开工规模大幅度增长，不断刷新历史纪录，使我国电网发展滞后的局面逐步得到扭转。

二是全力确保电网安全，为和谐社会建设提供优质、可靠的供电服务。公司高度重视电网安全，坚持安全第一、预防为主的方针，切实做到人员、时间、力量百分之百地投入，不断提高电网安全的可控、能控、在控水平。在电网发展明显滞后、网架薄弱，各地区电力负荷屡创历史纪录，供需矛盾十分突出，重大自然灾害频发的困难情况下，保持了电网安全的良好局面。公司主动发布并认真履行《供电服务"十项承诺"》《"三公"调度"十项措施"》和《员工服务行为"十个不准"》，大力改进行业作风，优质服务水平和客户满意度不断提高。

三是不断提高电网优化配置资源能力，积极推进"新农村、新电力、新服务"农电发展战略，促进区域、城乡协调发展。公司充分发挥电网作为网络市场优化配置资源的基础性作用，加快电力市场建设，着力构建符合国情的统一开放的电力市场体系，扩大跨区、跨省电力交易。跨区交易电量由 23 亿千瓦时增加到 1 200 亿千瓦时，增长 51 倍，有效缓解了电力供需紧张地区的缺电矛盾，促进了区域经济协调发展。公司积极服务社会主义新农村建设，实施"新农村、新电力、新服务"农电发展战略，推进"户户通电"工程。

四是积极服务建设稳定、经济、清洁、安全的能源供应体系，推动能源可持续发展。通过发展特高压，推动能源资源集约高效开发，提高能源生产、转换、输送和使用效率。同时，利用国外资源提高我国能源供应和保障能力；积极开展国际能源合作和跨国输电，分别与俄罗斯、哈萨克斯坦、蒙古等国电力企业签订了合作协议；正在积极推进菲律宾国家电网特许经营权投标工作；积极推进新能源和可再生能源的开发和利用，投资建成了我国第一个生物质能发电厂；与法国电力公司签署共同开发利用生物质能的合作意向书,得到中法两国政府的重视和支持。

　　五是积极履行社会责任,大力支持社会公益事业,服务社会事业发展。公司向社会发布了中央企业首份社会责任报告,得到国务院领导的充分肯定,引起社会各界的积极反响。积极参与抢险救灾、扶贫济困、助教助学等各类社会公益事业。还明确提出要发展以扶老、助残、救孤、济困为重点的社会福利事业。公司积极落实党中央的部署,专门设立爱心基金,助残、助老、助学,3年时间向中国残联捐赠6 000万元资助6万名残疾人,向民政部捐赠6 000万元资助3万名急需救助的孤寡老人,向中国青少年基金会捐赠1.2亿元在全国农村贫困地区援建300所"国家电网爱心希望小学",展现了中央企业对国家和社会负责的良好形象,引起社会各界积极反响。

(案例来源:国家电网公司企业社会责任网)

案例分析:

　　国家电网公司到2015年已经连续10年在央企中率先发布年度社会责任报告,可以看出公司对社会责任的重视程度。公司从电网的基础建设出发,保障了供电的质量与效率,并且以改善员工、客户、环境等各个利益方的关系出发,将企业伦理与道德建设融合到企业社会责任的履行中,是电力企业中履行社会责任的典范。

第四章 领导者与电力企业文化建设

企业中的领导者不仅是企业的管理者,还是企业文化的缔造者和推动者,在具有垄断性质的电力行业中尤其如此。作为企业文化的缔造者、倡导者和管理者,领导者的价值观决定了企业文化的基调,他对企业文化的支持态度决定了文化建设的推进速度,在管理层面决定了企业文化的建设效果。作为企业文化的示范者,领导者的示范机理主要包括文化传播、风格塑造、制度化和认同感等方面,并有其特殊的显效途径。此外,在当今社会,企业文化创新也是领导者应该重视的内容,电力企业领导者应该通过自身素质提升,不断推进电力企业文化创新。

第一节 领导者是企业文化的缔造者、倡导者和管理者

一、领导者决定了企业文化的基调

1. 领导者促进企业文化的形成

企业文化与企业领导者的作用是分不开的。一个优秀企业需要高素质的企业领导者来塑造其先进的企业文化,因为企业领导者是企业文化建设的设计者、培育者和推动者。一位优秀的企业领导者在企业文化建设中使企业领导者精神与先进企业文化整合成一个有机的整体,使其在企业文化建设中发挥重要作用。一个成功的企业必然有一名优秀的企业领导者。企业领导者是组织生产要素以新的结合,从事创新活动的人员。一位优秀的企业领导者必将自己的文化理念传输给他的员工,达到公司的整合。像英特尔公司的克瑞格·贝瑞特、海尔集团的张瑞敏、联想的柳传志等一大批优秀的企业领导者,无不在塑造企业文化方面表现出巨大作用。所以,企业领导者对其企业形成优秀企业文化起着关键作用。企业领导者是企业特定的成员,具有特殊的作用和地位,决定着企业文化建设的基调。

企业领导者及其个人文化价值标准,在企业经营管理、资源配置和企业文化建设中,起着非常重要的作用。企业的兴衰成败,与企业领导者的作用密切相关。企

业领导者这种对于自身所属群体的社会作用的共识,在一定程度上反映了中国企业经营者在企业建设中具有强烈的历史使命感。因此,企业领导者在企业文化创立与支持方面都起着重要作用,并且随着社会的进步和企业的发展,企业领导者在建设企业文化中的地位和作用越来越突出。

2. 领导者的价值观决定了企业文化的价值观

企业文化是企业共有的价值观,企业文化的建设有助于减少企业内耗,加强合作,目的是对外部的不确定性作出快速的反应,以赢得竞争的优势。从一定意义上说,企业文化就是老板文化,因为高层领导人对商业活动的认识和理解决定了公司的使命和价值观,他们如何把自己倡导的东西转化为制度和流程决定了文化落地和生根的效果。企业领导人综合素质的高低、能力的大小将直接影响到企业文化和企业的特征,企业家的价值取向、道德素质直接决定着企业文化和企业的命运。企业文化就是企业共有的价值观,企业文化的建设就是企业达成共识的过程,这样的目的是为了减少内耗,快速地对外界的不确定性作出正确的反应。不同的企业由于其历史、行业、领导人的不同可以呈现出不同的价值追求。

每一个企业在创业之初都有自己的目标,在长期的发展过程中就形成自己独特的企业文化,更进一步便具有自己的核心价值观。这个过程是漫长的,不是凭空猜想出来的,而是企业的创业者在长期的实际过程中结合社会的环境而提出的,并且在现实中要不断追求的目标。当然这也不是一成不变的,随着时代和社会环境的变化而有所修正,那么这都是企业的领导者所倡导的,要求每个员工去遵循的,所以说领导者决定了企业文化的发展方向。

每一个企业的领导者的价值观引领着整个企业的发展。每一个企业根据自身不同的性质和特点就有自己的价值观念,比如电力设备的生产和建设企业、发电厂以及电能销售企业其目标各有特点,在此过程中,即使是同类企业,也有自身的独特特点,也就形成不同的企业文化。有些追求的是利润最大化,有些追求的是服务于社会,有些追求的是效率的提高,那么,在此基础上,领导者所看重的是什么就指引着下面的员工朝这个方向发展。因为,只有按照领导者所指引的方向去实现所谓的目标,才能使得工作的目标得以实现。

领导人的价值观类型主要包括以下四种。控制型,领导风格以权术伦理为基础,权术伦理认为领导是道德中性的,是根据最终结果来判断达到结果的手段。官僚型,这是基于规则的道德领导风格,官僚行政人员按照体现在理想的组织官僚主义中的理性原则采取行动。集体思考型,这种领导风格的伦理问题在于其实际责任,即集体的企业文化和主导统治群体可能会存在非道德或不道德的思考、行动。变革型,关注他人的成长和自我实现,并根据他们的潜能来评价他们,这种领导风格是道德的,因为它提升了人的行为层次,激励了领导者和被领导者,给双方都带来了效用。

二、领导者的态度决定了企业文化的推进速度

1. 领导者的倡导加快企业文化的实施

每个企业的规章制度和实际执行情况与领导者本身的风格、管理方式、对制度的认识程度和重要性是紧密相关的,不一定每个企业的领导者在企业文化的执行过程中都是言行一致的。规章制度的执行情况和领导者的关系。大多数企业表面看上去规章制度都很完善,好像管理方式很不错,但在实际执行中是否真的按照这样在履行呢?从我国当前食品企业发生的一系列违背道德和法律的事件中我们可以看到,没有一个企业的规章制度上是写的可以干那些事情的,但为什么会发生这些事件呢?这不是哪个员工的突发奇想,也不是哪个班组长觉得要为企业采取其他方式谋取更多的利益,这些都只能是企业的领导层作出的指示,而员工则只能去执行,这与建立的企业文化是背道而驰的,比如,个别大型企业在外树立的形象是健康向上的,但在生产的产品中对人民的健康却是有害的,这就让员工感到企业文化建设是虚有的外壳。

领导者的管理方式和素质的关系。随着社会的突飞猛进,科技的高速发展,我国国内企业对管理人才的需求逐渐增多,随着对先进管理知识的引进和学习,企业领导者也都受到影响,但实际中的情况却是领导者的管理方式和水平参差不齐,当前流行的一句话是:"学历高的往往是给学历低的打工的。"因为,很多没文化的人早早地步入社会,在社会中摸爬滚打,积累资金,一步步把自己的企业发展壮大,自己一个人再也管理不过来的,所以就开始所谓的广纳人才,但是一旦吸纳了这些人才进入企业,他们却不懂得去合理听取他们的建议,而是仍然我行我素,要求这些人的唯一工作就是执行自己的决策,最多就是自己企业的高级打工者,而不是合作者。这一点就说明企业的管理方式与领导者所接受的管理科学方面的知识有着必然的联系。

2. 领导者掌握着企业文化的发展方向

企业文化既是企业发展的动力,更是管理企业的工具。企业文化不是一成不变的,总的来说它要随着企业的外界竞争环境变化而变化。这样的时候,企业领导人必须懂得用文化的变化来配合或推动战略的转变。不同的领导者对企业文化的发展方式是不同的,有些保守的领导者小心翼翼地一步步去实行变革,要求在潜移默化中慢慢的调整企业文化的发展方向。相反,有些领导者却大刀阔斧激进式地实行变革,要求在很短的时间内实现企业文化的巨大变革,这样,领导者的风格和对市场对社会的认识程度和敏锐的洞察力就决定了企业的发展方式是否妥当。

企业文化的发展方向是否正确,这是无论做什么事情都首先要考虑的,企业也不例外,没有明确的发展方向的企业就像一只在大海中任其漂泊的船只,永远到达不了彼岸。那么,在整个确定企业文化发展方向的实际过程中,领导者的作用都是起关键性的,起决策性的,这就需要结合世界市场和本身所处的环境、社会道德观念

等诸多复杂的因素。在这样的决策中,虽然有些员工也有自己的建议权,但最终作出决定的只能是领导者,即使你有最好的建议,如果领导者不采纳你的意见,仍然按照自己的判断力去行事,那么你的建议是不起任何作用的。所以,方向是否正确,前途是否广阔,企业文化是否合乎现实,都是领导者的决策在起主要作用。总之,企业文化的发展方向仍然是领导的认可和判断。

从以上企业文化的培养、推动、实行、发展的过程中,我们可以深切地体会到,领导在一个企业的企业文化建设中所起的作用是最重要的。不论其文化是否正确健康,合乎情理,不是员工左右的,特别是在那些中小型企业中,也就叫"老板说了算"。再加上我们国家整体企业的管理水平落后,对员工与领导之间的关系的认识的差异,也就造就我国大多企业特有的文化,基本上就是老总的意志决定一切,员工的工作就是执行指令。在这种思想观念的影响下,领导的人生观、价值观和对整个企业的认识就构成其本身的企业文化。因此,领导者的认知和其企业文化的建设是紧密相关的,可以说不同的领导者就会塑造不同的企业文化。

三、领导者的管理决定了企业文化建设的效果

企业领导者对企业文化的建设效果体现在发挥各种组织的功能作用上。企业作为一种社会经济组织,一般都具有较完备的管理组织,这是企业领导者发挥组织作用建设企业文化的有利条件,特别是发挥领导者的核心作用。企业领导者对企业各部门担负着领导责任,他们分工领导,发挥各组织的功能作用,并将企业文化建设融入企业发展战略、生产经营管理和精神文明建设之中。

1. 组织管理是基本保障

制度建设是形成企业文化的关键环节。每一个企业不论采用何种管理方式,都有自己的规章制度。那么,在建立这些规章制度的过程当中也就渗透了其自身的文化、理念、价值观念。这些制度有些是按照员工的意见和建议制定出来的,有些是经过实际调查做出的,但也有很多是根据领导者的是非观念和追求的目标所制定出来的。特别是对于那些中小企业更是如此,谈不上搞什么调查和员工访谈,基本上就是按照所谓的班子领导商量讨论的方式制定出自己企业的规章制度。

企业文化建设离开了企业领导者的领导、组织、宣传、教育、完善和强化,是不可能达到预期效果的。企业文化是现代管理思想和管理观念的概括和反映,是具有时代特征和本企业特色的价值理念体系。企业文化建设的组织作用不是传统体制下的厂长(经理)所能发挥的,只有具备企业领导者素质的厂长(经理)才能发挥建设企业文化的领导者和组织者作用。因此,在企业文化建设中,企业领导者起到领导者和组织者的作用。

当然,类似电力企业这样的国企,企业领导者还应该在发挥好各组织对企业文化建设的功能作用时,勿忘记发挥党政工团所起的组织作用。企业党委书记是企业

文化建设的主要角色,体现在企业党组织和决策层对企业文化建设的组织和协调作用上,党委对企业的生产经营、企业的物质文明和精神文明建设、企业行为的引导等都起着很重要的作用。工会是党领导的最广泛的群众性组织。它所代表的职工利益,同企业领导者的利益是一致的。它是企业领导者联系群众、沟通上下关系的桥梁和纽带。发挥工会的组织作用是企业文化建设功能作用的重要组成部分。为了提高企业文化层次,工会组织开展健康向上的、雅俗共享的、丰富多彩的文化活动,可陶冶员工情操、创造良好的文化氛围,激发员工的工作热情,增强企业的凝聚力和向心力,使企业文化建设有了群众性基础。共青团组织与工会一样,都是企业文化建设的重要力量。共青团组织在企业文化建设中,能创造积极的舆论环境和心理环境,能支持和协助企业党委和行政领导排除企业文化建设中的障碍。关键是,企业领导者组织企业文化建设,如何把建设企业文化的作用力分解在各部门,使之形成合力、密切配合、分工协作,要求各部门围绕生产经营管理和思想政治工作等环节,开展企业文化建设。这样,企业领导者对企业文化在各部门的组织功能作用才能真正发挥出来。

2. 人力管理是关键要素

人、财、物是企业经营的三要素,其中人是最重要的因素。没有高质量的职工队伍,不可能生产出具有高新技术的产品。松下幸之助常说:"出产品前先出人才""人才是企业的主角""职工是企业的支柱""珍视头脑资源""人才就是人财"等等。松下幸之助还说:企业即人。企业兴衰,关键在人。

企业能否发展,在很大程度上取决于是否具备一支高素质的员工队伍。可见,企业领导者在企业文化建设中所起的作用之一,就表现在对人力的支持上,要把对人的管理放在首位,也就是通过人本管理来塑造人本型企业文化。企业领导者对企业中的人本管理,确立人在管理过程中的主导地位,围绕如何调动人的主动性、积极性和创造性去开展企业的一切管理活动。通过以人为本的企业管理活动和以尽可能少的消耗获取尽可能多的产出的实践,来锻炼人的意志、脑力、智力和体力;通过竞争性的生产经营活动,达到完善人的意志和品格,提高人的智力,增强人的体力,使人获得超越于生存需要的更为全面的发展,实现企业文化建设与物质生产经营相统一。

企业领导者要认识到智力资本在未来信息时代的价值。人才作为职业社会的优秀者,谋求与企业的共赢发展是其追求。企业领导者必须改变自己的思维模式,把人才从单纯的人力资源里解脱出来,赋予其与企业利益均沾的权利与义务。这样,人才就能真正融入企业,企业就有可能和人才具有协调一致的价值观,并自觉融入到企业文化中去。企业领导者与人才建立沟通、理解、融洽的关系,争取人才对企业领导者、企业本身的发展前景认同,这样才能发挥企业领导者对人才的支持作用,形成人才、企业领导者和企业相互融合的人本型企业文化。

企业领导者在塑造人本型企业文化中,加强对人力的支持,要创造更好的培训、教育条件,使人力得到全面发展,促进文化建设。一个能立于不败的企业必然注重人才、爱护人才。本来,企业文化建设就是由人来实施的。历史也是由人来创造的,企业的发展是由全体员工努力的结果。

3. 效率管理是核心竞争力

现代的竞争越来越表现出时间的竞争。这就意味着"速度就是一切"。美国思科系统公司的企业信条是"在未来的商场中,不再是大吃小,而是快吃慢"。随着现代技术研究开发的竞争日趋激烈,研制的时间越来越短,产品市场寿命周期也越来越短,顾客又越来越期望得到快捷服务。另外,网络信息技术的迅速发展,使产品进入市场的时间大大减少,也大大降低其进入市场的门槛。可见,当今企业领导者的速度意识,乃是企业领导者所支持的企业文化建设的重要因素,必须培养形成一种速度型的企业文化。

企业速度文化,强调的是营造快速、充分发挥员工的知识和智能效率的企业文化氛围,建立为适应快速变动的市场环境的最快速的反应机制,及时、主动地抓住不断变动的信息流中所包含的商机。一个成功企业的企业领导者的重要作用之一就是建立这种由效率支持的速度型企业文化。一些企业领导者认为,成功的企业就是能够创造出比其他形式更快的速度和更高的效率。没有速度与效率,企业的交易成本就会高。企业领导者之所以在速度与效率方面产生作用,越来越重视速度与效率,主要是因为全球性市场竞争的需要。未来的企业只有重视速度与效率,才能捕捉到更好的市场机会,才能以更快捷的方式、更优惠的价格,把产品或服务提供给客户,从而赢得客户、赢得市场和赢得竞争。所以,速度文化是企业生存的保险器,是推动企业发展的加速器。企业领导者对企业文化的效率支持,是在速度文化的引导下,通过创造精干高效的组织运行机制,加快工作节奏,提高工作效能,实现产品质量、工作质量、客户满意度和经济效益的全面提高。

第二节 领导者的示范作用关系企业文化建设成败

企业文化建设成败的一个重要因素是该企业的领导者发挥怎样的示范作用,本节主要分析这种示范作用具有哪些作用与以及达到这些作用的途径。

一、领导者示范的作用

领导者的示范效应具有一定的规律及特点,主要包括客观性、实践性和两面性。客观性。企业领导者示范作用的客观存在,不仅表现在示范的主体上,而且还表现在领导者的示范过程中,对被领导者产生的示范效应也是客观的。这一客观性突出表现在人的心理模仿规律上。一位著名的心理学家指出："当个体感知别人行为时,便产生实现同一行为的愿望,随之而来的便是模仿的趋向。"①领导者示范作用具有一定榜样的作用,模仿、趋从便是这一作用感染力所产生的效果。例如,2008年"5.12"汶川地震,造成了重大的人民生命财产损失。大庆石化在赈灾捐助中,领导者带头捐钱,在企业捐助史上是最多的一个企业。这其中很重要的原因就是领导者示范行为产生了很强的感染力的结果。

实践性。领导者的示范作用体现在被领导者通过领导者示范实践获得感性认识,从中受到感染力和激励力,从而实现思想和行为的同化。例如,20世纪60年代的铁人王进喜和新时期铁人王启民等优秀代表,以"铁人"的示范作用不仅带动了一批开发建设大庆的老会战,也鼓舞了今天的大庆人。

两面性。领导者的示范作用具有两面性,体现在大多数领导者工作中都能够成为群众的"带头人",但也有少数领导者严重脱离群众,"四风"问题严重,沦为企业发展的"绊脚石"、群众工作的"挡道者"。

具体来说,领导者的示范作用对于企业文化建设的意义主要体现在以下四个方面。

1. 示范效应促进认同感

企业文化要发挥功效,就必须被组织成员所接受,并且内化为组织成员自己的观念和行为,在这个内化过程中,领导者的示范效应发挥着重要的作用。所谓领导,就是带领和引导之意,这里存在一个前提,即领导者能够身体力行、树立榜样。组织中不存在脱离文化的管理思想,领导者在组织中的各项职能都会受到企业文化的影响。与此同时,领导者在组织中所处的特殊地位又决定了他的言谈举止能够对组织及其成员发挥重要的示范效应。因此,企业文化通过领导者在制定目标、计划、组织和控制过程中所树立的榜样和形成的示范效应,展示给组织成员,进而被组织成员认同、接受和内化吸收。例如,在苹果公司发展中期,乔布斯的经营理念没有得到其他管理层的认同而被迫离开公司,1997年乔布斯重新执掌苹果大权,并进行了大刀阔斧的改革,一种新的企业文化在苹果公司内部逐渐形成,并且获得了企业的高度认同,苹果公司才逐渐走出困境,进入新的发展时期。

2. 领导示范加快企业文化的传播

企业文化是从组织创始人的愿景和使命发展而来的,在这个过程中文化创始人首先需要对自己的愿景和使命进行阐释,使组织成员相信他的假设与组织的目标是一致的,并且能够促进组织的生存和发展。当这些假设被证明有效时,就会被组织成员所接受,并转化为企业文化,进而保留下来。此外,领导者身上无时无刻不体现着企业文化,他的言行举止、处事方式等都在向组织成员传达着某种企业文化。组织成员在与领导者的日常接触过程中,会逐渐地受到这些文化的影响。

---

① 张莉. 部队思想政治工作中典型教育存在的问题及对策. 华中师范大学硕士论文. 2009.6.

3. 加快企业文化的制度化

企业文化是组织内部一种虚化的元素,这种虚化的元素要发挥功效,除了被组织成员接受之外,还必须落地生根,也就是实现"制度化"。领导者是企业文化"制度化"的推动者,他首先对企业文化进行条目化解释,使其转化为组织的规章制度和行为规范;然后带领组织成员共同遵守这些规章制度和行为规范,因为只有领导者率先践行,其他组织成员才会自觉遵守。因此,可以说,领导者是企业文化"制度化"的第一关键要素。例如,1984年张瑞敏出任青岛电冰箱总厂厂长,为了唤醒员工的质量意识,他带头砸毁了所有质量不合格的冰箱。在接下来的一个月里,张瑞敏给全体员工召开了一次又一次的会议,讨论的主题只有一个,即"如何从我做起,提高产品质量"。这一系列措施使全体员工感受到了企业领导者对产品质量的重视,追求产品的高质量由此成为海尔的一项"硬制度",并且在1988年,海尔率先获得国内冰箱行业国家质量金奖。此后,尽管海尔产品的种类不断增加,产量不断攀升,不变的是产品质量始终在高水平上保持稳定。张瑞敏与海尔初创时期企业文化的关系,充分体现了领导者对企业文化建立的重要意义。又如,章丘发电以全面贯彻落实《构建教育、制度、监督并重的惩治和预防腐败体系实施纲要》和五年规划为主线,通过不断营造风清气正的舆论氛围,有力地推动了公司党风廉政建设不断取得新成效,为公司稳定快速发展营造了良好的文化发展环境。

4. 领导风格塑造企业文化

企业选择的文化类型,无论是有意识还是无意识,均取决于领导风格、行业态势、企业发展阶段、外部环境等多个方面的因素,其中,领导风格是最重要的一个因素。领导风格的划分跟企业文化的类型,既相互存在联系又有细节方面的不同。首先,领导风格与文化类型大致上是相互对应的。一个推销式的领导者风格会同时推动组织向搞关系和高工作目标发展,从而整个组织容易向共生型文化发展。反过来,一个情感型领导者的管理风格会影响组织向参与式或授权式的风格转变。其次,领导风格和文化类型的对应并不严格,比如,GE公司从长期来看应该是以情感型文化为主的,可是韦尔奇以强势的推销者风格成功领导了这个组织20年。最后,企业文化与领导风格一样,一旦成型,则较难改变。一个企业在考虑提升企业文化的时候,首先想到的应该是巩固现有的正面型文化、防止负面型文化发生。其次才能考虑两种不同文化之间的转变。所以,企业文化与领导风格的联系千丝万缕,交缠纠结。因此,提拔管理者就要像招聘新员工一样,先掂量掂量他的风格是不是适合企业文化发展的需要。

二、领导者示范的显效途径

1. 注重日常行为的身体力行

企业高层是企业文化的策划者、倡导者、实践者、变革者,他的一言一行、一举一动都对企业文化产生着潜移默化的影响。我们经常说,企业的竞争是人才的竞争,这样说有点笼统,更可能是企业的竞争在于最高领导者之间的能力的竞争,在于他们的大脑和手腕的竞争。"大脑"指的是老板对商业活动的认识,对企业使命、对人性假设的认识等的认识,也就是他们的世界观和价值观,不同的境界会把他们的企业带到不同的高度;"手腕"指的是领导人如何把自己崇尚和倡导的价值观通过科学的管理落实在制度和流程上,坚定不移地长期在企业内部推行和贯彻。身体力行也就意味着言行一致,要使领导者示范作用产生威力,一靠真理的力量,二靠人格示范的力量。"两力"有机结合才能使领导者具有真正的示范力量,才能产生健康良好的示范作用。

1980年,刚刚45岁的韦尔奇正式接替琼斯,成为GE近百年历史中最年轻的董事长和CEO,他上台后第一件事就是重塑了GE的企业文化,引入了"群策群力"和"没有边界"等价值观,并指出要毫无保留的发表意见,每年还召开数万名职工参加的大家出主意会议。韦尔奇还身体力行,通过"全员决策"制度,经常与平时很少彼此交流的同事一起讨论工作。在他的带领下,公司的官僚主义遭到了重创,对员工也产生了良好的心理影响,增强了他们对公司经营的参与意识,打破了旧有的观念和风格,韦尔奇本人也经常深入一线了解情况,所有员工都直呼其名,亲切地叫他杰克。

2. 争取成为道德榜样

领导者要保持清正廉洁,不贪污腐化,执政为民,团结务实,发扬民主,认真解决人民群众关注的现实问题,努力实现最广大人民的根本利益。只要这样,领导者才能有"浩然正气",才能增强示范作用。例如,2012年大庆石化公司炼油系统大检修,在当时的检修现场,每天都有千余名干部员工交替奋战,各级党员、党员领导干部坚守检修现场,每天8小时工作日自觉地被大家更改为未确定时间的工作日,也许是12个小时,也许是16个小时。这样的以身示范就是最好的带头,才有圆满完成建厂以来首次全厂大检修的结局。领导的示范带头作用,使员工群众的怨言少了,工作劲头足了。

做到清正廉洁、言行一致,只是有了自我完善的前提和基础。领导者在当前企业改革发展过程中,要推动企业发展前进,仅仅做到"洁身自好",当一个"太平官"容易,但企业就会停滞不前,直至不能生存。要实施改革措施,就要向旧的和不适应企业发展的机构、冗员开刀,这样必定会招致反抗,这就要领导者无畏。具有这种无私无畏的精神和领导风范,才能使领导者示范作用产生威力和巨大的生产力。另如,沃尔玛的创始人山姆·沃尔顿一直保持着良好的节俭行为,他在退休后还依然开着几年前的旧货车,依旧光顾5美元的小理发店,他的儿子和他一样,在成为董事长之后,依然住在不起眼的老房子里,沃尔顿家族就用这样的作风,经营着沃尔玛帝国,曾经一度包揽了全球富豪榜前十位中的五位。

3. 对企业文化的关注、管理和控制

当企业文化初步成型之后,领导者通过影响组织的战略、结构、员工工作方式和人际关系等,成为企业文化发展的内在动力和组织核心竞争力的源泉,以至于美国管理学家埃德加·沙因曾说:"领导者所要做的唯一重要的事情就是创造和管理文化,领导者最重要的才能就是影响文化的能力"。组织领导者主要通过以下七种方法进一步增强企业文化,并促进企业文化发挥作用:(1) 领导者重视、调节和控制企业文化;(2) 领导者对重大事件和组织危机作出反应;(3) 完善成员招雇、选择、培训、提升、退休和解雇等各项标准;(4) 领导者对文化结构、资质体系的运作程序进行调整;(5) 有对文化的宗旨、纲领和章程的正式说明;(6) 在企业的发展过程中,它的文化需要不断地更新以适应内外环境变化的需要,这就需要组织领导者对组织文化进行诊断和鉴别。对仍然有效的文化成分需要巩固和强化,对已经无效甚至阻碍组织发展的文化成分应该剔除和更新。(7) 干预企业"亚文化"。为了适应当地环境和服务对象的特点,在各分支机构内部都会形成与自己业务特点相适应的"亚文化"。企业内部"亚文化"的产生和壮大,会削弱组织整体文化,所以要适当加以干预和规范。比如,IBM 公司的汤姆·沃森在接管公司的时候只有 38 岁,他提出了 IBM 的三大价值观:尊重员工、用户至上和追求卓越。可能有一段时间,白领员工异地调动频繁,大家形成了小范围内容的不健康的亚文化,戏称 IBM 代表了 "I've been moved",沃森发现这种现象后,果断决定,如果不能大幅度提高员工的薪酬,就不要异地调动,这体现了沃森对不良"亚文化"的管控能力。

4. 用心塑造企业文化的可见与可听处

企业文化既是可见的又是不可见的,既是正式的又可以是非正式的。外部的人可以通过观察、倾听和与处于这一文化中的人的互动来评价企业文化。以下一些方面是企业文化中可见、可听和可判断的主要内容,领导人应注意在这些方面有意识地去用心塑造。

① 组织的办公环境;
② 公司的文化手册;
③ 观察和测试公司怎样接待陌生人;
④ 观察人们怎样花费时间;
⑤ 理解职业升迁路径;
⑥ 注意职位任期的长度、特别是中层管理者的任期长度;
⑦ 注意组织内流传的趣闻逸事和故事。

再以沃尔玛为例,山姆·沃尔顿提出的口号就是"谁是第一?顾客",他说明了沃尔玛"让顾客满意"的经营文化目标,是沃尔玛企业文化的核心内容。他还亲自教导员工要在顾客走到十英尺的时候,温和地看着顾客的眼睛,鼓励他向你求助,这一条称之为"十英尺态度",成为员工的行为准则。正是这种从可见处强化不可见的无形的力量,推动着这家有100多万员工的巨型公司的发展。

5. 不断自我提升

领导者示范作用的产生和不断增强,并不是当上领导就会有,就会增强,也不是有了就不会没有,不会不强,而是一个不断提升的实践过程。在这个过程中要注意两个方面。一是要注意"主动性"。作为企业的管理者,企业领导者的工作量大、事务繁多,"主动性"稍一松弛就会放松了自身的学习,丢掉自律意识,久而久之就会减弱领导者应有的示范作用。因此,领导者应该不断增强自身主观能动性、自律性、不断提升自身素质,在员工群众中的示范作用才能持久。二是要注意方法。领导者掌握运用科学的世界观和方法论,也是一个不断在实践中深化和适应客观规律的过程。如在学习上,强调学以致用,"空谈误国,实干兴邦",说的就是反对学习和工作中的"空对空",强调的是学以致用。讲领导者工作要抓住主要矛盾,要学会以点带面,抓两头带中间等工作方法,要不断学习,不断实践,在行动中形成自觉,领导者的形象才能高大,给人以示范。

第三节 领导者的素质提升推动文化创新

一、企业文化创新

1. 内涵

企业文化创新,简单地说,就是以提高企业文化绩效为目标的企业文化的提升或重塑的活动与过程。这里要说明的是,企业文化创新并不是指整体推倒重来或是标新立异,而是指一种文化上的兼容、吸取、整合、重构。企业发展阶段上的不同决定着企业文化内涵上的差异性。企业文化创新的实质在于企业文化建设中突破与企业经营管理实际脱节的僵化的文化理念和观点的束缚,实现向贯穿于全部创新过程的新型经营管理方式的转变。企业文化创新的核心是要重构企业文化中的精神文化,使企业内部形成求新求变的共识,使全体员工的精神能量得到充分释放和发挥。面对日益深化、日益激烈的国内外市场竞争环境,越来越多的企业不仅从思想上认识到创新是企业文化建设的灵魂,是不断提高企业竞争力的关键,而且逐步深入地把创新贯彻到企业文化建设的各个层面,落实到企业经营管理的实践中。

2. 重要性

企业文化创新既是企业生存的基本需要又是推动企业发展的内在动力。

二十一世纪竞争胜利的企业只能是那些学习型组织,最终的竞争优势取决于一个企业的学习能力以及将其迅速转化为行动的能力。这对于电力企业同样适用,我们只有立足推陈布新,挖掘潜力,提升原有的企业价值观和企业文化,才可能在未来竞争格局中稳固自己的位置。

创新是企业文化建设不可或缺的文化因素。在当今经济发展全球化的背景下,企业呼唤创新型文化,创新的作用得到空前强化,创新变成了企业生命的源泉,创新性和灵活性比起生产规模或成本来,都显得更加宝贵。在激烈竞争的信息化时代,成功的企业领导者往往是那些敢于冲破传统游戏规则、敢于大胆创新、不畏风险的市场经营者。中国企业,在过去传统计划经济体制下,很多经营者面对的是确定性的市场;而对如今的世界经济一体化的市场经济体制,未来似乎是不可预测的,是充满着不确定性的。如果要解释中国的海尔、日本的索尼、美国的IBM和微软的成功在哪里,真正应重点研究的是他们善于创新的特点、企业领导者的创新意识,研究他们如何确保本企业有充足的拼搏能力,研究他们如何追求更好地、创新性地利用资源,而不是他们的共同的传统文化特征。

企业文化创新是企业危机意识、生存意识和发展意识的集中体现。企业的发展来自企业内部自身的创新性。企业只有创新,才能生存,才能发展。企业领导者注重创新、倡导创新,让创新思想渗透到企业上上下下人员的意识深处,并转化为员工的行为习惯。这就是创新型企业文化。创新型的企业文化就是不断摆脱过去、摆脱过时和落后的文化,就是不断吸收新因素、适应新环境、创造新市场的文化。国内外众多成功的企业证明,企业领导者是整个企业创新的主宰,是经济战场上的创新主帅,是促进企业发展、创新与变革的强大推动力。综观国内外一直不断成长、经久不衰的企业与其企业领导者,如IBM与汤姆·沃森、微软与比尔·盖茨、摩托罗拉与保罗·高尔文等,这些企业的发展无不与其创新型企业文化息息相关,无不是其企业领导者的创新支持所发挥的作用。

例如,海尔集团把"创新是企业的灵魂,是企业持续发展的保证"奉为企业精神。联想的柳传志也非常喜欢"求实创新"这四个字,把这四个字始终写在联想集团的大门上,他说没有创新不行,没有求实精神也不行。这种创新精神体现在反思、求变上,他认为如果缺乏这种反思创新,就会出现一个看上去欣欣向荣的企业突然垮掉的现象,正是在这样一种理念的指导下,柳传志塑造了联想集团文化创新。

二、提升领导者素质加快文化创新的途径

人是文化的主体,所以企业文化的创新应坚持以人为本,所以领导者也应该确立以人为本的领导方式,这是领导素质提升的核心内容。其次,领导者还应该不断做好自己的角色定位来丰富企业文化的内涵,通过强化人才管理水平来发挥人才的竞争力与团队协作力,通过不断学习来提升自己的文化管理能力。

1. 确立人本主义的领导方式

企业文化创新的目的是为了提高企业内部凝聚力和外部竞争力,从而推动企业的全面进步。人本管理思想的核心在于民主、公开、公正、公平,这里的"人"应包含全体员工。通过有效激励来充分发挥全体员工的主动性、积极性和创造性,以最大限度挖掘人的潜能,来实现个人目标和组织目标的契合。人本主义就是突出对员工的感情。没有感情就没有水平。感情是基础,怀有感情去工作就有执着的热情和动力。要热爱我们的员工,他们是企业生存发展的创新源泉。企业领导更应有心系员工的感情胸襟和境界。凡涉及员工利益的事情不能小看,而要躬行解决。领导要以解决员工的困难来证明自身存在价值,从而体验工作责任的快乐感。比如,美国的IBM公司就认为,企业成功的最大的秘密在于"卓越的企业伦理",一个职工只有当他被看作是高尚的人而受到尊重、受到依赖时,企业的价值才能展现光辉。通过富有感情交融气氛的管理方式激发员工的工作欲望和工作热情,不仅是企业文化建设的手段和方法问题,更是企业文化建设的指导思想和价值观。又如,在国华电力实现跨越式发展的背后,领导者通过将"以人为本"的理念与提高效能的管理相统一,贯穿于生产、经营、管理、实践的全过程,注意用先进的文化引导人、教育人、尊重人、塑造人,正确处理好股东、员工、顾客、公众的利益关系,广采博取,集思广益,保护股东利益,尊重员工智慧,获取与顾客双赢,铸就了"国华电力"品牌。

2. 做好领导角色定位

企业家张瑞敏就自己所充当总裁角色说,"第一是设计师,在企业发展中如何使组织结构适应企业发展;第二是牧师,不断地布道,使员工接受企业文化,把员工自身价值的体现和企业目标的实现结合起来。"[①]所以,企业领导在企业文化建设中起着创造者、培育者、倡导者、组织者、指导者、示范者、激励者的角色。因此,要创新企业文化,领导班子必须明确角色定位。

角色定位的一个重要方面就是突出对员工的态度。态度决定一切。美国出版有一本书叫《鱼》。书中有一句话很有哲理:"我们不可能每天改变我们的工作环境,但是,我们每天可以改变我们的工作态度。"始终保持乐观向上的积极工作态度,工作的成效就不一样。领导不论事多忙事多难,要保持与员工的近距离联系。与员工接触走巡回,不是一种走马观花袖手旁观,而是一种亲切可爱解决问题,给员工一种心灵上的安慰和工作上的鼓励。领导关心我们的员工,员工就会关爱企业的产品,产品就会满足顾客需要。这是现代企业无形资源与有形资源的一种情感链的传递,它体现领导在企业文化中的创新内涵。

---

① 胡泳.张瑞敏谈管理[M].浙江人民出版社,2007:68.

3. 努力激发团队协作潜力

现代企业间的竞争主要是人才的竞争,也是企业凝聚力的较量。团队员工的共同愿望和价值系统对企业有很重要的影响,当好的价值理念、好的愿望在员工心目中不断强化,形成该群体的一致行为后,团队力量才能聚合和发挥出来。因此,企业领导要重视团队意识的培养,强化部门之间的协作精神和合作氛围,倡导把个人利益与企业整体利益融为一体,把"企兴我有利,企衰我有失""爱事业,爱企业,爱岗位""视企业如家"的理念变成员工个人的自觉行动,做到"人人心中有企业,上下左右一条心,拧成一股绳",充分调动员工的积极性与创造性,培养团队精神,增强团队合力。事实证明,企业只有形成了优秀的企业文化,企业的价值观、目标和信念才能得到员工的认同,才能挖掘团队协作的巨大潜能,劲往一处使,力往一处发,打造一支战无不胜的员工队伍。

4. 重视人才的个性特色

这就是要突出对员工聪明才智的展示。利益是一种需求,有才能的员工没有给他提供展示平台是一种自我需求的压抑。企业生活文化就是要采取组织技术讲座,开展操作练兵,构建擂台比武,评选工人技师,拓展才艺展示等形式,创造一种人尽其才,能尽其用的机会。当员工的自身价值和能力得到认同和发掘时,它的创造力就更能体现出来。

5. 通过不断学习强化知识管理

企业要生存与发展,提高企业的核心竞争力,领导者就必须带头强化知识管理,建立学习型组织,从根本上提高企业综合素质。首先要塑造学习文化,不仅领导者要直接倡导和参与学习型组织,干部职工也要积极参与企业文化活动的各项创建,营造浓厚的学习氛围;还要组建知识联盟,搭建干部职工学习平台,提高学习型组织的知识再造、自我发展和系统思考能力,从而推动企业综合素质的提升。企业文化体现了一个企业的风格、特色和价值观念,因而企业文化创新更应反映出一个企业的个性特点。无个性也就无形象,在未来市场竞争日趋激烈的情况下,企业没自己的经营特色,产品与服务没有特性,管理没有独特气质,就很难区别于同业竞争对手。好的企业气质,就是企业的无形商标,就是企业的广告,就是企业的商誉,就是企业宝贵的无形资产。比如,国电云南公司坚持文化铸企、文化强企的方针,以创建学习型企业为载体,不断提高企业和员工的学习力、创新力,并通过领导垂范与员工自觉统一,构建了上下同欲的企业文化。

三、电力企业领导者与企业文化建设

在当前,电力企业与一般的企业相比,在性质上和组织方式上都有其自身的特色,如大部分的电力企业具有垄断性、公益性等性质,所以更应该发挥企业领导者在企业文化建设中的关键作用,发挥其在企业文化建设中的主导作用,抓住其精神实质领会其精髓和精华,使其在发展过程中培养企业良好的传统和作风,成为电力企业的无形财富。

1. 电力企业领导者在文化建设方面的基本任务

电力属于公共服务性行业,担负着重要的社会职责。电力公司在建设和发展中,要始终把用户的利益放在首位,始终坚持"社会效益高于经济效益,服务价值高于产品价值"的价值理念。

在推进企业文化建设的过程中,电力企业的领导者要体会到文化推进是一项入心入脑的工程,需要长期的、不懈的努力,并且需要对文化不断地进行创新、挖掘、凝练才能赋予文化以新的内涵和生命力。

领导者在电力企业文化建设中的基本任务是通过文化的力量和精神的作用,为企业发展提供精神动力、智力支持和思想保证,以充分调动员工的积极性、创造性、促进企业深化改革,强化企业经营管理,提高企业总体素质,增强企业活力,不断提高电力企业的经济效益和社会效益。

2. 基本原则

电力企业文化应坚持领导倡导与群众参与相结合的原则。从某种意义上说,企业文化是一种经营管理者文化。企业领导班子就是企业文化建设的组织者、倡导者,但企业文化的另一个重要方面就是强调群众性,员工群众是企业文化建设的最基础、最根本的力量,需要广大员工群众的广泛参与和生动实践。只有抓住这一原则,才能抓住企业文化建设的重点和本质,才能建设好独具特色的企业文化。还要坚持文化营造与经营管理相结合的原则。企业文化是一种新的管理理念,它是为提高企业管理水平,实现企业的战略目标,促进企业持续、稳步、健康发展服务的。企业文化建设只有紧密结合企业经营管理,才能产生强大的生命力。

改革开放三十多年来,电力企业的领导者在市场经济的激烈竞争大潮中,始终保持清醒的头脑,坚持一手抓经营生产一手抓企业文化建设,坚持对员工进行"崇尚科学思想,民主意识,竞争观念,文化行为和奉献精神"的灌输,在开展企业文化活动过程中,始终围绕以生产经营为中心,党政工团齐抓共管,把企业文化渗透到企业的各项具体工作,贯穿到企业的发展战略、生产经营和营销过程中。与此同时,企业文化建设同企业价值观,企业精神的境界、职业道德行为规范的教育,以及员工的培训切实结合起来,通过思想教育和文化活动的熏陶感染,取得潜移默化的效果,推动了电力企业文化的不断创新发展,也是电力企业开展有中国特色企业文化的具体体现。

目前在不同的电力企业中形成了众多优秀企业文化的案例,表4-1列出了其中特等奖的名单,其主创者都是各电力企业集团的领导者。

表4-1　2010年度全国电力行业文化与企业文化优秀成果特等奖名单

奖项	创造单位	成果名称	主要创造人	参与创造人
特等奖	国家电网公司	建设统一企业文化促进公司科学发展	刘振亚	曹志安、王敏、王颖杰、李凯、姚立新
特等奖	中国华能集团公司	培育三色文化铸造华能品牌	曹培玺、黄永达	那希志、王永夫、张克宗、杨晖
特等奖	中国大唐集团公司	打造大唐特色同心文化引领企业跨越发展	王万春	刘峰彪、黄源、杨柳
特等奖	中国华电集团公司	以《华电宪章》为核心的华电文化的创建与实践	云公民、李庆奎	辛保安、曹伟、徐耀强、马志国

3. 领导者在电力企业文化建设中的作用

随着电力体制改革的不断深化,电力公司的领导者深刻认识到,企业要在激烈的市场竞争中立于不败之地,就必须建立先进的企业文化。实践证明,进行具有电力特色的企业文化建设,企业决策者的作用显得尤为重要。在此,应十分重视企业领导者在企业文化建设中的作用。主要包括以下四个方面。

(1)组织发动作用。作为垄断性行业的企业,电力企业文化建设要从上到下,由各个总公司来统一倡导,各个电力企业领导者组织发动,党政领导从各自的工作目标和方位出发,在大力宣传群众、教育群众、号召群众的基础上,将本企业的企业文化建设作为统一目标,在造成一定的舆论氛围和集中广大职工群众智慧的前提下,对企业文化建设的内容予以审定。进而,企业文化的贯彻实施更要通过领导者来倡导和布置,所以,企业文化建设水平的高低不仅反映了企业职工队伍的思想政治素质,而且更直接地反映了企业领导者的思想水平、政治水平和政策水平。这就说明了电力企业领导者在企业文化建设中的组织发动作用是至关重要的。

(2)集体导向作用。电力企业领导者在企业文化建设中具有特殊作用,同时,电力企业文化领导者的决策与其领导特点绝不是孤立的,也不可能是主观产生的,必须发挥公有制企业领导在集体导向中的作用。首先,它是企业群体人格的集中体现,在它的背后有其赖以产生、形成并发挥巨大作用的职工群体基础;其次,企业领导者本身也是一个集体、党政工主要领导人往往集中了领导班子全体人员的智慧、精神和创造力;再次,企业领导者的精神风貌与领导特点,是时代精神的一个侧面,是时代精神在企业行为中的反映,时代不同,企业领导人的精神风貌和领导特点便各有不同。

(3)文化意识的引领作用。电力企业属于基础性企业,职工多为技术人员和工程师,人文素养普遍较低,所以领导者文化意识的强弱,决定着对建设企业文化的认识,态度与自觉性,对企业产生重要的作用。同时,电力企业还存在着许多意识层面的问题,对电力企业文化建设的必要性和紧迫性认识还不那么足,由此严重地阻碍着企业文化建设的顺利开展,这样就会影响到企业的进步,因而作为企业领导者必须要增强浓厚的文化意识,通过文化意识层面的引导,带领职工群众积极建设有电力行业特点的企业文化。领导的认识和自觉性决定了文化发展,要从战略的高度,从企业发展的远景出发,由浅入深,由少到多地以浓厚的文化意识来主动地抓好这项建设。

(4)率先垂范的带头作用。电力企业建设企业文化,企业领导者率先垂范的带头作用是不可低估的。因为作为企业的灵魂人物,对企业文化建设这项新的工程,从指导思想的确定、奋斗目标的规划、实施步骤的制定均不可等闲视之,而首先要领导者本身从自我做起,真抓实干,要以满腔的热情来扶植电力企业文化建设。同时,也需要领导班子成员率先垂范,身体力行,以求真务实的作风来抓好电力企业文化建设和企业形象的塑造,这些都要从塑造企业领导者的形象开始,在实现自我、超越自我中积极发挥好各自应有的作用。只有这样,具有电力行业特色的企业文化建设才能顺利开展并取得积极的效果。

当然,在承认电力企业领导者在企业文化建设中的重要作用的同时,也要认识到企业职工是企业文化建设的主体。企业文化建设要坚持"以人为本"的思想,因为职工是企业的主人,他们不仅是企业物质财富的创造者,而且是精神财富的创造者,在一定意义上甚至可以说是企业的群众造就了企业的领导,没有企业职工群众的积极参与,就不可能产生任何优秀的企业文化。在建设有中国特色的社会主义电力企业文化中,企业领导处在中心地位,职工处在主体地位。两者具有目标和利益的一致性。因此,要建设有中国特色、有行业特点的电力企业文化,既要充分承认和发挥领导者的重要作用,又要坚持以企业职工为主体的原则。

思考题:
1. 领导者在企业文化建设中有哪些作用?
2. 要持续提高现代电力企业的创新能力,领导者应该从哪些方面入手?

案例：

王万春对大唐电力同心文化的倡导

通过两年的努力,大唐电力集团公司提出的"文化入位"已经初见成效,同心文化已经在集团公司系统得到了全面普及和广泛认同。同心文化的创建者和领导者王万春在企业文化建设中发挥着不可替代的作用,在这个过程中,如何让文化落地就成为最为关键的问题。在大唐的同心文化落地和子文化建设方面,他通过以下举措,逐步落实企业文化的形成,取得了出色的成果。

1. 从行为引导入手,提升执行力度

建设企业文化,既要追求"心的一致",也要追求"行的同步"。为此,领导者进一步发挥制度约束的作用,建立健全适应企业发展的行之有效的制度体系,定期对管理制度进行规范性审查、修订和完善,使其符合集团公司发展的要求,并狠抓制度的落实;二是结合本企业主要岗位的工作特点,进一步制订、推行更为具体明确的员工行为规范,并从领导层开始实施,发挥了率先垂范作用。通过努力,符合同心文化内涵的行为逐步变成了员工的工作、生活习惯,久而久之,员工对文化理念的执行力得到大大提升。

2. 从宣传贯彻入手,促进文化传播

集团公司企业文化培育、形成、发展的过程,也是领导者对同心文化宣传、贯彻、传播的过程。几年来,通过在系统内建立由报纸、电视、网络、杂志为宣传主干,以文字、卫星网络、互联网络为传播手段,各企业密切配合的全方位、立体化的宣传网络,切实起到了文化交流、上下沟通、经验共享的作用。通过编印下发《同心文化手册》、《同心文化宣讲辅导读本》,举办"与文化同行"电视系列片征集竞赛,"同心文化"宣讲会和理论讲座,同心文化宣贯工作电视电话会议等活动,积极进行同心文化理念宣讲。通过制作企业文化标语、灯箱、宣传画、企业文化台历等,帮助员工理解同心文化是什么,怎样做才符合同心文化的要求,不断提高文化意识,有效地提高了集团公司的知名度与美誉度。

3. 从服务大局入手,文化融入管理

根据电力企业的特性和原有工作基础,王万春将安全文化、廉洁文化、人才文化作为工作切入点。为了使公司提出的"生命至上,安全第一"的安全理念深入人心,安全生产部和思想政治工作部紧密协作,组织了安全生产知识竞赛,通过网上答题和现场比赛的方式,宣传安全生产知识;并编印了《大唐员工安全手册》,提高员工在工作和生活中自我保护的意识和能力;结合集团公司企业文化视觉识别系统要求,全面推进"目视管理"和安全设施标准化建设;认真策划"安全月"方案,以文化活动为载体,让安全从"心"开始。

4. 从结合实际入手,培育特色文化

几年来,在王万春的倡导下,在弘扬优秀传统文化、培育良好企业作风方面做了大量工作,原有的优秀传统得到了巩固、弘扬和创新。在集团公司创业阶段,对大唐国际发电股份有限公司的"追求卓越"和"居丰能俭、在富能贫"精神,延安电厂两台机组面临关停退役时"人心不涣散,工作不停步,标准不降低"的"延电精神",龙滩电站排除万难立标杆的"创精品精神"等进行深入的挖掘和广泛的宣传,树立了精神导向、明确了文化发展的方向。

5. 从理论研究入手,把握发展脉络

近年来,领导层一直以科学发展观为统领,研究企业文化建设的发展方向,高起点规划、高标准建设、高效能管理,全力实施《企业文化战略》,各项工作稳步推进,成效明显。在企业文化建设过程中,我们有以下四个方面的体会:一是企业文化建设必须真正融入经营管理全过程;二是企业文化建设要具有针对性和可操作性;三是企业文化建设要坚持继承和创新相结合;四是企业文化建设必须坚持以人为本。

(案例来源:中国大唐集团公司网)

案例分析:

在大唐电力的"同心文化"企业文化建设中,王万春不仅重视理论引导和制度规范,明确了文化建设的目标和基本原则,实施了《企业文化战略》,打造了行之有效的制度约束体系,保证了企业文化的制度化和规范化;还从实际的管理工作入手,将企业文化建设与企业管理工作融合到一起;以不断积累和宣传推广为抓手,将优秀的企业文化经验积累下来,并将其推广到整个企业集团;还通过领导层的示范引领作用,加快了企业文化建设的完成。

第五章 电力企业文化诊断

企业文化是企业发展的源动力。对企业文化现状的诊断,是了解、管理甚至改变企业文化的基础工作,也是企业文化建设的一个关键环节。本章着重介绍企业文化诊断的目的、内容和方法,以及如何对电力企业文化诊断。

第一节 企业文化诊断的目的和主要内容

什么是企业文化诊断?企业文化诊断从企业文化的普遍原理和理论出发,根据企业和企业文化现状,运用科学的方法和手段,分析企业文化的成因和特点,准确把握企业文化的优劣势,为企业文化建设提供可靠的决策依据。企业文化诊断有利于企业领导者和企业文化管理者明确企业经营管理的基本特征和问题,确定企业文化变革和发展的方向。

一、企业文化诊断的目的

企业文化诊断是进行企业文化相关研究的基础,其目的和意义主要体现在以下四个方面。

1. 全面盘点

在全面进行企业文化建设之前,很多企业对自身企业文化的状况不甚了解,或者对自身企业文化状况了解不全面、不系统。因此,企业文化诊断的首要任务就是对企业文化资源进行全面盘点,尽力做到查清查实。

2. 归纳整理

企业文化体系较为复杂。企业文化诊断就是以科学的企业文化体系为依据,对大量现象进行观察、研究,对企业文化资源分门别类、归纳整理,从而概括出具有指导意义的结论。

3. 分析判断

企业文化诊断的目的是根据企业和企业文化现状,运用科学的方法和手段,进行分析、研究和判断;分析企业文化的成因和特点,得出企业文化的基本判定,为企业文化建设提供可靠的决策依据,指明努力的方向。

4. 变革依据

企业文化变革是一个漫长而艰苦的过程。企业文化变革,需要分析现有企业文化,弄清需要改变的方面,然后制定并实施文化变革策略,其间会遇到公司传统文化和某些利益团体的抵制。因此,对企业现有文化进行诊断,全面调查企业成员的价值观和行为,为企业文化变革提供事实依据,是进行企业文化变革不可或缺的环节。

二、企业文化诊断的主要内容

一般认为,企业文化的内涵从外到里可以分为四个层次。

(1) 物质层,指企业的物质文化,包括企业名称、标识、标准色、外部形象及文化传播网络等。

(2) 行为层,指企业的行为文化,包括员工和管理者的行为规范。

(3) 制度层,指员工与企业的行为准则,包括一般管理制度、特殊制度和企业风俗。

(4) 精神层,包括企业共同价值观以及基本信念。这个层次的文化决定了特定文化环境中人们判断事物的标准、习惯了的方式,决定了企业中什么是可以接受的,什么是不可以接受的,属于企业文化的核心。

从文化测量的角度来看,这种定义不容易进行操作,因此,还需要针对企业文化的测量来界定一个具有可操作性的企业文化概念,目前应用中比较常见的定义是美国麻省理工学院埃德加·沙因教授1985年在《企业文化与领导》(Organizational Culture and Leadership,1985)中提出的:"企业文化应该被视为一个独立而稳定的社会单位的一种特质。如果能够证明人们在解决企业内外部问题的过程中共享许多重要的经验,则可以假设:长久以来,这类共同经验已经使企业成员对周围的世界以及对他们所处的地位有了共同的看法。大量的共同经验将导致一个共同的价值观,而这个共同价值观必须经过足够的时间,才能被视为理所当然而不知不觉。"

这个概念的本质就是企业的共同价值观与基本假设,也就是把企业文化的测量界定在企业的精神层。目前大多数的测量量表都是以企业价值观与基本假设作为测量对象。

第二节 企业文化诊断的基本方法

企业文化诊断的方法大致可以分为两类。一类是以美国麻省理工学院的埃德加·沙因教授为代表的定性化研究,他们对企业文化的概念和深层结构进行了系统的探讨,在国内的企业文化研究理论界对沙因的有关企业文化的概念和深层结构研究应用较多。另一类是以美国密西根大学工商管理学院的罗伯特·奎因教授为代表的定量化研究,他们认为企业文化可以通过一定的特征和不同的维度进行研究,因此,他们提出了一些关于企业文化的模型,这些模型可以用于企业文化的测量、评估和诊断。

一、企业文化的定性研究

1. 以沙因为代表的组织文化理论框架

埃德加·沙因(Edgar H. Schein)在企业文化领域中,他率先提出了关于文化本质的概念,对文化的构成因素进行了分析,并对文化的形成、文化的同化过程提出了独创的见解。

沙因认为文化由以下三个相互作用的层次组成,即组织文化的三个层次:

(1) 物质层:可以观察到的组织结构和组织过程等;

(2) 支持性价值观:包括战略、目标、质量意识、指导哲学等;

(3) 基本的潜意识假定:潜意识的、暗默的一些信仰、知觉、思想、感觉等。

沙因综合前人对文化比较的研究成果,将组织文化分成以下五个维度。

(1) 自然和人的关系。组织的中心人物如何看待组织和环境之间的关系,包括认为是可支配关系、从属关系或者是协调关系等。这些不同的假定无疑会影响到组织的战略方向,而且组织的健全性要求组织对于当初的组织/环境假定适当且具有能够随着环境的变化进行检查的能力。

(2) 现实和真实的本质。组织中对于什么是真实的,什么是现实的,判断它们的标准是什么;如何论证真实和现实,以及真实是否可以被发现等等一系列假定,同时包括行动上的规律、时间和空间上的基本概念。他指出在现实层面上包括客观的现实、社会的现实和个人的现实。在判断真实时可以采用道德主义或现实主义的尺度。

(3) 人性的本质。哪些行为是属于人性的,而哪些行为是非人性,这一关于人的本质假定和个人与组织之间的关系应该是怎样的等等假定。

(4) 人类活动的本质。哪些人类行为是正确的,人的行为是主动或被动的,人是由自由意志所支配的还是被命运所支配的,什么是工作,什么是娱乐等一系列假定。

(5) 人际关系的本质。什么是权威的基础,权力的正确分配方法是什么,人与人之间关系的应有态势(例如竞争的或互助的)等假定。

沙因认为,文化是深层次的,对文化的认识不能仅仅停留在表面现象,必须了解哪些起作用的文化因素发展出了脱离意识而存在的信念和假设,形成了怎样做事、怎样思维和怎样感知的默认规则。沙因对于企业文化的测评主要关注企业文化的深层次假设,主张深入企业内部,充分挖掘企业的一些共同假设,因此得到许多学者和企业的赞同。

沙因还认为,企业文化调查问卷不会也不可能揭示出文化假设。主要原因有以下两点。第一,测量者在设计调查问卷时必然会受到自身主观倾向的影响。调查问卷主要还是处理与工作关系模式相关的表达价值,任何企业都会有独特的关于文化假定的侧面不可避免地被任何一种问卷所遗漏掉。第二，向企业成员询问关于企业的基本假设是什么通常会是无意义和无效的。沙因主张利用群体面谈和群体讨论的方法，对企业的表象和价值观进行识别，最终在此基础上得到企业的共同假设。

2. 企业文化定性研究方法

企业文化诊断的基本方法一般包括问卷调查、深度访谈、资料研究和现场调查等。

（1）问卷调查

企业文化问卷调查，是用来评估企业文化现状的一种方法。通过问卷调查结果的数据分析，并利用各种类型的图表，将抽象的企业文化具体化，以看得见的方式来探讨企业文化的形态，以及企业所存在的问题点。采用调查法进行文化诊断相对来说较为准确，因为企业文化归根到底要对员工产生影响才能发挥作用，故企业员工对其优劣最有发言权。

（2）深度访谈

访谈是企业文化调研过程中最为普遍的方法之一。访谈的优点是获取资料简捷、明确，访问双方直接面对，可以产生互动效果，有利于问题的具体化和深度化。同时，由于进行适时沟通，避免了调查中的信息不对称问题。访谈的形式不一，可以是标准化的，即按事前设计的问题进行提问和回答；也可以是非标准化的，即访谈人比较随意地问一些相关的问题，然后随着被访人的回答相机行事。访谈可以采取一对一的单独访谈形式，也可以采取一对多的座谈形式。但是，访谈的样本较小，一般不能进行大面积的调查，而只能调查一些典型事例或样本。

（3）资料研究

对企业资料的研究包括对企业历史沿革、企业发展战略、企业制度、政策、机制、企业活动等相关资料的研究。

每一个企业在发展的过程中，或多或少都会积淀下一些企业独特的管理风格与文化内涵，企业文化建设不是对企业历史的全盘否定，而是将企业的历史与未来发展有机结合起来。通过对企业历史沿革与发展战略的研究，能够为企业文化建设的方向提供有力的支撑。企业制度、机制、政策等是企业文化在企业的具体实践，它往往隐含着企业对企业经营管理实践、对企业员工的基本假设，通过对该部分资料的研究，能够发现这种基本假设，并为企业核心价值观的确立提供依据。

（4）现场调查

当我们接触一个企业时，这个企业的一举一动都在向人们展示着该企业的企业文化。因此，直接深入企业现场进行观察，对企业的工作环境与人员工作状态进行现场调查，可以逐渐深入地观察企业与企业员工的无意识行为，从而发现企业文化的深层次问题。这些现场调查方法包括现场观察企业的实物设施、考察企业如何接待陌生人、观察员工工作时间状况等。必要时也可以与员工直接进行接触，从交往中获取员工对企业文化价值观的态度和评价。观测法的优点主要是资料相对详尽和直接,但实施起来不太方便。

二、企业文化的定量研究

由于研究者的训练背景,关心的主题和使用的方法存在差异,企业文化的量化测量形成了多元化的格局。其中比较有影响力的量表包括奎因(Quinn)和卡梅隆(Cameron)构建的组织文化评价量表(Organizational Culture Assessment Instrument,OCAI)、丹尼森(Denison)等构建的组织文化问卷(Organizational Culture Questionnaire,OCQ)、查特曼(Chatman)构建的企业价值观量表(Organizational Culture Profile,OCP)以及霍夫斯塔德(Hofstede)构建的测量量表。在华人学者中,以郑伯壎构建的组织文化价值观量表(Values in Organizational Culture Scale,VOCS)传播面最广。下面我们对这些典型的测量量表进行介绍。

1. 奎因(Quinn)和卡梅隆(Cameron)的组织文化评价量表(Organizational Culture Assessment Instrument,OCAI)

组织文化评价量表(OCAI)是由美国密西根大学商学院的罗伯特·E·奎因(Robert E. Quinn)教授和凯斯西保留地大学商学院的金·S·卡梅隆(Kim S. Cameron)教授在长期研究企业文化的基础上,开发出来的测量企业文化的量表。

团队成员回答这些简短的问卷,通常需要 5—10 分钟来完成,以评估他们对企业当前的看法和期望。该量表具有坚实的理论基础,在国外经过了大量的实证检验,已成为企业文化研究领域中最具影响力的量表之一。

OCAI 的理论基础是竞争价值模型(Competing Values Framework,CVF),该模型由奎因等人构建。早期,CVF 被介绍成一个理解组织有效性的框架,这个模型被运用到多个领域,并在一些研究中作为分析企业文化的方法。由于 CVF 接受了大量的实证检验,因而得到学者们的广泛认可和应用,在企业文化量表研究领域,成为最具影响力的理论模型之一。

坎贝尔(Campbell)和他的同事(1974)希望找到包涵所有可能测量组织有效性的指标,最终罗列出 39 个。奎因和罗河伯夫(Rohrbaugh)(1983)认为这套指标显得复杂且难以使用,希望找到更简单而有效的指标,因而考察了这套指标的聚类模式。通过对 39 个指标进行统计分析,发现可找到两个主要维度,并且可用这两个维度将文化划分成四个群。

卡梅隆和奎因(1998)用这两个维度将企业文化分成四大类型,如图 5-1 所示。第一个维度作为纵轴,上方是适应性和自由决策(flexibility and discretion),下方是稳定性和控制(stability and control)。第二个维度作为横轴,左方是关注内部和结合(internal focus and integration),右方是关注外部和区别(external focus and differentiation)。两轴将图分成四个象限,每个象限代表一类文化。左上方是团队文化(clan),左下方是层级文化(hierarchy),右上方是灵活文化(adhocracy),右下方是

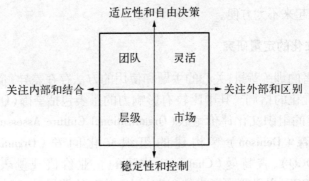

图 5-1 竞争价值框架图

市场文化(market)。

根据 CVF,量表可以识别企业文化倾向于各类文化的程度。在文献回顾和实证研究的基础上,选择能反映企业文化的一些特性作为检测指标。早期,卡梅隆和奎因等人采用四个检测指标:显著特征(dominant characteristics)、领导风格(organizational leadership)、组织凝聚(organizational glue)和战略重点(strategic emphases)。随着研究的深入,后来 Cameron 和 Quinn(1998)建议采用六个检测指标,即在原先四个检测指标的基础上,增加员工管理(management of employees)和成功标准(criteria of success)。运用这些检测指标,必须将其转变为可以回答的检测条目。OCAI 将每一个检测指标作为一个题项,即每个题项针对一个检测指标。每个题项包含四条检测条目,四条检测条目分别是对四类文化的描述。早期 OCAI 仅被用来测量当前文化,即回答者根据自己所在企业与检测条目的相符程度给分。发展到后来,除被用来测量当前文化外,还可用来测量期望文化,就是对同样的量表作答两次,第一次根据与现实相符程度给分,第二次根据与期望相似程度评分。

OCAI 有两种不同的计分方法,一种采用 Likert 量表法,另一种采用强迫选择法。Likert 量表法给出分数范围,要求根据相似程度对每条检测条目评分。有采用五分 Likert 量表法的,也有采用七分 Likert 量表法的。Likert 量表法每次评分不需要考虑其他答案,但强迫选择法必须同时考虑几个答案。强迫选择法要求将 100 分分配到每个题项的四条检测条目中,每条检测条目根据相似程度评分,但四条检测条目的总分必须等于 100 分。虽然略微增加了回答的难度,但卡梅隆和弗里曼(Freeman)(1991)等学者更趋向于采用强迫选择法。奎因和施普赖策(Spreitzer)(1991)专门对这两种评分方法进行了研究,通过心理测量分析证明两种方法都具有较好的可靠性和有效性,Likert 量表法适用于较复杂的分析,强迫选择法适于强调四类文化间差异的研究。

OCAI 的突出优点在于为企业管理人员提供了一种直观、便捷的测量工具。与其他组织层面测量量表相比,OCAI 尤其在企业文化变革方面具有较大的实用价值。

2. 丹尼森(Denison)组织文化问卷(Organizational Culture Questionnaire, OCQ)

丹尼森组织文化问卷是企业文化诊断的有力工具。瑞士洛桑国际管理学院著名教授丹尼尔·丹尼森，在经过对1 500多家企业的研究后，指出：参与性(involvement)、使命(mission)、适应性(adaptability)与一致性(consistency)，这四大文化特征对一个企业的经营发展，具有重大影响。

丹尼森又将每一种文化特征细分出三个考察维度。其中，参与性，从授权、团队导向与能力发展三个方面进行考察；一致性，从核心价值观、配合、协调与整合三个方面来考察；使命，从愿景、目标、战略导向和意图三个方面来考察；适应性，从组织学习、客户至上、创造变革三个方面来考察。利用这十二个考察维度，能够比较准确地确定某一企业的文化类型与明显特征。

(1) 参与性：参与性的考察与测量主要是涉及员工的工作能力、主人翁精神和责任感的培养。一家企业在这一文化特征上的得分高低，可以反映出企业对培养员工，企业内部的上下沟通，企业对员工参与管理的认识及为员工参与所开辟的途径多少。

授权：员工是否真正被授权并承担责任，员工是否具有主人翁意识和工作积极性如何？团队导向：企业是否重视并鼓励员工相互合作，以实现共同目标？员工在工作中是否依靠团队力量？能力发展：企业是否不断投入资源培训员工，使他们不断成长，企业对员工学习和成长的愿望的满足程度。

(2) 一致性：用于衡量企业的内部凝聚力和向心力的情况。

核心价值观：企业是否存在着大家共同信奉的价值观，从而使企业员工产生强烈的认同感，并对未来抱有明确的期望？配合：领导者是否具备足够的能力让大家达成高度的一致，并在关键的问题上有达成一致的能力？协调与整合：企业中各职能部门和业务单位是否能够密切合作？部门或团队的界限会不会变成合作的障碍？

(3) 适应性：该文化特征主要反映企业对外部环境适应能力，包括对市场和客户的各种直接间接信号的捕捉能力和反应速度。

创造变革：企业是否惧怕承担因变革而带来的风险？企业是否学会仔细观察外部环境，预计相关流程及变化步骤，并及时实施变革？客户至上：善于适用环境的企业凡事都从客户的角度出发。企业是否了解自己的客户，使他们感到满意，并能预计客户未来的需求？组织学习：企业能否将外界信号视为鼓励创新和吸收新知识的良机？

(4) 使命：这一文化特征是帮助测量诊断者判断企业是否具备远大而明确的目标和志向。

愿景：员工对企业未来的理想状况是否形成了共识？这种愿景是否得到企业全体员工的理解和认同？战略导向和意图：企业是否希望在本行业中脱颖而出？明确的战略意图展示了企业的决心，并使所有人都知道应该如何为企业的战略做出自己的贡献。目标：企业是否周详地制定了一系列与使命、愿景和战略密切相关的目标,可以让每个员工在工作时做参考?

在丹尼森的诊断模型中,适应性与参与性强调企业的灵活性和变革欲望与能力,使命和一致性则强调企业保持可预测性与稳定性的能力,两者构成了一对矛盾主体。适应性与使命强调的是一个企业对外部环境的适应能力,参与性与一致性强调的是一个企业在内部和谐能力,两者又构成了企业文化建设中的一对矛盾主体。这两对矛盾主体,是一个企业在文化建设中所要平衡和解决的主要冲突,而这两对矛盾的解决与否,也决定了一个企业文化建设的成败。

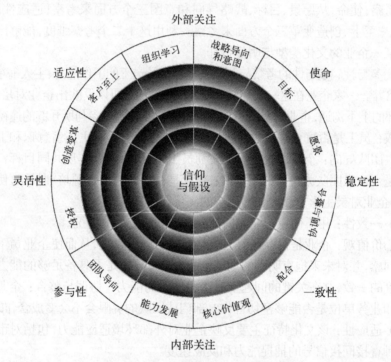

图 5-2　丹尼森组织文化模型

与 OCAI 量表相比,丹尼森的 OCQ 量表包含更多的子维度,因此在揭示企业文化内容方面显得更为细致。该模型不仅有其研究和学术价值,同时由于它从具体的商业运营环境中发展而来,直接与企业经营业绩相联系,易于应用,并且由于该模型已经建立了 500 多家企业的常模,因此它有相对较好的可靠性。

企业文化与经营业绩的关系毋庸置疑。当代中国企业越来越认识到企业文化对企业经营业绩的重要性。海尔集团、联想集团等著名企业都投入很大精力建设其独特的企业文化。但是,企业文化建设并不是简单意味着组织一两次文化活动、职业技能比赛,或者 CIS 策划。企业文化的内容在丹尼森企业文化模型中进行了综合、全面的概括,为中国的企业文化研究者们提供了对中国当代企业文化进行实证研究的一个有效的实用的方法。

3. 霍夫斯塔德(Hofstede)的文化维度理论

荷兰国际文化合作研究所所长霍夫斯塔德(Geert Hofstede)教授认为,企业文化是价值观和实践的复合体,其中价值观是核心,实践部分则包括仪式和象征。他在研究国家文化已经取得成果的基础上开展企业文化的测量研究。和其他大多数学者不同,霍夫斯塔德并没有从组织有效性出发来构建量表,而是首先通过文献回顾提出了明确的企业文化层次结构。他认为,企业文化由价值观和实践(practice)两个部分组成,其中价值观是核心,而实践由表及里又可以分为象征(symbol)和仪式(ritual)等。

文化维度(Culture Dimension)是霍夫斯塔德及其同事在对文化因素进行定量研究时采用的概念。

1980年,霍夫斯塔德在对北欧多家企业实证研究的基础上,发展出基于西方文化的四个文化维度,即个人主义与集体主义、权力距离、不确定性规避、刚柔性。后来,在加拿大心理学家迈克尔·哈里斯·邦德集中在远东地区研究的基础上(Hofstede & Bond,1988),又补充了第五个维度。

他认为文化由价值观——意识层面(metal)与实践——行为层面(behavioral)组成,价值观是企业文化的核心。

个人主义与集体主义(individualism/collectivism)表示个人与群体间的关联程度。个人主义文化注重个体目标,相反,集体主义文化则更强调集体目标。个人主义文化中,人们应当自己照顾自己和直系家庭,而在集体主义文化中,人们期望他们的内群体或集体来照顾他们,作为这种照顾的交换条件,他们对内群体拥有绝对的忠诚。个人主义没有圈内(in-group)和圈外(out-group)的明显差别,而集体主义却有明显的圈内和圈外的差别。

权力距离(power distance)表示人们对企业内权力较少的成员对权力分配不平等这一事实的接受程度。权力距离大的文化成员视权力为社会的基本因素,强调强制力和指示性权力,而权力差距小的文化成员则认为权力的运用应当合法,重视专家或合法性的权力。

不确定性规避(uncertainty avoidance)表示人们对未来不确定性的态度。对不确定性规避程度较强的文化往往有明确的社会规范和原则来指导几乎所有情况下发生的行为,而规避不确定性程度较弱的文化的社会规范和原则就不那么明确和严格。

刚柔性(masculinity/femininity)表示人们对男性和女性社会角色如何分配的认识。阳刚型社会性别角色有明确的划分,阴柔型社会性别角色有所重叠。阳刚型社会的文化成员赞扬成就、雄心、物质、权力和决断性,而阴柔型社会的文化成员则强调生活的质量、服务、关心他人和养育后代。

长期方向(Long-term Orientation Index)表明一个民族对长远利益和近期利益的

价值观。具有长期导向的文化和社会主要面向未来，较注重对未来的考虑，对待事物以动态的观点去考察；注重节约、节俭和储备；做任何事均留有余地。短期导向性的文化与社会则面向过去与现在，着重眼前的利益，注重对传统的尊重，注重负担社会的责任；在管理上最重要的是此时的利润，上级对下级的考绩周期较短，要求立见功效，急功近利，不容拖延。

1987年，中国文化联结机构以22个国家作为研究调查对象，以东方文化构面为基础，发展出基于东方文化的四个文化维度，即长期导向、合作性、仁爱心和道德纪律。

长期导向表示对待长期生活的态度。长期导向高的社会，人们倾向于节俭、积累、容忍和传统，追求长期稳定和高水平的生活。

合作性表示人们之间相处和睦、友好、认可的程度。

仁爱心表示人们对待他人的礼仪性、耐性和爱心程度。

道德纪律表示人们远离不符合道德和规范事务的距离和坚定的态度。

4. 查特曼（Chatman）企业价值观量表（Organizational Culture Profile，OCP）

企业价值观是一种内在化的规范信念（internalized normative beliefs），可以用来引领企业成员的行为。大部分个体层面上的企业文化研究者认为企业价值观是企业文化的核心，而且它能通过理论和方法进行重复鉴定，也能做操作性定义和测量，所以大多数个体层面上的企业文化量表严格地说都是企业价值观的量表。这些测量问卷中以查特曼的OCP问卷影响力最为广泛。

美国加州大学的查特曼教授为了从契合度的途径研究人-企业契合和个体有效性之间的关系，构建了企业价值观的OCP量表。最初的OCP量表由54个测量项目组成，反映了企业价值观的一些典型特征。查特曼认为OCP量表可以区分出七个文化维度（革新性、稳定性、尊重员工、结果导向、注重细节、进取性和团队导向），但是在实际的不同测量应用中，每个维度对应的测量项目可能有所差别。

OCP量表的测量项目通过对学术和实务型文献的广泛回顾来获得，经过细致的筛选最终确定下54条关于价值观的陈述句。和多数个体层面上的研究采用Likert的计分方式不同，OCP量表采用Q分类的计分方式，被试者被要求将测量条目按最期望到最不期望或最符合到最不符合的尺度分成9类，每类中包括的条目数按2—4—6—9—12—9—6—4—2分布，实际上是一种自比式的分类方法。在西方国家，OCP是最常用的企业价值观测量量表之一，它在我国台湾和香港地区也有一定的影响。后来加基（Judge）将OCP精简为包括40个测量项目的量表，Q分类按2—4—4—6—8—6—4—4—2分布。

为了使OCP具有普遍适应性，查特曼等在选取测量项目时采用的一个判据就是所选项目应与任何类型的企业都相关，而不因行业、规模和人员构成而有所不同。因此，一些以行业为背景的研究，往往还需要对OCP进行修订，替换或加入新的价值观维度。

5. 郑伯壎的组织文化价值观量表(Values in Organizational Culture Scale,VOCS)

最早在我国进行量化研究的是台湾大学的郑伯壎教授,他在沙因研究的基础上设计了组织文化价值观量表,VOCS 量表包含科学求真、顾客取向、卓越创新、甘苦与共、团队精神、正直诚信、表现绩效、社会责任和敦亲睦邻九个维度。郑伯壎对这九个维度进行因子分析后,发现可得到两个高阶维度:外部适应价值(包括社会责任、敦亲睦邻、顾客取向和科学求真)和内部整合价值(包括正直诚信、表现绩效、卓越创新、甘苦与共和团队精神)。

VOCS 量表是完全本土化的量表,在中国企业文化测量方面具有开创性。郑伯壎还应用 OCVS 量表,通过不同的契合度计算方式,考察了企业价值观和个体结果变量之间的关系,但是比较抽象,不易得到被访者的理解。

6. 北京仁达方略管理咨询公司的企业文化测评

北京仁达方略管理咨询有限公司的领导者企业文化倾向评估问卷(Leader's Preferred Culture Assessment Instrument,L-PCAI),是在奎因的 OCAI 量表基础上,通过反复论证以及在多家企业的实证检验中逐步开发而成的。目前该问卷已被应用于对我国某些企业与机构的文化框架评估,评估效果还有待检验。

2001 年,仁达方略管理咨询有限公司根据霍夫斯塔德的企业文化分析方法和维度划分,开发出了"企业文化诊断评估系统"(CMAS),其核心也是通过维度和要素的划分,使用调查数据和综合考量技术(如 SWOT 分析),准确寻找企业价值观的核心层面。仁达方略公司开发的 CMAS 企业文化诊断与评估系统包括问卷调查(含问卷和量表)、深度访谈、历史资料回顾以及企业文件研究、产业发展研究与行业研究、现场调查等。

7. 东方国家企业常用的测量维度

张德教授认为目前可以看到的具有东方文化特征的企业文化测量维度都是儒家思想与现代企业管理思想的结晶。他提出了常见的企业文化测量 14 维度,主要包括领导风格、能力绩效导向、人际和谐、科学求真、凝聚力、正直诚信、顾客导向、卓越创新、组织学习、使命和战略、团队精神、发展意识、社会责任、文化认同等方面维度。

如今对企业文化诊断的研究无论是定性研究还是定量研究都只是注重从单一的方面对企业文化进行测评。主张定性研究的学者认为定性研究才能反映出企业文化的现状,定量研究不能深入到企业文化的基本假设和结构。同样,定量研究的学者认为定性的研究方法时间长、收效慢,对探讨企业文化与组织行为和效益的关系时,很难提炼出量化的数据。人的行为是可以被分析并进行定量分析的,因此西方管理理论认为企业文化可以进行定量分析。但是,在以感性思维为主导的企业文化建设中单纯采用定量测量的方式将使文化本身以及文化的实践变得索然无味,而且确实难以全面揭示文化应有的面貌,因为企业文化并不是仅仅是管理技术的问题,它更多的是涉及管理哲学的问题。对于管理技术我们认为是可以用定量的方式进行分析与应用,但对于管理哲学我们却很难用定量的分析工具进行分解。企业文化的测评需要定性与定量研究方法相结合。

定性分析侧重采用访谈和问卷的方法,深入挖掘企业文化的深层次的内容,发现内在的企业文化,包括企业的哪些价值观对企业的故事、思维有影响,企业内部的理念与假设如何影响企业整体的发展和运作的。定量分析侧重于测量外在的企业文化所反映的企业的理念与价值观,在定量分析中评价出企业文化现状,同时还可以将之与同行业、同类型的企业进行对比分析,可以与具有优秀企业文化的企业进行比较分析。另外,将定性与定量测评出的企业的内在文化与外在文化进行对比分析,从而得到反映企业文化的真实信息和资料,并根据测评结果不断地改进企业文化,更好地指导企业文化建设。

第三节 电力企业文化诊断

电力企业是国民经济的基础性产业,包括电力生产和电力供应两部分即电源和电网。随着市场化改革的深入,在电力改革与发展进程中,电力企业的生存环境和竞争格局发生了很大变化。为积极适应新形势的要求,电力企业要不断加大企业管理的创新力度,加强企业文化建设,构建电力企业核心竞争力。下面我们介绍一下电力企业文化诊断的基本原则和主要步骤。

一、电力企业文化诊断的基本原则

1. 定性与定量相结合的方法

我们已经知道,企业文化测评存在定性与定量两种途径。这两种途径各自都有其优点,但又都存在着无法克服的片面性。因此,我们认为应该综合运用定性与定量的方法,使得所构建的测评体系既能够融入定量测评的精确性和客观性,也能够通过定性的方法更加深入全面地评估一个企业的企业文化。所以,我们所构建的诊断体系采用定量研究与定性研究相结合的方法对企业文化进行诊断测评。

2. 突出行业特征

由于在成长历程、所处环境、人员构成、未来发展规划等许多方面存在不同,可以说每个企业的企业文化都具有其独特性。所以,对于各个企业的企业文化诊断测评工作,从理论上来说,应该采用不同的方法使测评更具针对性,更贴近企业。但是,要为每个企业都设置一个新的测评体系,运用不同的测评方法,这样的工作显然是繁琐的,甚至就是一个不可能完成的任务。其实,对于同一个行业中的不同企业,它们往往具有很多共性的东西,对于企业文化也是如此。因此,完全可以建立一个针对特定行业的测评体系,使其能够基本适用于该行业内各个企业的文化测评工作。当然,在此构架基础之上,当我们对特定企业进行测评时,可以对测评方法和流程进行适当地改变和调整。基于这一观点,我们力求建立一个能够适合电力行业企业文化测评的基本体系。

3. 以人为本

企业文化要落地,最终要落实在人的身上。企业文化的理念是人们共同的价值观、愿景和道德规范,企业文化的制度必须作用在人身上才能产生效用,人们的行为正体现出潜在的企业文化,而企业文化的各种外在表现也是通过人的活动体现出来的。因此,我们在进行企业文化测评时,应该本着以人为本的态度,深入到员工内部,从他们那里获取第一手的资料。这样取得的测评结果才是最为真实的。

二、电力企业文化诊断的主要步骤

在具体的电力企业文化诊断项目操作过程中,工作内容一般包括量表编制、问卷调查、资料研究、深度访谈、现场调查以及基于上述资料的诊断分析,最后形成企业文化诊断评估报告。下面就各部分分别进行简要的介绍。

1. 量表的选择与编制

企业文化测量是文化管理最艰深的核心。如何通过对企业文化这一复杂系统的科学测量,真正实现文化管理的科学化、精细化、实效化,是国际管理学界不断努力的研究方向。和国外对企业文化测量研究的已有成果相比,我国在这方面的研究还显得比较滞后,这与我国企业文化界对于企业文化量化研究的重视不足有很大关系。

企业文化的核心是企业价值观。企业价值观是企业在生产、管理、经营活动中所体现的判别标准和价值取向,它是一种主观性的状态。因此,一些学者认为,对某个企业进行文化诊断的最佳方法是实地考察,采用观察、访谈甚至参与企业活动等方式来了解分析该企业的文化内涵和文化状态。不过,这种"质"的诊断方法也存在着周期长、调查面窄、不便于比较分析等不足。

在20世纪,"量"的诊断方法,即采用企业文化量表进行大规模测量的诊断方法逐渐兴起,它与"质"的诊断方法结合使用,既能保证文化诊断的全面性和深刻性,又能反映出特定企业环境下的文化个性,因此受到人们的普遍认可。

对电力企业文化进行诊断,单从定量或者定性一个方面对其进行测评是不够完整的,定量分析与定性分析各有其长处,因此为了更全面地反映企业文化的状况,我们需要将定性分析方法、定量分析模型两个方面有机结合起来,进行系统地诊断分析。

企业文化测量理论是伴随着企业文化理论研究的发展而同步发展起来的,到20世纪90年代获得了深入发展,逐渐成为企业文化理论的主流研究方向,并且取得了丰硕的研究成果。由于研究者们的研究背景、切入点、关心问题和研究方法不同,企业文化测量研究形成了多视角和多路径的研究态势,具体来说可以从组织层面和个体层面对这些研究成果进行梳理。

(1) 组织层面的研究。

大多数组织层面的研究关注的是企业文化和组织有效性之间的关系。研究者们构建测量量表主要是为了深入探讨企业文化如何影响组织有效性。具体的研究成果主要包括：奎因等人基于组织有效性的研究构建的竞争型价值框架（CVF），以及在此基础上构建的 OCAI 量表；丹尼森等人在 CVF 基础之上，开发的 OCQ 量表；还有荷兰学者霍夫斯塔德在企业文化测量方面的研究成果也属于这个层面。

（2）个体层面的研究。

大部分的个体层面上的企业文化研究者认为，价值观是企业文化的核心，而且能通过理论和方法两个方面来进行重复鉴定，也能进行可操作的定义和测量。因此，可以说大多数个体层面上的企业文化量表都是企业价值观量表。具体的研究成果主要包括：美国加州大学的查特曼等人从契合度的视角进行研究而构建的 OCP 量表；还有我国台湾学者郑伯壎构建的本土化很强的 VOCS 量表也属于这个层面。

因此，在进行电力企业文化诊断的过程中，根据企业实际情况和文化诊断目的，选择合适的企业文化测量模型作为编制量表的基础。可以参考某一种文化测量模型拟出所要编制的量表，也可以综合几种理论拟出所要编制的量表。比如，根据企业实际情况而修正的奎因的 OCAI 量表或仁达方略在 OCAI 量表基础上完善的 L-PCAI 量表（领导者企业文化倾向评估问卷）常常被用来对企业中高层管理人员进行企业文化类型的诊断以及变化变革的方法比对，而丹尼森组织文化调查问卷则适用于全体员工，采用模型来判断企业文化的优势与劣势。

2. 问卷编制

问卷编制一般包括以下几个步骤：明确调查目的，了解企业现状，编制调查问卷，测试问卷并修正。

以员工满意度评估为例，员工满意度是企业文化诊断中涉及的一个重要方面，有时为了解员工工作态度，反省企业管理状况，及时改进管理，增强企业凝聚力，企业必须进行员工满意度评价。首先，明确调查目的，有助于调查工作有的放矢。进行员工满意度调查是为了对企业管理或员工态度进行诊断，或是其他特殊目的。其次，了解企业现状，员工满意度调查要和企业的实际情况紧密联系，体现出企业的文化特点。第三，确定员工满意度调查的维度和题目，设计调查问卷。员工满意度的维度一般包括工作本身、工作回报、工作背景、工作群体、企业等。最后，测试员工满意度调查问卷。选择一定比例的试测群体，进行试测，分析试测结果，然后根据试测结果对员工满意度调查问卷进行适当地调整。

问卷调查是进行调查研究非常有效的手段之一。在制作调查问卷时，要注意以下三个细节：

（1）注意问卷的用词和格式。如果提问含糊不清，受访者就不清楚到底要回答什么。卷面格式要整齐，经验不足的研究者为了怕问卷看起来太长，尽量缩短问卷长度，结果就把几个问题挤在同一行，或把问题变得简略。这种方法并非明智之举，严重的情况下还可能产生很多问题。把多个问题放在一行，会使部分受访者完全忽略后面的问题。而简略的问题会使受访者产生误解。

(2) 注意提示与说明。不论是自填式还是访谈式问卷,所有问卷都要有清楚准确的提示与说明。如果自填式问卷在开头附有答题指示,则必然有助于受访者答题。如果问卷里有很多开放式问题,还应该就答案的长短给受访者以明确的提示。

(3) 注意抽样的科学性与问卷的针对性。基于文化评估的维度,针对企业不同管理层级设计不同的问卷模板。调查问卷能够较为系统和细致呈现目前企业文化现状的信息,是量化分析的重要渠道。通过科学的抽样方法确定人员,确保人员来源的广泛性和代表性。

3. 资料研究

了解企业内部情况,必须进行文件资料研究,这包括企业管理中的各项规章制度,国家、行业政策及资料,国内外相关企业发展资料等,以及企业目前现有的管理文件等,这些都是企业文化诊断评估的重要素材。

一般情况下,企业文化诊断所需要调阅的文件资料包括[①]:

企业组织结构图;

对企业有影响的企业发展战略政策的资料;

行业的相关资料;

历史沿革、对企业发展有重大影响的事件说明材料;

企业今年有关收购、兼并、分立、改制、重组等方面的资料;

企业领导近一年内的讲话记录;

企业历年生产经营情况;

机构设置和人员配置的详细情况;

领导职责分工情况;

在人力资源方面的规划介绍,包括预期未来的人员结构和目前采取的措施;

工资福利现状、在年龄、职位、职称和学历等因素方面的分布结构;

人员提升、发展状况,人员流动状况;

部门职责;

高层领导近期提倡的口号、标语等;

人事管理方面的详细规章制度、政策;

思想政治方面的学习制度、学习文件;

企业管理中的制度文件;

人员培训状况,包括培训制度、政策、培训、内容和周期等;

发行的内部刊物;

宣传渠道、采用的思想政治工作方式介绍;

---

① 王吉鹏,李明.企业文化诊断评估理论与实务[M].北京:中国发展出版社,2005:126.

企业先进事迹、先进员工资料；

员工活动资料；

内部关注员工生活的各个协会的详细介绍资料；

如可能，请提供业内其他单位企业文化建设的情况资料。

4. 深度访谈与现场调查

通过不同层次的访谈与员工座谈会，广泛了解信息。企业文化访谈一般需聘请第三方机构的人员来完成，才能达到最佳效果。深度访谈将达成以下目标[1]：

（1）高层访谈：了解高层对企业发展、企业文化建设的设想和规划，辨识高层管理者的领导风格，发现对基层员工的基本看法和假设。

（2）中层访谈：了解管理和领导下属的能力及特点，看能否贯彻执行上层的决定和方针，了解对员工的基本看法和要求、与基层员工的关系、制度和规章的执行情况、管理中的问题。

（3）基层访谈：了解员工的需求现状、对上层领导的看法及期望、管理中的漏洞。

现场调查，考察企业器物层建设、企业员工精神风貌以及企业相关政策的落实执行情况，进行信息补充调研。

5. 诊断分析

基本数据统计分析通常采用统计分析系统（SAS）、社会科学统计软件包（SPSS）。SPSS（Statistical Package for Social Science）是国际上最具知名度的统计软件之一。在20世纪60年代刚刚推出时，SPSS被称为社会科学统计包，如今在医学、心理学、社会学、市场学、经济学乃至自然科学领域都得到广泛的普及和应用。由于其统计方法简单，统计结果科学清晰，特别是10.0以后版本的SPSS与Windows操作系统的兼容性强，人机对话的界面越来越友好，因而越来越受到研究者们的青睐。通常企业文化调查问卷所包含的数据变量较少，数据结构较为简单，因此一般把SPSS和Excel结合起来应用。

问卷中可挖掘的数值变量。问卷中所反映的员工信息一般包括员工的基本背景资料，如性别、年龄、学历、工作类别、工作时间、技术职称、部门等以及员工在企业文化诊断所测量的反映员工态度的各个要素和维度的数值。

数据分析中的统计方法有以下三种[2]。

第一，对背景资料一般是进行基本的频数分析和比例分析，以了解员工的总体构成结构。员工背景基本反映了员工自身的社会文化方面的内容。不同年龄、不同学历以及不同工作类别的员工在价值观的认识和领悟上，对人生和未来的态度上，对同事关系、上下级关系的认识态度上，都存在着差异。因此，对员工结构的分析，

---

[1] 王吉鹏,李明. 企业文化诊断评估理论与实务[M]. 北京：中国发展出版社,2005：128.
[2] 王吉鹏,李明. 企业文化诊断评估理论与实务[M]. 北京：中国发展出版社,2005：131-132.

以及按不同类别进行细分后的态度量值比较,对企业文化诊断都有重要的意义。

第二,一般情况下,要先对所有态度变量计算一下均值和标准差等基本统计量,看一下数据的全貌,在进行所有进一步的深入分析时,要看一下这两个统计量的情况。通过对数据基本统计量的扫描,我们可以整体上得到企业文化在各个要素和维度上的基本反映。由于不同员工在背景资料上的差异,需要进一步考察不同年龄、不同职位的员工在态度上是否存在差异。

这就需要对数据进行分组比较处理。一般采用均值比较和方差分析。在比较各细分群体均值的同时,进行方差分析,以验证差异的显著性。

第三,还可以通过相关分析、聚类分析和因子分析等对诸要素进一步分类,找出各要素之间的相互关系,这样,在诊断企业文化现状的同时,可以通过这些要素变量之间的相关关系,找出从根本上起决定作用的变量,即该变量的变动会引起其他变量的变动。通过改善某一个或某几个要素,继而改善其他相关变量,最终,实现企业文化状况的总体改善。

6. 撰写报告

一个企业文化建设阶段的完整的企业文化诊断与评估报告一般包括下列提纲中的内容,可以根据具体企业的实际需求进行适当调整[①]。

第一部分 项目概述
一、项目背景
二、本报告的主要任务
三、诊断的基本原则与目标
四、项目执行过程
五、数据来源
六、样本构成与分布

第二部分 企业文化诊断与评估结论摘要
一、企业文化状况总体评价
二、企业文化的主要优势与问题
三、企业文化的维度分析摘要
四、企业文化建设评估摘要

第三部分 企业文化状况基础诊断分析
一、问卷数据分析说明
二、企业文化维度要素分析总述
三、企业文化维度分析
四、员工分析

---

① 王吉鹏,李明.企业文化诊断评估理论与实务[M].北京:中国发展出版社,2005:137.

第四部分　企业文化 SWOT 分析
一、战略 SWOT 分析
二、管理 SWOT 分析
三、市场 SWOT 分析
四、文化 SWOT 分析
五、人员 SWOT 分析
第五部分　企业文化建设评估
一、企业文化历史与现实评估
二、企业文化主体评估
三、企业文化建设意识评估
四、企业文化理念体系导入契机评估
第六部分　结束语

第四节　电力企业文化调研问卷

测量问卷的设计首先要根据企业的特点，建立相应的测量维度，再根据测量维度编制测量题目。可以根据电力行业的特点和电力企业文化诊断的目的，选择合适的测量问卷。经过适当调整和修改，这些企业文化测量问卷就可以应用于电力企业文化诊断之中。针对电力企业特点，本节介绍四种典型的企业文化测量问卷，包括领导者企业文化倾向评估问卷、丹尼森组织文化调查问卷、查特曼企业价值观量表和企业文化年度自我评估问卷。其中，领导者企业文化倾向评估问卷着重了解企业领导者的文化倾向，丹尼森组织文化调查问卷适用于全体员工，从组织层面全面了解企业文化，查特曼企业价值观量表有利于从个体层面了解企业价值观，而企业文化年度自我评估问卷则有助于企业定期了解自身企业文化状况。

一、领导者企业文化倾向评估问卷(L‑PCAI)[1]

企业文化在某种程度上可以说是企业家文化，更确切地说是企业家群体文化。一个企业，无论它多么微小、多么原始、或多么巨大、多么复杂，都渐渐形成了领导者以及员工共同遵守的系统或非系统的企业文化模式。而在一个企业的总体文化框架的形成过程中，领导者的文化倾向起着至关重要的作用。

领导者企业文化倾向评估问卷(Leader's Preferred Culture Assessment Instrument，L‑PCAI)是仁达方略企业文化诊断与评估系统中的基础评估工具之一。L‑PCAI 经北京仁达方略管理咨询有限公司的企业文化 R&D 小组经历 2 年的时间，在奎因

---

[1] 王吉鹏，李明.企业文化诊断评估理论与实务[M].北京：中国发展出版社，2005：170‑176.

的 OCAI 量表基础上,通过与国内外企业文化专家学者的反复论证以及在多家企业的实证检验中逐步开发完善而成。目前已广泛应用于我国大型企业集团、金融机构、政府部门的文化框架评估,展现了良好的评估效果。

L-PCAI 评估结果为企业文化建设和人力资源工作者提供了了解企业文化态势、制定培训计划的方向性指导,使高层管理人员更加清晰地了解自己企业的文化现状和对预期文化的期望,从而有助于制定合适的企业文化建设发展规划。

L-PCAI 根据六个方面来评估领导者的企业文化倾向:管理特征、组织领导、员工管理、组织凝聚、战略目标以及成功标准。问卷共有六个维度二十四个测试条目,每个维度下面有四个陈述句,分别对应着四种类型的企业文化。对于某一个特定企业来说,它在某一时点上的企业文化是四种类型文化(宗教型、活力型、市场型和层级型)的混合体。

各种类型文化特征的表现:

宗族型特点(A):工作环境友好;组织关注员工,凝聚力强;鼓励团队合作;成功准则为组织的人力资源管理的发展。

活力型特点(B):工作环境富有活力,充满创造性;组织靠不断革新实现员工间的凝聚力;鼓励创新;成功准则为组织获得独特的产品或服务。

市场型特点(C):员工间充满竞争;组织靠强调胜出来凝聚员工;非常关心声誉和成功;成功准则为组织的高市场份额和高的市场领导地位。

层级型特点(D):正式的工作环境,人们做事有章可循;组织靠正式政策凝聚员工;关注长期目标;成功准则为组织拥有可靠的服务,良好的运行和低成本。

每道问题含四个陈述,总分 100 分,请被调研者将符合现状及未来预期的分值填入相应陈述后面的空格中,分值越高表示这一项更符合情况。例如,在问题 1 中,如果觉得选项 A 最接近您的企业的情况,B 和 C 则有些接近,D 却不怎么接近,那么就给选项 A 打 50 分,B 和 C 各 20 分,D 只有 10 分。要注意的是,必须确保各选项的总分为 100 分,否则问卷将会无效。在回答任何一项时可以出现 0 分或 100 分。问卷分为现状和期望状态两部分。现状即对当前企业文化的评价,而期望状态则是参评人员认为 5 年之后企业文化应当达到的状况。显然这两部分的评分应该是有区别的。问卷具体内容见表 5-1:

表 5-1 领导者企业文化倾向评估问卷(L-PCAI 问卷)

1. 管理特征	现 在	将 来
公司中充满活力和事业心,员工愿意接受和承担风险。	B	
公司组织结构明确,控制系统完善,员工的工作完全按照规章制度。	D	
公司注重工作的完成和工作结果,员工也看重竞争和成就。	C	
公司就像一个大家庭,存在个性化的空间,员工们能够同甘共苦。	A	
总分	100	100

续表

	现在	将来
2. 领导风格		
公司领导是员工的导师、看护者或促进者。	A	
公司领导就是企业家,创新推动者或变革者。	B	
公司领导是公司的协调者,组织者和改善运营效果的人。	D	
公司领导是实际主义者,干劲十足,只问结果。	C	
总分	100	100
3. 员工管理	现在	将来
高度竞争、高要求、高成果是公司管理中的特点。	C	
公司的管理是以团队、参与管理和取得共识为主。	A	
公司寻求稳定的雇员关系,希望员工行为一致并可预见。	D	
公司的管理中充满个人冒险主义、自由、创新和独特性。	B	
总分	100	100
4. 组织凝聚力	现在	将来
公司的主要凝聚力来自公司的规章制度和政策,保持组织稳定运行非常重要。	D	
完成目标和重视成就形成了公司的凝聚力,进取和获胜是公司的主旋律。	C	
公司的凝聚力是革新和发展,公司关注的焦点是消除边界,融为一体。	B	
忠诚和信任是公司凝聚力的来源,员工承担义务对公司非常重要。	A	
总分	100	100
5. 战略重点	现在	将来
公司重视人员的发展,高度信任、开放和持续参与。	A	
公司重视持久和稳定,强调效率、控制和平稳运行。	D	
公司注重获得新的资源和创造新的挑战,鼓励为寻找机会而尝试新事物。	B	
公司强调竞争性行动和成就,最重要的是达到目标和在市场中获胜。	C	
总分	100	100
6. 成功标准	现在	将来
成功就是在市场上战胜对手,获得胜利。	C	
成功意味着公司有了新的技术或服务,是技术或服务的领导者和革新者。	B	
公司认为在人员发展、团队和员工承诺及关注员工的基础上才会成功。	A	
效率是成功的基础,关键是可靠的传递、顺畅的计划和低成本。	D	
总分	100	100

文化现状如表 5-2 所示。

表 5-2 文化现状

宗教型		活力型		市场型		层级型	
1A		1B		1C		1D	
2A		2B		2C		2D	
3A		3B		3C		3D	
4A		4B		4C		4D	
5A		5B		5C		5D	
6A		6B		6C		6D	
A 小计		B 小计		C 小计		D 小计	
平均		平均		平均		平均	

文化偏好如表 5-3 所示。

表 5-3 文化偏好

宗教型		活力型		市场型		层级型	
1A		1B		1C		1D	
2A		2B		2C		2D	
3A		3B		3C		3D	
4A		4B		4C		4D	
5A		5B		5C		5D	
6A		6B		6C		6D	
A 小计		B 小计		C 小计		D 小计	
平均		平均		平均		平均	

其中 A：宗族型；B：活力型；C：市场型；D：层级型。

二、丹尼森组织文化调查问卷

本项调查共有 60 道陈述题，这些题目描述企业文化的各个不同方面以及企业的运作方式。回答问卷时，只需要就每一条陈述说明同意或不同意的程度。在回答问题时，对所在企业做一个总体评估，以正常状况为评估基础。

如果问题准确描述了所在企业的正常状况，参评者就应当表明赞成该项陈述。如果陈述未能准确描述所在企业的正常状况，就应当表示不赞成。如果参评者难以决定在两种答案中应当选择哪一种，请选择最接近企业状况的答案。如果觉得对陈述既不赞成也没有异议，则应当选择中性的回答。如果某项陈述题与参评者无关，可以不回答。

问题的回答及得分：

1	2	3	4	5	0
强烈不赞同	不赞同	中立	赞同	强烈赞同	不适用

丹尼森组织文化调查问卷

在本公司

1. 大多数员工积极投入自己的工作。
2. 通常在可获得最佳信息的层面作出决策。
3. 信息广泛共享,每个人都可以在需要时获得所需的信息。
4. 每个人都相信自己能够产生积极的影响。
5. 业务规划具有持续性,并且让每个人都能参与其中。
6. 积极鼓励组织内不同部门之间进行合作。
7. 员工彼此进行广泛合作。
8. 利用团队结构而不是等级结构来完成工作。
9. 团队是我们的主要基石。
10. 工作的组织方式使每个人都能了解本职工作与组织目标之间的关系。
11. 员工被授予权利,可以自己进行决策。
12. 储备实力(员工的能力)不断得到改善。
13. 对员工的技能不断进行提高。
14. 员工的能力被视作竞争优势的重要来源。
15. 由于我们不具备完成工作所需的技能,因此时常出现问题。
16. 领导和管理者能够信守诺言。
17. 具有独特的管理风格和管理方法。
18. 明确、一致的价值观指导着我们的经营方式。
19. 忽略核心价值观会使你陷入困境。
20. 有道德准则指导着我们的行为,使我们明辨是非。
21. 出现分歧时,我们尽全力找到双赢的解决方案。
22. 组织拥有一种强有力的文化。
23. 即使遇到难题,我们也总能达成一致意见。
24. 在关键问题上我们经常难以达成一致意见。
25. 员工们对正确和错误的行为方式有着明确一致的看法。
26. 我们的经营方式具有一贯性和可预测性。
27. 来自不同部门的员工具有共同的目标。
28. 协调不同部门之间的项目并不困难。
29. 与不同部门的员工进行合作同与来自不同组织的员工合作一样困难。

30. 组织内各阶层的目标协调一致。
31. 工作方式十分灵活，容易进行改变。
32. 我们善于应对竞争对手以及业务环境中的其他变化。
33. 我们不断采纳新的先进工作方法。
34. 改革尝试通常会遇到阻力。
35. 不同部门经常相互合作，实施改革。
36. 客户的意见和建议常常带来变革。
37. 客户的意见直接影响着我们的决策。
38. 所有员工都对客户的愿望和需求有着深入了解。
39. 我们在作出决策时经常无视客户的利益。
40. 我们鼓励员工与客户直接接触。
41. 我们将失败视作学习和改善的机会。
42. 我们鼓励和奖励创新及敢于承担风险。
43. 很多事情不了了之。
44. 学习是我们日常工作的一个重要目标。
45. 我们确保部门之间互通信息。
46. 我们制定了长期目标和发展方向。
47. 我们的战略迫使其他组织改变其在本行业的竞争方式。
48. 企业确立了明确的使命，为我们的工作提供指导和方针。
49. 我们制定了明确的未来发展战略。
50. 我不了解企业的战略发展方向。
51. 员工普遍认同组织的发展目标。
52. 领导者制定的目标既雄心勃勃又切合实际。
53. 领导层已公开阐明了我们要努力实现的目标。
54. 我们不断跟踪既定目标的实现进度。
55. 员工都了解取得长期成功所需作出的努力。
56. 我们对组织的未来前景达成了共识。
57. 领导者具有长期发展的眼光。
58. 短期思维经常会影响到我们的长期愿景。
59. 我们的愿景使员工精神振奋，工作积极主动。
60. 我们能够达到短期要求，同时又不会影响长期目标的实现。

三、查特曼企业价值观 OCP 量表

OCP 量表采用 Q 分类的计分方式，被试者被要求将测量条目按最期望到最不期望或最符合到最不符合的尺度分类 9 类，每类中包括的条目数按 2—4—6—9—12—

9—6—4—2分布,实际上是一种自比式的分类方法。在西方国家,OCP是最常用的企业价值观量表之一,它在我国台湾和香港地区也有一定的影响。

OCP量表中共40条关于价值观的表述,根据参评者对所在企业的了解,将企业对每个价值观的重视程度按顺序填入现状栏中;然后将心目中理想企业的价值观特征按照重要顺序填入偏好栏中。

通过这样的分类,可以判断企业价值观中哪些是企业现在所重视的,还可以和偏好的价值观相比较,看看价值观还需要怎样的改进。如果按头等重视(重要)到第九等重视(重要)按9—8—7—6—5—4—3—2—1的方式计分,则每个价值观都有具体的得分。

表5-4 OCP量表的价值观表述

热衷工作	稳定发展	人际和谐	研发创新	社会责任
尽职尽责	冒险精神	成长机会	工作自主	井然有序
工作时间长	注重细节	业绩挂帅	团队合作	同仁融洽
人性化管理	奖罚分明	科学求真	宽容大量	保障工作
迅速果断	竞争能力	诚信原则	追求卓越	经营理念
结果重于过程	工作期望较高	积极有冲劲劲	勇于面对冲突	不拘泥于形式
表扬工作优秀者	对员工很支持	自我激励反省	资讯分享	快速把握机会
环境适应力	凡事理性分析	注重企业形象	重视质量	追求与众不同

表5-5 评价表格

现　　状	偏　　好
头等重视(2)	头等重视(2)
二等重视(4)	二等重视(4)
三等重视(4)	三等重视(4)
四等重视(6)	四等重视(6)
五等重视(8)	五等重视(8)
六等重视(6)	六等重视(6)
七等重视(4)	七等重视(4)
八等重视(4)	八等重视(4)
九等重视(2)	九等重视(2)

括号内的数字代表40条价值观表述在9个等级上的分布。

四、企业文化年度自我评估问卷[①]

定期进行企业文化调查,能够帮助企业尽早认识到存在的问题,并在这些问题

---

① 王吉鹏,李明.企业文化诊断评估理论与实务[M].北京:中国发展出版社,2005:231.

对企业产生负面影响之前将其解决。

很多常规的企业文化调查问卷都冗长、复杂、成本较高且不易进行评分。下面这份由仁达方略介绍的由 12 个问题组成的调查问卷易于理解,而且只需花费 30—45 分钟的时间就可以完成。这份问卷既适合口头调查,也可以转化为书面调查。

企业文化年度自我评估问卷

调查者姓名:(　　　　　　　　)

答卷人姓名:(　　　　　　　　)

企业文化年度自我评估问卷的等级

等　级	1	2	3	4	5
	从不	偶尔	有时	经常	总是

回答下列问题:

1. 我清楚地知道自己在公司中所扮演的角色或所从事的工作,我也很清楚我期望的是什么。(　　　)分
2. 我拥有充分的信息来正确地完成工作。(　　　)分
这些信息来自部门领导或公司领导?　　　　　　　　
这些信息来自其他员工?
3. 我了解公司的发展目标。(　　　)分
使命是什么?
价值观是什么?
4. 公司领导关注并满足员工的需求。(　　　)分
你所在部门的领导是这样的吗?
5. 公司中不同部门之间会进行众多的团队协作。(　　　)分
6. 公司中的工作条件能够促进工作效率的提升。(　　　)分
7. 在提升的机会面前,公司员工一律平等。(　　　)分
你是否受到不公平对待?
8. 在工作过程中,我会充分运用自己的积极能动性来取得成绩。(　　　)分
9. 我的想法和建议受到重视和鼓励。(　　　)分
10. 我所做出的成绩得到了别人的称赞和重视。(　　　)分
11. 在那些需要改进的领域,别人给我提供积极的反馈和指导。(　　　)分
12. 公司员工的士气和效率不高。(　　　)分
什么事情会对公司的士气和效率产生极大的影响?

评分表分别记录每个员工对每个问题的得分。比如第一个问题,公司中 5 名员工的得分分别是 3、4、3、5、2,那么这个问题的平均分就是 3.4。据此,可以计算出每

个问题的平均分。这个 12 个问题的平均分,可以帮助了解公司员工的满意度,也可以用来评估企业文化、公司员工队伍的士气和信心。

某一个问题的平均分是 3.6 分或者更低,表明这方面需要改进;平均分是 3.7—4.1 分,表明员工的满意程度良好;平均分是 4.2 分或者更高,表示员工对公司非常满意。

下面列举三个企业文化调查问卷样本。

样本一

T 集团企业文化诊断问卷

尊敬的先生、女士:

您好!

感谢您花费宝贵时间配合完成以下问卷,您的积极参与将有助于我们准确而科学地评判和诊断企业的文化现状,从而积极地推动企业文化建设项目,为企业的科学发展和广大员工的工作生活提供良好的环境氛围!

因此,您的回答对本次调研非常重要,此问卷是不记名的,并且所有填写的内容仅在研究中使用,严格保密。希望您在填写时能如实、完整地作答。谢谢您的合作!

第一部分 您的基本信息

1. 您的性别:(1) □男 (2) □女
2. 您的年龄:
   (1) □25 岁及以下 (2) □26—30 岁 (3) □31—40 岁
   (4) □41—50 岁   (5) □51—60 岁 (6) □60 岁以上
3. 您的最后学历(含在读学位):
   (1) □专科(不含)以下 (2) □专科 (3) □本科
   (4) □硕士研究生及以上学历
4. 您从事管理工作多少年:
   (1) □无   (2) □1 年以下 (3) □1—3 年
   (4) □4—5 年 (5) □6—10 年   (6) □10 年以上
5. 您属于哪个公司:(请在下面的括号内写下您所在公司的名称)
   (   )

第二部分 诊断问卷

填答说明:

这部分共有 60 道题,请仔细阅读每道题,您认为这句话在多大程度上符合公司的实际情况,请在相应的方框中打"√"。

从前往后,方框依次代表:完全符合、比较符合、不清楚、比较不符合、完全不符合。

01	大多数员工对工作很投入 ☐☐☐☐☐
02	哪个群体最了解情况就让哪个群体参与决策 ☐☐☐☐☐
03	公司内部信息公开,员工可以随时得到所需要的信息 ☐☐☐☐☐
04	员工相信自己能够对公司产生积极的影响 ☐☐☐☐☐
05	公司业务规划具有持续性,员工都能参与其中 ☐☐☐☐☐
06	公司积极鼓励不同部门之间进行合作 ☐☐☐☐☐
07	员工在工作中的合作比较广泛 ☐☐☐☐☐
08	公司领导层采用民主的管理方式 ☐☐☐☐☐
09	公司是以团队的方式开展工作的 ☐☐☐☐☐
10	员工了解本职工作和企业目标之间的关系 ☐☐☐☐☐
11	员工被授予权力,可以自己进行决策 ☐☐☐☐☐
12	员工的能力在工作中不断地得到改善 ☐☐☐☐☐
13	公司对员工的技能进行不断地投资 ☐☐☐☐☐
14	领导认为员工的能力是公司核心竞争力的重要来源 ☐☐☐☐☐
15	员工不具备工作所必需的技能,工作中经常出现问题 ☐☐☐☐☐
16	领导和管理者能够信守诺言 ☐☐☐☐☐
17	领导者具有独特的管理风格和管理方法 ☐☐☐☐☐
18	公司拥有一致的价值观指导员工的日常工作 ☐☐☐☐☐
19	忽略企业的核心价值观会使员工的工作陷入困境 ☐☐☐☐☐
20	公司拥有明确的道德准则规范员工的行为 ☐☐☐☐☐
21	出现分歧时,员工会尽全力找到双赢的解决方案 ☐☐☐☐☐
22	公司拥有一种强有力的文化 ☐☐☐☐☐
23	即使遇到难题,员工也总能达成一致意见 ☐☐☐☐☐
24	在关键问题上,员工经常难以达成一致意见 ☐☐☐☐☐
25	员工拥有比较一致的是非判断标准 ☐☐☐☐☐
26	员工在工作中表现出来的行为方式是可以被预测的 ☐☐☐☐☐
27	不同部门的员工拥有共同的目标 ☐☐☐☐☐
28	协调不同部门之间的工作并不困难 ☐☐☐☐☐
29	与其他部门的员工进行合作时十分困难 ☐☐☐☐☐
30	员工、中层领导和高层领导的工作目标是一致的 ☐☐☐☐☐
31	公司内部的工作方式十分灵活 ☐☐☐☐☐
32	员工善于应对业务环境中的变化 ☐☐☐☐☐
33	员工愿意不断采纳先进的工作方法 ☐☐☐☐☐
34	员工在尝试创新的过程中经常会遇到阻力 ☐☐☐☐☐

35	不同部门经常相互合作,实施变革	□□□□□
36	客户的意见和建议常常会引起相关部门的关注	□□□□□
37	客户的意见直接影响着相关部门的决策	□□□□□
38	公司对客户的需求有着比较深入地了解	□□□□□
39	公司在作出决策时经常无视客户的利益	□□□□□
40	公司鼓励员工与客户直接接触	□□□□□
41	员工将失败看作学习和改善的机会	□□□□□
42	公司鼓励员工创新、承担风险	□□□□□
43	公司的很多事情都是不了了之	□□□□□
44	学习是员工日常工作的一个重要内容	□□□□□
45	公司能够确保各部门之间的信息沟通	□□□□□
46	公司制定了长期目标和发展方向	□□□□□
47	公司的战略会影响整个行业的竞争方式	□□□□□
48	企业确立了明确的目标,对员工的工作具有指导性	□□□□□
49	公司制定了明确的发展战略	□□□□□
50	员工不了解公司的战略发展方向	□□□□□
51	员工普遍认同公司的发展目标	□□□□□
52	领导者制定的战略目标切合实际	□□□□□
53	领导层已公开阐明了公司要努力实现的目标	□□□□□
54	公司会不断跟踪战略目标的实现进度	□□□□□
55	员工了解自己在实现公司目标的过程中需要作出哪些努力	□□□□□
56	员工对公司的未来愿景已经达成了共识	□□□□□
57	领导者具有长远的战略眼光	□□□□□
58	短期目标经常会影响公司长期目标的实现	□□□□□
59	公司的愿景使员工精神振奋,工作积极主动	□□□□□
60	公司的短期目标和长期目标不会发生冲突	□□□□□

1. 您认为公司的核心价值观是什么?

2. 您认为公司中最值得保留的传统是什么?

3. 您认为公司在内部管理中最需要改进的是什么?

4. 请讲述(或写下)一个在公司里实际发生过的最让你感动的故事。

(李春萍,原载于《T集团企业文化诊断》)

样本二

仁达方略企业文化综合调查问卷

尊敬的各位员工：

您好！

我们十分荣幸能够有机会和您一起工作，共同为本企业的发展和企业文化的提升贡献力量。

为更好地了解和倾听您对本企业的看法和感受，我们设计了以下问卷请您作答。调查是无记名式的，请把您真实的想法和看法表达出来，"实话实说，畅所欲言"。在此，我们对您的支持表示衷心感谢。

第一部分：个人基本情况

请在符合您基本情况的选项上划"√"

1　性别：(1) 男　(2) 女
2　年龄：(1) 25 岁以下　(2) 26—30　(3) 31—35　(4) 36—45　(5) 46 岁以上
3　学历：(1) 高中及以下(含高中)　(2) 中专或技校　(3) 大专　(4) 本科　(5) 硕士及以上
4　级别：(1) 副科级以上管理干部　(2) 一般管理岗位人员　(3) 其他非管理岗位人员
5　到本单位时间：(1) 1—4 年　(2) 4—8 年　(3) 8—12 年　(4) 12 年以上
6　身份：(1) 正式工　(2) 聘用工
7　所在部门：(　　　　　　　　)

第二部分：单项选择题

根据仁达方略企业文化综合诊断评估系统(CMAS)，此问卷的题目共分为 12 个维度。每道题有 1、2、3、4、5 五个选项，各选项的含义为：(1) 完全不同意　(2) 基本不同意　(3) 说不清楚　(4) 基本同意　(5) 完全同意

请根据您对各问题的真实看法选择答案。如您对问题的看法是完全同意，那么在"5"上画圈。

1　在公司里，总是充满乐观和成功的气氛。1—2—3—4—5
2　公司领导能够不断改进工作方法。1—2—3—4—5
3　公司领导只注重工作的最终结果。1—2—3—4—5
4　我的上司分派工作时能够参考下属的建议。1—2—3—4—5
5　公司对员工的奖励以物质奖励为主。1—2—3—4—5
6　公司有完备的操作规程和管理标准。1—2—3—4—5

7　我对周围的同事感到非常的满意。1—2—3—4—5
8　公司有着明确的企业愿景和企业精神。1—2—3—4—5
9　公司给我提供了良好的发展空间和机会。1—2—3—4—5
10　在每天的工作时间中,我的心情是非常愉快的。1—2—3—4—5
11　我清楚了解公司的使命和最终发展目标。1—2—3—4—5
12　公司的领导对未来充满信心。1—2—3—4—5
13　公司员工普遍认为长远的成功比短期的业绩更重要。1—2—3—4—5
14　公司对团队工作成果的奖励只是按照个别人的贡献。1—2—3—4—5
15　在公司里,人们优先考虑顾客的利益。1—2—3—4—5
16　我的上司能够经常帮助我改进工作中的缺点。1—2—3—4—5
17　在我遇到困难时,同事们能够提供帮助。1—2—3—4—5
18　员工的提升是依靠个人的工作绩效或能力。1—2—3—4—5
19　我的上司能够对我的工作进行有效的帮助和指导。1—2—3—4—5
20　公司总是能够激励我所取得的每一项成绩。1—2—3—4—5
21　我所在部门的员工都十分了解部门的工作目标。1—2—3—4—5
22　在公司中,有人制造和利用流言来获得权利、资源或优势。1—2—3—4—5
23　公司的决策经常吸收员工提出的建议和意见。1—2—3—4—5
24　在公司里,富有主动进取、开拓精神的人受到上级的赏识。1—2—3—4—5
25　公司有完善的渠道保证领导了解员工的意见。
26　公司领导经常在公开场合表扬员工的成绩。1—2—3—4—5
27　我对现有的工作方式感到非常的满意。1—2—3—4—5
28　公司有完善的制度来考核员工当前的工作绩效。1—2—3—4—5
29　公司定期为员工举办文化、体育和娱乐活动。1—2—3—4—5
30　我对我的收入水平感到非常的满意。1—2—3—4—5
31　公司能够按照制定好的计划运行。1—2—3—4—5
32　我希望公司的奖励以物质奖励为主。1—2—3—4—5
33　公司各级领导能够率先垂范、积极倡导企业精神和企业宗旨。1—2—3—4—5
34　公司领导注意及时了解员工的心态和工作感受。1—2—3—4—5
35　在追求利润的同时,公司高度重视自己的社会责任和企业形象。1—2—3—4—5
36　公司的领导注重工作质量。1—2—3—4—5
37　我的上司重视对下属人员能力的培养。1—2—3—4—5
38　在工作中我总是避免出错,因为出错将受到惩罚。1—2—3—4—5
39　公司里,工作中的沟通很诚恳。遇到问题时,人们总讲真话、实话,从不遮

遮掩掩。1—2—3—4—5
40 我的上司在决定问题时经常询问我们的意见。1—2—3—4—5
41 我们部门员工的职责范围和任务界定十分明确。1—2—3—4—5
42 金钱对我起着最主要的激励作用。1—2—3—4—5
43 我认为公司对我的考核和评价是公平的。1—2—3—4—5
44 如果其他公司有更好的提升个人能力的机会,我会离开公司。1—2—3—4—5
45 公司内部部门之间有相互支持和信任的气氛。1—2—3—4—5
46 我的部门领导能够向上反映(听取)员工的需求和意见。1—2—3—4—5
47 领导意志和私人关系不会妨碍规章制度的贯彻。1—2—3—4—5
48 公司领导们认为,员工是公司中最重要的财富。1—2—3—4—5
49 公司领导对公司的发展前景有明确的目标和计划。1—2—3—4—5
50 我的上司能够让我充分独立工作。1—2—3—4—5
51 公司里各部门之间的协作总会出现扯皮和猜忌的情况。1—2—3—4—5
52 公司能够及时地按照环境的变化对组织机构进行调整。1—2—3—4—5
53 公司对刚进入的员工进行职业技能培训。1—2—3—4—5
54 我能享受到完备的福利保障。1—2—3—4—5
55 工作中的冲突总是需要上司的调节才能得到解决。1—2—3—4—5
56 在公司里,善于沟通和协作的人是最受欢迎的人。1—2—3—4—5
57 公司鼓励员工参加外部的培训活动。1—2—3—4—5
58 如果其他公司给我更高的薪水,我会离开公司。1—2—3—4—5
59 公司领导认为用正确的方式工作比工作成果更重要。1—2—3—4—5
60 我能够在自己的岗位上很好地发挥自己的才能。1—2—3—4—5
61 公司鼓励员工从不同的角度解决工作中的问题。1—2—3—4—5
62 我能够感受到品牌效应为公司带来的声誉。1—2—3—4—5
63 上司给我分配任务后会向我提供足够的信息。1—2—3—4—5
64 在公司里,每个人的工作都是构成公司整体的一个非常重要的部分。1—2—3—4—5
65 公司对员工绩效的考核和评价有明确具体的标准。1—2—3—4—5
66 在公司里,工作能力是人们最看重的因素。1—2—3—4—5
67 我认为企业精神和文化是形成凝聚力的根本原因。1—2—3—4—5
68 公司重要的决策总是要经过相关人员的反复论证才能形成。1—2—3—4—5
69 公司里的工作环境使我感到舒适、安全。1—2—3—4—5
70 进行工作时需要经常向上级请示。1—2—3—4—5

71　在公司里,人们花工夫建立相互信任的关系。1—2—3—4—5
72　我对我的晋升情况和发展前景感到非常满意。1—2—3—4—5
73　我认为公司的口号很好地体现了公司的精神和价值观。1—2—3—4—5
74　公司鼓励员工从自身及他人的经验教训中学习。1—2—3—4—5
75　公司定期对员工进行企业发展战略的宣贯。1—2—3—4—5
76　公司鼓励员工组成团队开展工作。1—2—3—4—5
77　在公司里,管理方法的创新能够得到支持和推广。1—2—3—4—5
78　我能通过正式的渠道了解公司的重大决策。1—2—3—4—5
79　公司有明确的绩效考核方案。1—2—3—4—5
80　我对自己的工作要求尽善尽美。1—2—3—4—5
81　我的上司能够经常指出我工作中的问题。1—2—3—4—5
82　员工经常在不同部门之间调动。1—2—3—4—5
83　公司经常举行提高员工技能的培训活动。1—2—3—4—5
84　我对我的上司和领导感到非常满意。1—2—3—4—5
85　我愿意接受公司的任何工作安排和调整。1—2—3—4—5
86　员工们能够接受也希望收入和个人工作成果挂钩。1—2—3—4—5
87　公司能够把员工的意见和观点融入决策中。1—2—3—4—5
88　公司的领导经常提起公司的价值观和目标。1—2—3—4—5
89　人们能够随时看到公司倡导的精神、口号标牌。1—2—3—4—5
90　上下级之间、同事之间互相尊重。1—2—3—4—5
91　公司有完善的员工行为规范和制度。1—2—3—4—5
92　在公司里,市场的观念深入人心。1—2—3—4—5
93　我的上司会帮助我解决工作中的困难。1—2—3—4—5
94　公司鼓励各个级别的员工为公司的发展提出合理化建议或意见。1—2—3—4—5
95　市场变化的信息能够迅速地得到反馈并采取相应的措施。1—2—3—4—5
96　我希望通过进一步的努力,干出更大的事业。1—2—3—4—5
97　公司重要的决策总是能够迅速形成并加以落实。1—2—3—4—5
98　在开展工作时,公司领导关注员工个人的满意程度。1—2—3—4—5
99　公司领导与员工共同分享有关行业发展趋势及公司发展方向的最新信息。1—2—3—4—5
100　当与别人谈到公司时,我感觉有一种自豪感。1—2—3—4—5
101　我认为员工工作是按照制度规定进行的。1—2—3—4—5
102　我发现其他同事的工作出现错误时,会向他提供指导和帮助。1—2—3—4—5

103 一般而言,公司的用人机制是只上不下。1—2—3—4—5
104 员工的提升依靠资历或与领导有良好的关系。1—2—3—4—5
105 我认为建立品牌比抢占市场份额更重要。1—2—3—4—5
106 员工的大部分工作都有详细的流程和制度。1—2—3—4—5
107 事业的成功对我起着最主要的激励作用。1—2—3—4—5
108 公司各部门之间能够充分地沟通与交流,信息能够分享。1—2—3—4—5
109 公司的领导采取措施改进产品(服务)的质量。1—2—3—4—5
110 公司的企业精神深入人心,并且得到广泛的认同,变成员工的行动。1—2—3—4—5
111 我的部门领导能够言行一致、以身作则。1—2—3—4—5
112 公司对员工一视同仁,而不论职位、文化或其他方面有什么差异。1—2—3—4—5
113 上司给我分配任务后,一般不会直接干预我的工作。1—2—3—4—5
114 公司高层领导能将公司的重大信息自上而下地传播。1—2—3—4—5
115 公司员工在很好地完成工作时,会得到领导的表扬。1—2—3—4—5
116 我对我的工作岗位感到非常的满意。1—2—3—4—5
117 我所在的部门内定期进行双向交流。1—2—3—4—5
118 公司在制定与员工有关的规章制度时,很少向员工征求意见。1—2—3—4—5
119 我愿意为公司竭尽所能地工作。1—2—3—4—5
120 在公司里,个人或团队有权修改他们的目标。1—2—3—4—5
121 在公司里,创新成果能够得到支持和推广。1—2—3—4—5

(节选自于《仁达方略企业文化诊断与评估系列问卷之企业文化综合调查问卷》)

样本三

C供电局廉洁文化建设问卷调查

您好!

我们正在进行一项调研,为了更真实地反映本单位廉洁文化建设的现状,请您配合,如实填写以下问题,非常感谢您的配合!

您的身份:(　　)
A 党员　　　　　　B 群众　　　　　　C 民主党派　　　　D 一般员工
E 班组长　　　　　F 部门负责人　　　G 局领导
1. 您是否具有行业优越感?(　　)
A 明显具有　　　　B 有,但不明显　　　C 没有

2. 您觉得电网企业有必要承担一定的社会责任吗?（   ）
A 非常有必要　　　B 有必要　　　　C 没必要　　　　D 无所谓
3. 您觉得电网企业履行了自己的社会责任吗?（   ）
A 做得不错　　　　B 做得不多　　　C 印象不深
4. 近年来对电网企业的社会形象评价如何?（   ）
A 有明显改善　　　B 有改善　　　　C 没变化　　　　D 形象恶化
5. 您认为电力企业社会形象的好坏会影响电力企业的经济效益吗?（   ）
A 有很大的影响　　B 有影响　　　　C 影响不大　　　D 没影响
6. 您认为廉洁作风与企业的社会形象有关系吗?（   ）
A 有很大关系　　　B 有关系　　　　C 关系不大　　　D 没关系
7. 廉洁文化的主要内容包括（   ），其中最核心的内容是哪一项（   ）?
A 思想理念　　　　B 道德品质　　　C 遵纪守法　　　D 生活观念
E 价值取向　　　　F 行为规范　　　G 廉洁奉公　　　H 精神品位
I 规章制度
8. 您认为廉洁文化成功与否主要体现在哪个方面（   ）
A 制度是否健全　　　　　　　　　B 监督机制是否得力
C 教育是否到位　　　　　　　　　D 宣传是否充分
E 风气是否形成
9. 您认为搞好廉洁文化建设的关键在于（   ）
A 制度健全　　　B 监督机制有效　　C 教育到位　　　D 领导带头
E 全员参与　　　F 宣传充分　　　　G 配套文化活动丰富有效
10. 您认为当前本单位中不正之风主要是（   ）
A "小金库"问题　　　　　　　　　B 招工用工问题
C 干部任用选拔　　　　　　　　　D 公款吃喝玩乐
E 以权谋私收受贿赂　　　　　　　F 贪污挪用电费
G 以电谋私捞取钱财
11. 你认为当前哪些岗位容易产生较严重的不正之风?（   ）
A 一线收费人员　　B 基层单位负责人　C 单位行政一把手　D 招投标人员
E 物资采购人员　　F 工程施工人员　　G 工程管理人员　　H 后勤部门
I 资产经营管理人员　　　　　　　　J 其他_____
12. 您所在单位和部门党政领导对廉洁文化建设是否重视?（   ）
A 十分重视　　　B 重视　　　　　　C 不太重视　　　E 不重视
13. C 供电局廉洁文化的核心理念是（   ）
A 唯有规矩成方圆　　B 干事、干净　　C 公正廉洁风清气正
D 淡泊名利洁身自好　　　　　　　　E 不知道

14. 您认为C供电局在廉洁文化建设中做得最成功的方面是(　　),最不成功的方面是(　　):
A 制度健全　　　　B 监督机制有效　　C 教育到位　　　　D 领导带头
E 全员参与　　　　F 宣传充分　　　　G 配套文化活动丰富有效

15. 您认为C供电局的廉洁制度已涉及到哪些环节?(　　)
A 干部培养　　　　B 干部选拔　　　　C 干部管理　　　　D 干部奖惩
E 员工管理　　　　F 员工奖惩

16. 您认为本单位以下制度中哪三项落实较好?(　　)
如果您认为还有没落实好的,主要是哪三项?(　　)
A 党风廉政分析会制度　　　　　B 三项谈话制度
C 重大事项报告制度　　　　　　D 廉洁自律报告制度
E 比质比价"三分离"制度　　　　F 目标考核制度
G 中层干部民主评议制度　　　　H "三重一大"集体决策制度
I "一岗双责"

17. 您认为制度不落实的最根本原因是什么?(　　)
A 制度不健全、不科学　　　　　B 制度观念落后
C 执行制度不严肃　　　　　　　D 执法人员素质不高
E 其他

18. 您认为本局对哪些岗位及人员的监督效果比较好?(　　)对哪些岗位及人员的监督效果还需加强?(　　)
A 生产一线班组长
B 中层以上领导
C 服务、营业一线工作人员
D 掌管人、财、物分配处置权和审核把关权的部门及人员

19. 您认为监督不力的最根本原因是什么?(　　)
A 监督体制不合理　　　　　　　B 监督机构缺乏权威
C 干部群众参与监督的热情不高　D 领导干部接受监督的意识不强
E 其他

20. 假如您掌握了涉及不廉洁现象的线索,您将如何去做?(　　)
A 积极举报　　　　　　　　　　B 涉及自己利益才举报
C 怕打击报复不敢举报　　　　　D 无论什么情况都不举报

21. 以下廉政教育的内容,C供电局最重视的是哪些?(　　)
A 党风廉政法律法规　　　　　　B 领导重要讲话
C 本系统、本单位相关制度　　　D 反腐倡廉的先进事迹
E 反面案例　　　　　　　　　　F 理想信念、社会公德、职业道德

22. C供电局进行廉政教育最常用的方式有哪些？（　　）其中效果较好的是（　　）。
　A 组织集中学习　　　　　　　　B 座谈、专题讨论
　C 演讲、廉政知识测验或竞赛　　D 组织观看影视资料片、图片展
　E 组织参观、走访、考察、调查等活动
　F 组织开展廉政谈话、廉洁从业承诺、履职述廉评议等活动
　G 通过网页、短信进行教育　　　H 撰写交流学习心得、调研文章

23. 除此之外,您认为较好的廉洁教育宣传方式还有哪些？（　　）
　A 结合工作实际针对廉政教育　　B 典型案例剖析教育
　C 专业人员预防犯罪普法讲座　　D 学习廉政理论及上级精神
　E 模范人物事迹报告会　　　　　F 读书体会、征文、演讲比赛
　G 其他

24. 您认为影响廉洁文化宣传教育效果的主要原因有（　　）
　A 宣传教育内容针对性不强　　　B 宣传教育形式陈旧、呆板
　C 宣传教育的制度不够健全　　　D 宣传教育经费、人力投入不够
　E 说不清

25. 在近三年中,您参加过几次企业廉洁文化活动？（　　）
　A 一次　　　B 两次　　　C 两次以上　　　D 没有
　E 不关心

26. C供电局所开展的廉洁文化活动中,您认为效果较好的是（　　）？您参与过的活动有（　　）？
　A 廉政短信
　B 征集廉洁文化作品（征文　书画　摄影）
　C 建成廉洁文化网　　　　　　　D "践行101,创争我在先"活动
　E "吴克忠"服务品牌　　　　　　F 党员服务队
　G 群众满意基层站所　　　　　　H 电力报相关专栏
　I 其他_____

27. 您对《廉洁文化手册》中的哪些内容有较深印象？（　　）
　A 廉洁文化理念　　　　　　　　B 廉洁文化建设总体要求
　C 廉勤效能监督管理体系　　　　D 廉洁文化只是讲堂
　E 廉洁知识讲堂　　　　　　　　F 具体案例

28. 国家电网公司提出的廉洁文化"四进"活动是哪些？（　　）
　A 进企业　　　B 进家庭　　　C 进班子　　　D 进班组
　E 进社区　　　F 进部室

29. 您认为参与廉洁文化建设的主体是（　　）

A 企业领导　　　　　　　　　　B 全体党员
C 易出现不廉洁行为的人或部门　D 所有干部员工

30. 您对近年企业开展廉洁文化建设所取得的成效是否满意？（　　）
A 十分满意　　B 满意　　C 不太满意　　D 不满意

31. 家庭成员是否会督促您在工作中保持廉洁？（　　）
A 经常　　B 偶尔　　C 没有　　D 他们不知道

32. 您认为保持廉洁的最主要动因是（　　）
A 法律法规制约　　　　　B 个人自律
C 周围良好的廉洁环境　　D 家人的作用

33. 您认为"腐败文化"主要体现在哪些方面？（　　）
A 笑廉不笑贪　　　　　　　　　B 视搞腐败的人为"有能力"
C 讥笑拒贿的干部"假正经"　　　D 感叹被查处的贪官"运气不好"
E 其他

34. 您最渴望拥有的"廉洁文化"氛围有哪些？（　　）本单位已经形成的"廉洁文化"氛围有哪些？（　　）
A 干事干净的人得到重用　　　　B 廉洁自律的人得到尊重
C 淡泊名利的人得到关心　　　　D 讲正气的人得到爱护
E 知错能改的人得到帮助　　　　F 是非不分的人受到批评
G 事不关己高高挂起的人受到教育　H 有腐败行为的人受到惩处

35. 关于本单位的反腐倡廉典型事例，您印象最深刻的是＿＿＿＿＿＿＿＿。
您记忆最深的反面典型案例是＿＿＿＿＿＿＿＿＿＿＿＿＿＿＿＿＿。
您印象最深刻的廉政短信是什么？

本章小结：
　　本章介绍了企业文化诊断的目的和主要内容，重点介绍了企业文化诊断的基本方法，提出定性研究和定量分析相结合，并介绍了国内外经典的企业文化测量模型。在借鉴国内外企业文化测评研究成果的基础之上，尝试建立具有电力行业特色的企业文化诊断与测评体系，使其能够对电力企业的企业文化进行科学有效地测量和评估。

思考题：
1. 企业文化诊断的基本方法有哪些？
2. 谈谈你对企业文化的可测量性是如何看待的。
3. 如果让你来设计电力企业文化诊断模型，你如何设计？

案例：

中国电力行业企业文化管理状况调查

调查背景：电力行业正处于体制改革阶段，"十五"期间，我国电力体制改革的核心是建立电力市场，引进竞争机制，这将直接影响到企业及员工在生产和经营过程中的价值取向，从而引起管理模式的改变。

调查目的：旨在从我国电力行业发展的战略层面上审视我国电力行业的企业文化现状。

调查对象：2002年底新组建的11家电网、发电及辅业公司，各网、省电力公司，电力建设公司，电力设备制造公司，科研机构，设计单位等，范围基本涵盖了我国电力行业中各类型的企事业单位。

研究策略：通过定性与定量的综合研究确定我国电力企业文化的类型，比较电力行业企业文化建设的现状与理想预期之间的差距，挖掘电力行业企业文化建设的优势与劣势，寻找我国电力行业企业文化建设的出路，从根本上提高我国电力企业的生产能力与生产效率，实现经济效益与社会效益双丰收。

研究方法：采用"企业文化诊断评估系统"（CMAS），通过维度和要素的划分，使用调查数据和综合考量技术，深入剖析我国电力行业企业文化管理现状与发展要求。

操作单位：仁达方略管理咨询公司

2002年，中国政府启动了以打破垄断、构建政府监管下的电力市场体系为目标的电力体制改革，成立了国家电力监管委员会，并于2002年底前改组、组建了两家电网经营企业、五家独立的发电集团和四家辅业集团公司，使中国电力工业基本实现了网厂分开，逐步拉开了市场化进程的序幕。从这一改革的历史轨迹可以清楚地发现，改革的主线是市场化取逐步深化，政企关系逐步确立，以及集中解决不同时期存在的突出矛盾。

一、我国电力行业企业文化的总体特征与建设的总体现状

本次调查基于竞争价值观模型，从员工、发展、竞争与制度四个方面审视我国电力企业文化的总体状况。

下图反映了我国电力企业文化在员工与团队、创新与发展、市场与竞争、制度与规则四个方面的总体表现。

从图中可以看出，我国电力企业总体上具有非常正式的组织结构，较为严格的管理制度和规则，但在员工的发展与有效沟通、对市场竞争环境与挑战的快速反应、竞争性行动等方面比较薄弱。这与我国电力企业的发展历史及产业特点是吻合的。一方面，我国电力企业经过了几轮改革，已经逐渐打破垄断，引入了市场竞争机制，但大多数仍是国有企业或国有控股企业，在没有建立现代法人治理结构的情况下，企业的管理仍带有很强的垂直行政管理色彩。另一方面，电力工业作为基础产业和

公共事业，其生产特点要求电力企业必须能够有效地进行统一调度与规划，并按照严格的流程进行严格的管理。同时，电力工业，特别是在发电企业，长期实行的都是半军事化管理，这种管理状况直接造成的结果就是企业员工封闭性的加强与能动性的下降。

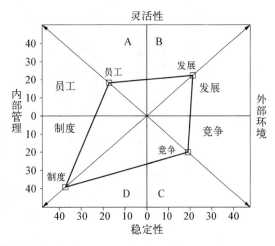

世界电力改革的经验说明，改革的基本取向是市场化。本次我国电力改革的目标就是要打破垄断、引入竞争，降低电力供应链各个环节的成本，提高效率，改善服务，强化我国电力企业之间的竞争，以促进电力工业健康、有序地发展。因此，我国电力企业文化的建设目标是：增强市场与竞争意识、提高客户服务意识与环境保护意识，通过管理制度改革与创新，为员工提供技术创新的氛围与动力，从而加快电力产业的发展。从调查数据中我们可以发现，围绕着电力改革，其中最重要的因素就是安全、服务、环境保护、成本和其隐含的因素——市场，而这五个因素也将成为电力改革后，各个电力公司企业文化变革中需要重点考虑的价值取向要素。

目前电力行业的改革正处于攻坚阶段，而改革的焦点更集中在体制改革上，新组建的11家大公司在自身的资源整合、管理平台的搭建等方面还需要有一个过程。虽然一直以来电力行业比较重视企业文化建设，各集团的很多下属企业也在这方面做了大量的工作，但各集团似乎尚未明确自身的价值观体系与理念体系。

从本次企业文化问卷调查反映的情况看：有83.4%的问卷认为企业高层管理者十分重视或者重视企业文化管理工作，体现了电力行业长期对企业文化的重视。从企业文化管理部门的类别看，较多的企业将企业文化建设工作放在行政部、政工部、人力资源部、党群部等部门，只有1.3%的企业将企业文化建设工作放在战略规划部。企业文化管理部门的不同是由于企业对企业文化建设认识的不一致所导致的，即把企业文化作为人力资源建设或思想政治工作的一部分来开展，而不是从公司整体战略的角度来考虑和实施。

从以上对我国电力行业企业文化的总体特征与建设总体现状的分析中可以看出，我国电力行业企业文化的建设还有一段很长的路要走。

二、我国电力行业企业文化状况的深入剖析

（一）基于CMAS的企业文化的总体分析

电力行业企业文化在各维度总体上的平均得分为3.57分。其中，供电企业与发电企业的平均得分略高于电建企业与电力设备企业。

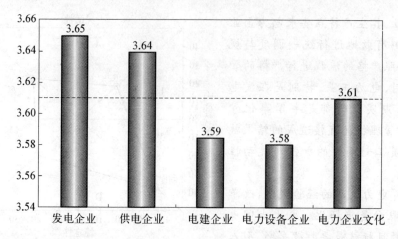

与多数被调查行业相比,这个得分比较高,说明电力企业的员工对企业文化的总体评价较高,持有积极、肯定的态度。一方面,电力企业具有较好的历史文化传承,员工普遍具有较强的自豪感与责任感;另一方面,电力工业作为国民经济的基础产业,具有一定的垄断性,其长期的稳定性和福利保障,对员工产生了较强的吸引力。同时,不同类型的电力企业之间略有差异。发电企业和供电企业在电力改革与企业重组之后,在企业的生产经营管理以及企业文化建设上都有所改善,企业文化建设越来越受到重视。但是,多数电力企业文化的建设还没有深入到企业文化的核心层面上。电力建设企业由于其企业经营产品与服务的特殊性,使其在企业文化的变革与建设上略显滞后。然而,电力设备企业则包含各种所有制的企业,企业的规模各不相同,数量也较多,总体表现略低于电力行业的平均水平。6个要素的详细分析如下。

根据各要素得分的分析,电力公司在各要素上还是存在较大的差异。电力企业在愿景目标与价值观等要素中得分较高,分别为3.86、3.74,而在决策与授权、组织学习和组织氛围得分则比较低,为3.43、3.51和3.47。这些得分情况与我们在深度访谈、问卷调查、行业研究中所获得的信息是对应的。

要　　素	得　　分
愿景目标	3.86
价值观	3.74
组织学习	3.51
决策与授权	3.43
团队协作	3.67
组织氛围	3.47
电力企业文化	3.61

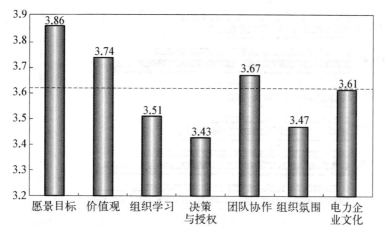

(二) 基于 CMAS 的企业文化的比较分析

前面对我国电力行业企业文化在总体表现上做了概括分析,但对处在电力供应链上不同环节的企业来说,不同环节企业的业务特点、所处的经营环境与基础不一致,带来了文化建设的不同特点。基于此,针对供应链的不同环节,将电力行业大致划分出四种类型:发电、供电、电力建设、电力设备。

下面是不同类型电力企业各要素的详细比较。

通过 CMAS 的总体对比分析,可以看出发电企业(3.65)、供电企业(3.64)在企业文化建设方面要强于电力建设企业(3.59)和电力设备企业(3.58)。在诸要素对比分析中则发现,在愿景目标、价值观与团队协作要素上,发电、供电企业要高于电力建设、电力设备企业,在组织学习要素中,得分差别不大,而在决策与授权、组织氛围两个要素上,发电企业、供电企业则要逊于电建、电力设备企业,这表明,由于发电、供电企业与电力建设、电力设备企业在市场化程度上的差异(后两种类型企业市场化程度要高于前两者),导致了要素得分的差异。通过诸要素不同类型图对比分析,与电力建设、电力设备企业得分均衡相比,尽管发电、供电企业在总体得分上较高,但各要素得分差别较大,说明这两种类型的企业在文化建设上还存在一些问题需要不断改善和提高。

要素	发电企业	供电企业	电力建设企业	电力设备企业
愿景目标	4.01	3.95	3.81	3.67
价值观	3.82	3.79	3.71	3.62
组织学习	3.55	3.56	3.49	3.45
决策与授权	3.34	3.42	3.44	3.51
团队协作	3.76	3.68	3.61	3.63
组织氛围	3.42	3.41	3.45	3.58
	3.65	3.64	3.59	3.58

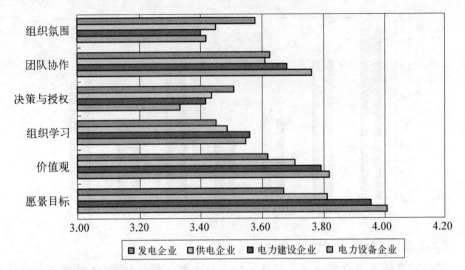

三、多元化的电力设备企业文化

（一）电力设备行业发展态势

我国电力项目的投资主要由国家及地方财政支出。因此，政府对电力建设的决策和投入力度掌控着电力设备行业的起伏。从国内电力设备的整体需求上看，当前和未来一段时间内将会保持一个上升态势。从2002年下半年至今，全国各地区均出现缺电现象，为解决缺电矛盾，国家及时对电力"十五"规划进行了修改，2003—2005年每年的新增装机容量达2 500万kW，比原计划增长了150%。预计2003—2005年年均电力建设投资在2 400亿元左右，投资增幅在40%左右。电力设备行业的高增长在2003年上半年已经显现。2003年上半年电站设备行业销售收入平均增幅在35.35%，利润总额的增长达到240.46%，总体实现了扭亏为盈。

目前，电站设备行业的上升势头尤其突出，特别是从2003年到2005年新建电站项目多、上马快。鉴于目前生产状况以及国家的投资力度，2005年行业销售收入平均增速在50%—70%。由于订单急剧大幅增加，并大多延续到2005年至2006年，生产规模快速提升，产量接近产能极限，合同定价有10%—20%的上涨，行业经济效益显著提升。因此，预计2004年至2005年行业销售收入平均增长速度仍将维持在50%左右。

（二）行业内部结构

我国电力设备企业相对其他几种类型的电力企业在数量上、经营体制上、规模上显得庞杂。

第一方面，少数电力设备企业已经走上了国际化的发展道路，具有比较先进的管理经验，形成了具有一定优势的企业文化。

第二方面，从CMAS分析数据上看，电力设备企业的总体企业文化建设得分普遍偏低，突出反映在企业对于愿景、价值观等内部控制上的把握力度不够，恰恰说明了大部分企业对于企业的核心竞争力的培养以及企业长期发展的重视程度不够,没有建立长远、动态的利益动力机制。更多的电力设备企业,在产品质量上、市场与顾客方面更关注短期利益,没有形成具有竞争力的理念和价值观,但是由于电力设备行业企业较多,市场导向性比较突出,在体制上相对更灵活,使得电力设备企业的格局相对其他电力企业更富有市场化特征。CMAS分析数据中其决策与授权得分相对较高,也正说明了其他电力企业在管理过程中表现的严格按照流程与规范运作带来的授权空间变小、对组织创新的环境造成影响,长期过于依赖上级指令行动的状态、使企业员工行为的灵活性与主动性下降等问题,在电力设备行业中得到了明显的改善。

第三方面,由于电力设备企业文化趋于多元性,劳动力的流动性比其他类型的电力企业高,人员稳定性较差,从而削弱了电力设备企业总体上的员工忠诚度。

三、在变革中重塑新型的电力行业企业文化

(略)

四、我国电力行业企业文化建设的思路和重点

(略)

(王吉鹏,原载于《电力设备》,2004年第7期。)

案例分析:

《中国电力行业企业文化管理状况调查》通过定性与定量的综合研究,运用企业文化诊断评估系统(CMAS),通过维度和要素的划分,使用调查数据和综合考量技术,确定我国电力企业文化的类型,深入剖析我国电力行业企业文化管理现状与发展要求。

第六章　电力企业文化设计

被誉为 20 世纪最成功的企业家韦尔奇指出:"如果你想让列车再快 10 公里,只需要加大油门;而若想使车速增加一倍,你就必须要更换铁轨了。资产重组只可以提高一时的公司生产力,只有文化上的改变,才能维持高生产力的发展。"若对企业文化有效地改变或建设,必须有针对性地进行合理的企业文化设计。

本章遵循一般企业文化设计的规律,结合电力企业自身的特殊性,阐述了电力企业文化设计的原则,电力企业文化精神层、制度层、行为层和物质层的设计方法和途径。

第一节　电力企业文化设计的原则

本节阐述了电力企业文化设计的四个原则,既体现出企业文化设计"放之四海而皆准"的一般性原则,又体现了电力企业作为关系国家能源安全和国民经济命脉特殊企业非一般性的原则。

一、继承传统文化,秉承企业传统

美国提出企业文化一词是由于他们对日本的经济崛起感到吃惊,通过对日本振兴的探源,发现日本成功原因在于他们有优秀的企业文化。日本企业文化的核心在于日本的儒教文化,而日本的儒教文化却来源于中国的儒家思想。日本著名企业家日立化成公司总经理横山亮次说过:日本的终身就业制和年功序列制是"礼"的思想的体现,企业内工会是"和为贵"思想的体现。他自己的经营思想就是以儒教的"礼"和佛教的"持戒"为基础的。日本三菱综合研究所高级顾问中岛正树认为"中庸之道"为最高道德标准。这些充分说明,企业文化的"故乡"在中国,企业文化的"根"就是中国的传统文化。

中国文化具有 5 000 年悠久历史和丰富内涵,它对中华民族的形成、统一、稳定、繁衍和自立于世界民族之林,起到了不可取代的巨大作用。中国传统文化有许多精彩的东西,像勤奋、耐劳、俭朴,重社会、重团体、重家族的价值观念,重一致、重和谐、重礼让的社会意识,提倡德才兼备、知人善任的人事思想,对我国企业文化的形成起到了良好的作用。

两千多年前,孔子就提出"天地之性人为贵"的思想,这种人居万物之首的思想一直指导着历代思想家、政治家,乃至近、当代企业家的思维方式,企业文化中以人为本,重视人的因素就是这种思想的继承和发扬。我国传统的"自强不息、厚德载物"的民族精神等,也是优化企业文化的丰富宝藏。电力企业文化的策划也应从民族文化,特别是民族传统的管理文化中吸取营养和精华。

同任何事物一样,中华民族的传统文化也具有两重性,我们在继承民族传统文化时,必须坚持取其精华,剔其糟粕,古为今用,推陈出新的原则。

就企业自身而言,企业文化没有沉淀就没有厚度。企业文化必须符合企业的发展规律,企业文化离不开我们的文化传统,也无法与企业的历史相割裂。企业文化的设计、完善过程,就是不断地对企业的历史进行回顾的过程,从企业的历史中寻找员工和企业的优秀传统,并在新的环境下予以继承和发扬,形成企业特有的醇厚的文化底蕴。

每个企业都有其特定的发展经历,形成企业自身的许多优良传统,这些无形的理念在员工的心目中沉淀下来,影响着平时的各项工作。一些优秀文化传统对企业现在和未来发展都具有积极的作用。因此,我们提炼和设计企业文化时必须尊重企业历史,尊重企业传统。

二、遵从企业文化的一致性,坚持社会性

企业文化是一个庞大、完整的管理体系,企业文化的精神层、制度层、物质层和行为层要体现一致的管理理念,这四个层次要共同为企业的发展提供战略服务。企业文化的精神层包含着企业的最高目标和核心价值观,而制度层、物质层和行为层是使最高目标、核心价值观贯彻实施的有力保证和落实。

企业文化的一致性表现在企业目标、思想、观念的统一上,只有在一致的企业文化指导下,才能产生强大的凝聚力。文化的统一是企业灵魂的统一,是企业成为一个整体的根本。其中,最为核心的问题是企业文化与企业战略要保持一致,理念与行动要保持一致。如果理念体系五花八门,过于分散,势必影响企业战略的实现。国家电网下属的各个地方电网,其企业文化基本上都与国家电网保持一致。

企业存在于社会环境之中,企业文化是社会文化的微观组成部分,在做企业文化设计时不能忽视企业与社会的这种"鱼水关系",必须坚持企业文化与社会文化相适宜、相协调的原则。

首先,企业文化模式要符合社会主流价值观,体现社会先进文化的发展方向。在当今世界,以人为本、诚实守信、公平公正、遵纪守法、社会责任、追求卓越、团队精神、鼓励创新等观念都是受推崇的,理应成为企业文化的组成部分。在我国,企业文化要以社会主义核心价值体系为指导,与社会主义先进文化的前进方向一致。

此外,企业的目标文化要围绕企业的社会责任,坚持市场导向。企业存在的社会价值,在于能为社会提供产品和服务,满足人们的物质和精神生活的需要。电力企业作为国民经济的支柱和骨干,在支撑、引导和带动社会经济发展,发挥国有经济的控制力、影响力、带动力方面,有着不可替代的作用。电力企业在努力追求企业利润最大化基础上,尤其要做到不断满足经济社会发展和城乡人民群众用电增长的需求。作为能源的消耗大户和污染排放大户,电力企业需着力处理好生产、建设与资源、环境的和谐关系,大力加强对废水、灰、渣、烟气排放的综合治理,促进资源节约型、环境友好型社会建设。

三、兼顾前瞻性和可操作性

企业文化并不是一成不变的东西,它是随着时代而发展的,所以企业要能够顺应时代的要求,不断调整、更新企业文化。企业文化的设计要着眼于面对未来,提出先进的、具有时代性的文化建设方向,才能对企业的战略起到推动作用,对员工队伍起到牵引作用。

企业文化不是给外人看的,而是重在解决企业存在的问题。设计和建设企业文化的过程,就是企业发现自身问题、解决自身问题的过程。不可操作的企业文化只是一个空中楼阁,对企业经营管理毫无促进作用,还会隐藏企业的目标,阻碍企业的发展。

因此,在设计企业文化时必须强调文化的实用性和可操作性,确保从现实出发,又略高于现实,对各种业务工作有实际的指导和促进作用。

四、根植于电力行业自身特点和时代环境

如果说,企业文化的共性方面是企业的外部环境构成的,企业文化的个性方面则是由企业内部环境构成的。国内外众多的优秀企业都是具有鲜明文化个性的企业。尤其是电力企业的组织形式、生产过程和服务过程的许多方面,更不同于其他企业,在企业文化的设计过程中,既要借鉴、吸收其他企业文化的成功经验,又要有所突破。

电力企业文化的设计要突出本企业的特色,要能体现企业的行业特点、地域特点、历史特点、人员特点等方面。要让员工感到本企业的文化具有独特魅力,既与众不同又倍感亲切。

在计划经济和改革开放初期,电力长期处于紧缺状况,企业不用担心产品销路,企业的一切工作都以安全生产为中心,也因此形成了具有强烈生产导向的电力企业文化,其优点是:长期半军事化管理形成了高度的组织纪律性和严谨的工作作风,企业员工对企业有很强的归属感。

随着我国市场经济体制的逐步建立和完善,电力企业面临着巨大的市场、政府和顾客等多方面的压力,企业文化表现出诸多不利于企业发展的消极因素,因而在

设计电力企业文化时,要根植于这些现实情况,不断变革和提升企业价值观,强化安全理念,紧紧抓住电力企业的生命线,凸显创新理念和服务理念,培育员工勇于开拓、不断超越的创新精神,增强企业和员工的责任感,塑造服务于社会、服务于用户的行业形象。

第二节　电力企业文化精神层设计

企业文化精神层是企业文化的核心和灵魂。本节阐述了电力企业文化精神层的设计内容,具体包括设计企业目标与愿景、企业价值观、企业经营理念、企业精神、企业道德等。

一、电力企业目标与愿景的设计

1. 电力企业的内外环境和条件分析

企业是环境的产物,内外环境和条件是企业赖以生存和发展的土壤。只有对所处的环境和内外条件作出全面正确的分析和判断,企业才能找准自己的定位,确定切实可行的奋斗目标。结合电力企业,其企业环境和条件分析一般包括下述内容:

(1) 电力企业所处的经济环境、政治环境、文化环境等整个社会环境的分析;

(2) 电力行业的发展状况分析;

(3) 电力行业竞争者、合作者及其他利益关系者分析;

(4) 电力行业内部因素分析。

为了使电力企业内外环境和条件分析能够保持客观、全面、准确,通常应该邀请企业之外的专业人员参与,甚至请专门的评估机构(如管理咨询公司、顾问公司、大学以及研究机构)开展,以避免由企业内部人员和部门进行分析评价产生的"不识庐山真面目"。具体操作可参考本书第五章。

2. 构建电力企业的目标体系

构建企业的目标体系时,关键要对企业本身的使命有正确的认识。

作为经济组织的企业,利润原则是企业经营的基本原则,然而企业还是社会组织,是社会的一个细胞。电力企业除了经济活动和经济动机外,同时存在着社会活动(包括政治、文化活动)和社会动机,因而电力企业肩负着一定的社会责任和社会义务。

美国管理学家彼得·德鲁克(Peter F. Drucke)认为,一个成功企业应在八个方面建立自己的多目标体系:市场、技术进步和发展、提高生产力、物质和金融资源、利润、人力资源、员工积极性和社会责任。很多管理学家和企业家也已认识到,企业除了经济活动和经济动机,同时存在着社会活动和社会动机。

目前,世界上一切先进的、现代的企业,毫无例外地摒弃了"经济利益最大化"这种单一目标模式，而是树立一种将企业的经济动机与社会责任相结合的多目标模式，逐步实现从单一目标向多目标体系的转变。电力企业目标设计时必须根据企业的使命和最高目标，结合自身实际，相应地构建出不同方向的奋斗目标组成的多目标体系。

3. 设计电力企业愿景

愿景一词来自英文 vision，源于拉丁语 videre，意思是"看见"。在这里译为"愿景"，其包含两层内容：一是"愿望"，指有待实现的意愿；二是"景象"，指生动的图景。

企业愿景是指企业全体员工所接受和认同的组织未来发展的蓝图。

企业愿景与企业目标既有共同点，又不完全相同。一方面，企业愿景在根本上讲仍属于企业目标的范畴，它是企业的阶段性目标。台湾企业家张忠谋认为，愿景的平均寿命为4—5年：如果太短，这个愿景就没有意义；如果太长，则会不实际也不容易被人相信和接受。另一方面，企业愿景同企业目标又有所区别。企业目标通常是由企业决策层和管理层所制定的，较少考虑员工个人目标；而企业愿景则是建立在员工个人愿景的基础上，是个人愿景与组织愿景的有机结合，更好地体现了以人为本的现代管理思想。由于较多地考虑和包含了员工个人目标，加之刻画和描绘更加具体的形象，因此企业愿景在充分贯彻实施和团结激励员工方面更具有优势。

电力企业的企业愿景的设计和建立包括以下要点：

（1）把电力企业员工的个人愿景作为电力企业共同愿景的基础；

（2）按照电力企业自下而上的顺序；

（3）反复酝酿，不断提炼和充实。

企业愿景的设计与建立没有统一的路径和步骤，可根据电力企业自身不同特点和内外环境（如员工、企业规模等因素）来设计。

下面列举一些企业的最高目标或企业愿景：

打造价值华电、绿色华电、创新华电、幸福华电，建设具有国际竞争力的世界一流能源集团（中国华电）

打造世界装备制造业的动力航母（哈电集团）

成为国际一流的能源企业（大唐集团）

成为国际一流清洁能源企业（中国广核集团）

大唐集团和中国广核集团的企业愿景很相似，区别在于中国广核明确指出自己是致力于"清洁能源"，因为该企业主要从事专业化的核电生产、工程建设、科技研发、核燃料供应，近年来又进入风电、水电、太阳能、节能技术等新业务领域，可见企业愿景的提出一定要切实结合企业自身的特点。

二、电力企业价值观设计

价值观是指主体关于客体对象意义的总观点、总看法，全面体现出主体对客体的认识和态度。价值观对人的思想和行为能产生重大的影响,能调节和控制人的心理、情绪、意志和态度,能指导人们的活动取向,规范人们的行为。

企业价值观是企业文化的一个重要组成部分,是企业人格化的产物。它是企业作为主体对企业性质、目标、经营方式的取向作出的选择,是员工所接受的共同观念,也是企业员工所共同持有的主要价值观。企业价值观是把所有员工联系在一起的纽带,是企业生存发展的内在动力,是企业行为规范制度的基础。

1. 企业价值观的构成层次

设计企业价值观,首先应对价值观作一些基本的界定,以免在确立价值观时思维混乱。这里我们通常把价值观分为下面四个层次,如图 6-1 所示。

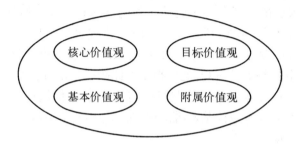

图 6-1 企业价值观的四个层次

(1) 核心价值观

核心价值观是指导企业所有行为的最根本的原则,也是企业的文化基石,是企业价值观的核心。核心价值观是固有的,是不能为了一时方便或短期利益而让步的。核心价值观是一家企业的独特性源泉,必须严格恪守,谨慎地保存和保护,但是核心理念的表象却可以改变和演进。

例如,华能集团核心价值观"坚持诚信,注重合作;不断创新,积极进取;创造业绩,服务国家",是恒久不变的部分;中国国电集团公司的"严格、高效、正义、和谐"也是恒定的核心价值观;波音公司的核心理念中,"领导航空工业,永为先驱"是恒久不变的部分,"致力制造大型喷气式客机"是可以改变的非核心部分。

值得注意的是,不要把核心价值观与文化、战略、战术、作业、政策或其他非核心的做法混为一谈。随着时间变迁,企业的文化标准、策略、产品线、管理政策、组织结构等都会改变,唯一不变的应该是核心价值观。作为员工与企业为之奋斗的最高纲领,核心价值观要能够统揽全员的思想和意志,这是实现企业可持续发展的必然要求。

(2) 目标价值观

目标价值观是指企业要获得成功必须拥有但目前暂不具备的价值观。但是,要谨慎处理目标价值观,以保证不会削弱核心价值观。例如,有这样一家公司,该公司极为重视员工的努力工作和奉献精神,员工们常常工作到很晚,周末也常加班。后来,管理层感到有必要把"要工作也要生活"补充为公司的目标价值观,但最后他们决定放弃,因为他们担心这样做会把员工搞糊涂,不清楚什么才是最重要的。因此,目标价值观应该是对最核心价值观的有益补充,决不能影响甚至替代核心价值观的核心地位。

例如,国电集团的战略目标是:以大力发展新能源、引领转型、建设一流综合性电力集团,这就是要求公司坚持清洁发展、节约发展和可持续发展,不断培育和增强集团公司核心竞争力,建设国内领先、世界知名的综合性电力集团。这种目标价值观与公司的核心价值观"严格、高效、正义、和谐"是相辅相成的。

(3) 基本价值观

基本价值观反映的是所有员工必须具备的行为和社交的最低标准。不同企业的基本价值观差异不大,尤其对同一行业的企业来说更是如此。

有些企业的高层领导比较容易混淆核心价值观和基本价值观。例如,一些企业将"诚信"作为企业的核心价值观,他们拒绝雇佣曾经在履历表上弄虚作假或者对过去工作经历提供不真实信息的人。尽管这些企业宣称的价值观毫无疑问是正确的,然而"诚信"只能被看作企业的基本价值观,而不是核心价值观。

(4) 附属价值观

附属价值观是自然形成的,不是领导有意培植的,会随着时间的推移在企业生根。附属价值观通常反映了组织员工的共同利益或特性。附属价值观对企业起着很好的作用,如可以帮助营造一个包容的氛围。但是,附属价值观也会因排斥新的机会而起消极作用。

有一家 SAK ELLIOT LUCCA 时装公司,最初曾试图区分附属价值观和核心价值观。这家公司位于美国旧金山的苏玛地区,早期员工都是单身人士,他们在周日的晚上聚会,穿着黑衣服。为此,这家公司无意中就渲染了这样的员工价值观——时髦、年轻、酷。但是,随着公司的成长,经理们意识到两个问题:如果只录用 SAK 风格的赶时髦的年轻人,公司很难招聘到合适的员工;此外,还可能不经意中忽视了那些为公司做出重要贡献的年龄较大的已婚员工。为此,公司努力让员工明白,招收时髦的员工与 SAK 核心价值观——信任(为人诚实可信)、行为(独立作决策)以及主人翁精神(把自己当作公司的主人)没有必然联系,即使不时髦的人也可以被录用,只要拥有公司的核心价值观。今天,SAK 公司已经成长为一个真正的多元化大型企业,大大拓展了自己的产品线,占据了广阔的市场。

2. 电力企业价值观的设计原则和步骤

电力企业价值观的设计,要与电力企业最高目标相协调,要与社会主导价值观相适应,还要与员工的个人价值观相结合。

(1) 在分析社会主导价值观的基础上,根据电力企业的最高目标,初步提出企业的核心价值观并在企业决策层以及管理层和员工代表中进行反复的讨论。

（2）确定企业的核心价值观以后,进一步酝酿提出企业的整个价值观体系。

（3）把企业价值观(体系)与企业文化各个层次的其他要素进行协调,并进行文字上的提炼,形成全面、准确的企业价值观表述。

（4）在员工中广泛宣讲和征求意见,反复进行修改,直到被绝大多数员工理解并得到他们的支持为止。

电力企业在遵照企业价值观的设计原则和步骤时,也可以根据企业的自身实际情况灵活地设计企业价值观,如哈电集团(哈尔滨电站设备集团公司)把企业价值观的基本价值观具体地展开为事业观、服务观和品牌观。具体见表6-1。

表6-1 哈电集团企业价值观

战略层价值理念	打造世界装备制造业的动力航母
使 命	彰显中国动力风采 承载民族工业希望
宗 旨	为国家经济注力 为人类生活争光
目 标	中国最好 世界一流
核心价值观	以人致远 以强致胜
公司精神	创新不懈 动力不竭
价值理念	市场导航 品牌领航 诚信远航
事业观	融入哈电 精彩人生
服务观	服务国家战略 满足社会需求 追求用户满意 履行社会责任
品牌观	创世界装备品牌 铸哈电制造丰碑

三、电力企业经营理念设计

1. 企业经营理念的概念

"经营理念"一词,最早来源于日本企业。美国企业家在研究日本优秀企业的管理实践后,发现它们都有坚强的理念,成为企业经营管理的强大力量。

"企业经营理念"目前有众多阐释,主要有广义和狭义两类。广义的泛指企业文化的理念层次,包括企业目标、价值观、企业精神、企业道德、企业作风、企业管理模式等。狭义的一般是指在企业哲学和企业价值观导向下,企业为实现最高目标而确定的经营宗旨、经营发展原则、经营思路等。

本书所指的企业经营理念限于狭义的内涵。

2. 电力企业经营理念的设计方法

（1）确定电力企业经营理念的表达范围和重点

企业经营管理的覆盖范围很广,任何一个企业都难以面面俱到地把所有内容都加以阐述,因此电力企业设计经营理念时必须先明确表达的重点和范围,是强调经营宗旨、经营发展原则,还是经营的政策方针,还是都包括在内。

(2) 确定电力企业经营理念的表达结构

企业经营管理理念还存在一个表达结构的问题。按照日本企业家的理解,分为外在和内在两个方面。

外在的经营理念表达方式主要是指企业的经营价值形象,也就是企业对外界的宣言,目的是让外界了解企业或企业经营者真正的价值观。由于企业存在的意义是抽象的,因而应有较为具体的表达形式,它显示企业实际运作的倾向性,以及企业的存在感和魅力。

内在的经营理念表达方式主要是指企业的经营行为规范,它是对企业经营理念的行为表达。这种行为规范在经营理念表达结构中处于基础性地位。

可见,经营理念结构的外在部分是企业文化理念层的内容,而其内在部分则是制度层的设计内容。

(3) 确定电力企业经营理念的表达内容

如何表达企业经营理念,让社会和内部员工能够清楚地了解企业的经营宗旨、方针、政策等,是企业经营理念设计的关键。尽管经营理念因具体企业不同而千差万别,但它们仍有许多共同点。

通用电气公司(GE)韦尔奇的六条经营理念分别是:掌握自己的命运,否则将受人掌握;面对现实,不用生活在过去或幻想之中;坦诚待人;不要只是管理,要学会领导;在被迫改革之前就进行改革;若无竞争优势,切勿与之竞争。

中国华电的经营理念:管理最优化　价值最大化

中国电力投资集团经营理念:诚信　成本　效率　增长　全员

　　　　诚信:诚实守信　依法经营
　　　　成本:成本领先　节能降耗
　　　　效率:资产高效　快速运转
　　　　增长:利润增长　价值倍增
　　　　全员:全员参与　指标分担

3. 电力企业经营宗旨的设计

企业作为从事生产、流通、服务活动的社会经济单位,对内对外都承担着义务。企业经营宗旨(或称企业宗旨)就是这种义务向社会作出的公开承诺,反映了企业对社会义务的基本态度,从而反映企业存在的社会价值,有时也称为企业使命。

设计电力企业宗旨,一般要阐明电力企业增值活动、产品或产业、客户或市场、企业的贡献。

例如,南方电网的企业使命是:主动承担社会责任,全力做好电力供应。他们对企业使命的阐述是:使命是企业存在的根本原因。

主动承担社会责任——公司作为关系国民经济命脉的重要行业和关键领域的中央企业,必须坚定不移地服务党和国家的工作大局,承担维护公众利益的责任和电力普遍服务的义务,在重大灾害面前,责任在先,在构建和谐社会中做表率。

全力做好电力供应——公司作为电网企业,要协调好发电企业与电力客户,优化电力资源配置,提供安全、可靠、高效、环保的电力供应,服务经济社会发展。

四、电力企业精神设计

1. 企业精神的概念与设计原则

企业精神是企业员工意识与企业个性相结合的一种群体意识。它是随着企业的发展而逐步形成并固化下来的,是对企业现有观念意识、传统习惯、行为方式中积极因素的总结、提炼和倡导,是企业文化发展到一定阶段的必然产物。它既是团结企业内部员工的凝聚力,又是对外竞争表现的影响力,是企业之魂。

设计企业精神,首先要尊重广大员工在实践中迸发出来的积极精神状态,还要体现时代精神,体现现代化大生产对员工精神面貌的总体要求,使之"既源于生活又高于生活",成为鼓舞全体员工为实现企业最高目标而奋斗的强大精神动力。

2. 电力企业精神设计的方法

(1) 员工调查法

把可以作为电力企业精神的若干候选要素罗列出来,在管理人员和普通员工中进行广泛调查,大家根据自身的体会和感受发表赞同或不赞同的意见并最好说明理由,再根据员工群体的意见决定取舍。这种方法一般在更新企业文化时采用,缺点是需要花费较长的时间和较大人力,观点可能比较分散,但由于来自员工,有很好的群众基础而容易被大家接受,能快速深入人心。

(2) 典型分析法

收集电力行业的企业英雄(或先进工作者)资料,这些英雄人物的身上往往凝聚和体现了企业最需要的精神因素,对这些英雄人物的思想和行为进行全面深入的分析和研究,即可确定企业精神。这种方法也容易被员工接受,但在企业英雄不是非常突出时,选取对象比较困难,不易把握。

(3) 领导决定法

企业领导者由于站在企业发展全局的高度思考问题,加之他们对企业历史、现状的了解比较全面,因此由企业领导者(或领导层)来决定企业精神也不失为一种方法。此法最为高效快捷,但受领导者个人素质的影响较大,在推行的时候宣讲的工作量较大。

(4) 专家咨询法

将企业的历史现状、存在的问题及经营战略等资料提供给对企业文化有深入研究的管理学家或管理顾问公司,由他们在企业中进行独立的调查,获得员工精神面貌的第一手资料,再根据所掌握的规律和建设企业文化的经验,设计出符合企业发展需要的企业精神。这种方法确定的企业精神站得高,看得远,能够反映企业管理最先进的水平,但局限是,专家对企业的了解程度,有时不一定能够很快被员工接受,因而宣讲落实的过程较长。

比如,西北电网综合运用以上几种方法提出了他们的企业精神:努力超越、追求卓越。"努力超越、追求卓越"的企业精神是指西北电网公司和员工勇于超越过去、超越自我、超越他人,永不停步,追求企业价值实现的精神境界。

五、电力企业道德设计

企业道德是社会道德理念在企业中的具体反映。企业道德所调节的关系的复杂性决定了这种道德理念不是单一的观念和要求,具有多方面、多层次的特点,是由一组道德观念因素组成的道德规范系列。

1. 电力企业道德设计的原则

(1) 体现中华民族的优秀传统道德

企业道德不是无源之水,像民族的其他道德观念一样,是由民族的传统道德衍生出来的。

(2) 符合社会公德及家庭美德

企业员工是社会中的人,他们除了在企业的时间外,大部分时候都是在社会和家庭中度过的。因此,企业道德必须符合当前的社会公德及家庭美德的基本要求;否则,相悖的道德观念在员工个体的身上难以调和,就会导致企业道德丧失现实的基础。

(3) 突出电力行业的职业道德特点

企业道德所调节的主要关系应是企业生产经营活动过程中发生的员工与员工、领导与员工、员工与顾客、员工与企业、企业与社会等方面的关系,这些都与职业岗位有密切关系。因此,电力企业道德规范要充分反映电力行业的职业道德要求。

2. 电力企业道德设计的步骤和方法

(1) 确认电力行业的性质、事业范围,了解本行业组织或相关企业制定的有关职业道德的要求,这是设计符合本行业特点的道德体制的前提。

(2) 考察电力企业的每一类具体工作岗位,分析其工作性质及职责要求,在此基础上分别提出各类岗位最主要的道德规范要求。

(3) 汇总这些岗位的道德规范,选择出现频度最高的几条作为初步方案。

(4) 根据已经制定的企业目标、企业宗旨、企业精神,检查初步方案与已有观念是否符合、有无重复,不符合的要改正,删除重复的。

(5) 在管理层和员工代表中征求意见,看是否最能反映电力企业发展对员工道德的要求,并反复推敲后确定。

江苏省电力公司在《公民道德建设实施纲要》和国家电网公司《员工道德规范》、《员工守则》基础上,制定了《供电企业员工职业道德规范》。对公司领导干部、调度控制人员、运行人员、检修人员抢修人员、安全监察人员、计量人员、规划计划人员、抄核收人员等各个岗位都明确列出具体的职业道德规范。如运行人员职业道德规范：

心系安全——提高自我保护意识,关爱自己、关爱他人、关爱设备。

遵章守纪——严格执行运行工作标准,及时发现和正确处理各种异常情况。

精心操作——正确执行调度指令,操作到位,监护到位,巡视检查到位,异常事故处理到位,严防错误操作。

团结互助——积极配合检修人员开展工作,主动介绍设备状况,礼貌热情,有团队精神。

保护环境——树立环保理念,妥善处理输、变电设施附近环保和社会关系。

从运行人员具体的职业道德规范,可以看出它体现出来的电力行业的特点和电力企业的社会公德。

第三节 电力企业文化制度层设计

设计企业文化,不仅需要先进的企业文化精神,更关键的是将企业文化各种要素加以贯彻和实施,这就需要制度层为之提供保障。本节系统阐述了电力企业文化制度层的设计方法,具体包括工作制度、激励制度、责任制度、教育培训制度等方面的设计。

一、电力企业工作制度设计

1. 工作制度的内容

工作制度是指企业对各项工作运行程序的管理制度,是保证企业各项工作正常有序开展的必要保证。工作制度具体包括法人治理制度、计划制度、劳资人事制度、生产管理制度、服务管理制度、技术工作及技术管理制度、设备管理制度、劳动管理制度、物资供应管理制度、产品销售管理制度、财务管理制度、生活福利工作管理制度、奖惩制度等。

2. 工作制度的设计原则

工作制度对于企业文化落实在具体工作中具有十分重要的作用,但由于其涉及的具体制度种类繁多,而本章节主要内容是围绕企业文化的制度层,所以一般工作制度的设计在这里就不作一一陈述。那么,在企业文化体系下工作制度的设计,应遵循以下三项原则。

(1) 一致性原则

企业的工作制度应该相互配套,形成一个完整的制度体系。更重要的是这些制度必须与企业文化中的核心价值观、管理模式、企业哲学相一致,避免"制度、文化两张皮"。要使企业制度的相关规则遵循和体现企业文化的基本精神,使之被企业文化的价值、精神道德取向所引导和统领,不能与其错位、相背。企业内部规章制度,凡符合以上标准者,留之;错位者,改之;相背者,去之。如此形成的制度才有可能规约、引领企业成员意识和行为。

(2) 以人为本原则

制度在规范人、教育人的同时,要体现人文关怀,更要给人以动力,注重员工各种需求的满足,为员工自我升华、自主管理打好基础。比如,在企业员工医疗、保险等制度的设计中,要体现出对员工身体、生命的关爱与尊重;在人事制度的设计中,体现出对不同员工职业发展的保障和重视。

松下电器公司将"集中智慧的全员经营"作为公司的经营方针,为配合公司的这种企业文化,人事部门设计并执行了相应制度:如"自己申请制度",即员工工作一段时间后,可以自己主动向人事部门提出申请,要求调动和升迁,经考核合格后可以提拔任用。由此制度,可见松下公司对人才的人性化管理,极大地促进了人才的成长。

(3) 公平公开原则

在设计制度时,员工代表要参与讨论与表决,这样不仅有助于集思广益,更重要的是,通过认可后的制度有利于被广大员工接受和遵守,还可培养他们的主人翁意识和民主意识。制度的设计方案中也必须坚持公平、公正性原则,有利于日后制度的执行,维护制度的权威性和有效性。

二、电力企业激励制度设计

激励是调动员工积极性、提高员工素质的重要手段,也是塑造良好企业形象、建设优良企业文化的有效措施。美国哈佛大学教授威廉·詹姆斯研究发现:在缺乏激励的环境中,人员的潜力只发挥20%—30%,仅保住饭碗而已;而在良好的激励环境中,同样的人却可以发挥出潜力的80%—90%。设计和建立合理的激励制度,是企业发展的必然选择。

1. 物质激励制度设计

物质激励的作用来自员工对生存的基本需要,企业必须保证员工得到与其生产效率一致的报酬的机会。为了实现员工合理的财富价值,在企业的制度设计中就要注重解决企业利益分配的协调。

在物质激励方面,华为公司是一个杰出代表,是国内最早提出并实践"知识资本化"的企业。在利益分配的总体原则上,华为主张:在顾客、员工与合作者之间结成利益共同体,努力探索按生产要素分配的内部动力机制,决不让雷锋吃亏,奉献者定当得到合理的回报。在具体的价值分配中,设计并实行《华为基本法》,实行员工持股制度,认同华为的模范员工,结成公司与员工的利益与命运共同体。这种物质激励制度,体现出华为在利益分配上的匠心独运,它调动了员工的积极性,进而推动公司的发展。

2. 精神激励制度设计

精神激励的作用来自员工对生存发展的较高级需要。要想不断增强企业的凝聚力,企业就要不断让员工体会到精神上的"归属感"、"胜任感"和"成就感"。在设计精神鼓励时,应充分考虑员工的期望值、荣誉感等,充分尊重员工的个性,关怀员工的内心需求。如果员工作为个体受到了应有的尊重,精神需求得到重视和满足,员工反过来也会尊重企业目标,实现自我与企业价值观的统一。

比如,设计评选与表彰制度,通过荣誉激发员工积极进取,满足群体和个人的自尊需要;设计企业的合理化建议制度,通过让员工在不同程度上参与企业决策、满足员工的自尊和自我实现需要,在尊重员工、信任员工的过程中,激发员工努力工作的热情。

3. 发展激励制度设计

发展激励制度来自员工实现自身"增值"的需要。企业提供的学习与培训是为了提升员工的竞争力,为员工的进一步发展奠定基础,但这仅仅是基础。要真正使员工感受到自己的价值被认同,自己的人生前景是与企业的发展同步的,企业必须实现价值分流。价值分流也就是价值多元化,指企业对员工的价值取向建立多种评价体系,也就是要使每个人都乐意去做自己"喜欢并擅长"的工作,真正做到人尽其才。这就要求企业应对员工进行科学的岗位设计和职业生涯规划,使每个人都能看到自己的前途,都有一个奋斗目标并将企业作为实现人生目标、价值实现的舞台。

IBM 公司向来把员工视为企业最重要的资产,在平等和受到尊重的环境中,为员工提供有挑战的工作,系统的培训以及成功的机会,强调员工工作中的价值与满足感。比如,公司为员工提供管理和专业两类职业发展道路。员工在规划个人职业发展时,如果提出沿着管理方向发展,公司就要考察该员工是否有这个潜力。考察后如果认为有发展潜力,就把该员工列入经理人才储备库,并安排相应的经理培训计划和具体项目的实际操作。考核合格者,遇有经理职位空缺时,可以立即上任。如果员工想沿技术线发展,IBM 也提供相关制度方案,员工可以逐级地向上发展。达到一定条件,经考核合格者,可给予技术上的晋升。IBM 的这种发展激励制度,使得每位员工实现自身价值的过程,凝聚为企业发展源源不断的强大动力,让员工与公司一起成长。

4. 惩罚制度设计

惩罚是负激励。由于负激励具有一定消极作用,很多企业实行"不奖就是罚",这其实并不正确。

设计和实施惩罚制度,应注意以下七个方面。

(1) 不能不教而诛,应先进行思想教育,只有对屡教不改或造成严重后果者才惩罚。

(2) 尽量不伤害受罚者的自尊心。

(3) 功过分明，不要全盘否定。

(4) 不掺杂个人恩怨，切忌打击报复。

(5) 相信法不责众，尽量缩小受罚面，扩大教育面。

(6) 不以罚代管，切忌过分依赖惩罚来推动工作和树立领导权威。

(7) 坚持公平公正、依"法"惩罚。

三、电力企业责任制度设计

1. 责任制度的三要素

责任制度为加强企业管理、企业文化的具体实施提供保障，它是衡量企业文化管理水平高低的一个重要标准。具体而言，电力企业文化的责任制度，离不开"包""保""核"三个环节，这三个环节又称为责任制度的"三要素"。

(1) 包——就是采取纵向层层包的办法，把各项企业文化建设指标及相关工作要求，依次落实到每个单位、每个部门、每个岗位、每名员工身上。包的指导思想就是化整为零，其实质是把企业文化建设的大目标分解为对于每名员工而言看得见、做得到的责任指标，通过每个员工的努力，在实现责任指标的过程中实现企业目标。

(2) 保——就是纵向和横向实行相互保证，纵向指标分解后从下到上层层保证，横向把内部单位之间、岗位之间的具体要求协作进行，一件件落实到人。

(3) 核——就是对企业内部每个单位、每个岗位的每项"包""保"责任都进行严格考核。这种考核包括督促、检查、处理的制度化。

企业文化是行为人自觉、自律的文化，其形成除了引导培育外，也需要制约、他律的措施和过程。为了保障企业文化基本要求的落实，设计和执行一套督促检查、处理的制度体系，显然是有必要的。当然，这种制度的制定和有效实施，需要尽可能得到行为人的理解、认同。

就电力企业其行业特点，在遵循以上三要素基础上，还要加强企业安全管理责任制度和环境保护责任制度的设计和落实。

2. 安全责任制度设计

安全生产是电力行业的重中之重。实现安全生产，确保现场人身、设备安全，实际上是对员工及家属的负责。保护员工的身心健康和安全，正是电力企业"以人为本、关爱员工"企业文化的具体体现。

在安全生产面前，无论是谁触犯"高压线"，都要付出惨痛代价，宽容马虎是对员工和家属的不负责。对于安全生产，电力企业一贯奉行"宁听骂声，不听哭声"的原则，着力培育"严、细、实、新"的安全管理文化，从严防范、从严管理、从严查处。所以，在安全责任制度的设计中要体现准军事化管理，用军队钢铁般的条规和纪律，让员工充分、切身感受到军队严谨的工作作风和工作气氛,从每一个细节自觉规范自己的言行,强化责任意识,进而切实提高自己的工作技能。同时,也通过设计一系列严格的规章制度,来落实"保人身、保设备、保电网"的社会责任意识。

3. 环境保护责任制度设计

电力企业,特别是火力发电企业是自然资源的消耗大户,在生产流程的每个环节都伴随着自然资源的转换利用和无用副产品的废弃。随着全社会对环保意识的加强,电力企业在实施《清洁生产促进法》的基础上,还应根据《中华人民共和国环境保护法》和《中华人民共和国水土保持法》,坚持"全面、协调、可持续发展"的科学发展观,设计和落实环境保护责任制,确立企业环境管理总负责人制度,设立企业环境管理部门和企业环境监督员,明确部门和监督员的职责。

环境保护责任制度的设计,是电力企业在提高企业综合效应的同时,对环境保护贡献力量,更是电力企业承担社会责任,是企业文化建设丰富内涵的体现。

四、电力企业教育培训制度设计

时下许多企业只强调企业文化建设而忽视员工素质的培育,这是一种舍本逐末的现象,最终会使企业文化难以深入人心。只有将两者结合起来,才能完善企业文化,真正提高企业的整体素质和竞争力。

员工素质可以说是企业文化在员工身上的直接体现,员工素质的高低决定着企业文化的形成和发展。因此,培育高素质的员工队伍是企业长盛不衰的法宝。国内外许多优秀企业之所以成功,关键在于实行"育才型领导",形成了卓有成效的员工培训制度和模式。电力企业可以通过设计和实施形式多样、务实有效的教育培训,提高员工的综合素质,促进企业整体实力的增强。

1. 教育培训制度的设计原则

(1) 培训目标系统化。培训必须着眼于企业未来发展,既体现针对性,又注意全面提高员工素质。山东电力集团实施"人才工程",针对不同岗位设计了"三条路",让管理人员当干部、科技人员当专家、普通工人当"高技能操作能手",很值得借鉴。

(2) 培训工作经常化。现代社会是学习型社会,需要持续学习、终身学习。因此,员工培训工作应该成为企业的长期战略措施,并依靠制度来规范和保障。国外企业有的规定,各级经理人员每年培训时间累计不少于1个月,普通员工不少于两周。

(3) 培训内容丰富化。培训不能头痛医头、脚痛医脚,仅局限在岗位技能或管理培训。培训内容应涉及科技、文化、管理、法律以及岗位技能等多方面,以激发员工的学习兴趣和积极性,提高其全面素质。

(4) 培训过程阶段化。教育培训要有计划、分层次、分阶段循序渐进,不能操之过急,急于求成。

(5) 培训形式多样化。有些企业,员工抱怨培训没意思,主要问题是培训形式太枯燥。为此,应把专家传授、小组讨论、案例分析、模拟管理或操作、自学等形式结合起来,广泛利用互联网、新媒体等现代化手段,使教育培训变得生动活泼。

例如,哈一热电厂为使新入职的员工轻松、顺利地完成从"学生"到"工人"的角色转换,创新工作方法,拒绝"僵硬""死板"的培训方法,打造一款 3D 电脑游戏,这是一款带有"哈一热特色"的电脑游戏,游戏画面与该厂结构相仿,经历安全生产"考验",输入安全规范"密令"才能通过关卡,输入企业文化与设备培训内容的相关答案方能"解锁"通关。比如,游戏有一个场景是生产现场,员工进入角色后开始进行指定维修,一旦出现违规操作,游戏将跳出"差评"选项,告诉你这样的操作是"危险"的。该厂通过电脑游戏这种备受年轻人喜爱的载体,使新入职员工更高效更快捷地学会各种安全规范、设备维修、正规作业等相关知识,培训成效显著。

2. 设计教育培训制度的注意事项

电力企业在设计教育培训时避免"五重视、五忽视"的倾向:重视对中下层的培训,忽视中高层自身教育的提高;重视知识技能培训,轻视思想品德教育;重视组织对培训的需要,忽视员工个体参训的需要;重视短期需求的培训,忽视人力资源系统的开发;重视教育培训过程的管理,忽视对培训效果的检验。

IBM 公司一直坚持"杰出尽职的人才组成团队是成功之本"的理念,并采取各种方式帮助员工成长。比如,新员工进入 IBM 首先要进行为期 4 个月的集中培训。培训内容包括公司的历史、文化、制度、技术、产品的介绍,以及基本的工作规范和技巧。培训结束后,进行考核。合格者,获得结业证明;不合格者,则被淘汰。通过淘汰制,一方面可以促使新员工努力学习,防止"走过场",另一方面淘汰制也保证了优秀公司只使用优秀人才的用人之道与制度安排。这种制度实现了对培训过程的有效管理和培训效果的检验。

第四节 电力企业文化行为层设计

企业文化的行为层又称为企业行为文化,它是企业中人与物、人与企业运营制度的结合部分。本节主要阐述了电力企业的员工行为规范设计和企业风俗设计,其有利于规范企业和员工行为,促进企业发展。

一、电力企业员工行为规范设计

在同一个企业中,所有员工应该具有一些共同的行为特点和工作习惯。这种共性的行为习惯,一部分是广大员工在长期共同工作过程中自发形成的,一部分则是企业理念、企业制度等长期作用的结果,从员工总体上看尚处于不自觉的阶段。这种共性的行为习惯越多,内部的沟通和协调越容易实现,对于增强企业内部的凝聚力、提高整个企业的工作效率都会产生非常积极的影响。

一些重视管理的企业看到了共性行为习惯的重要性,有意识地提出了员工在共同工作中行为和习惯的标准——员工行为规范。这种行为规范的强制性虽然不如企业制度,但带有明显的导向性和约束性,通过在企业中的倡导和推行,容易在员工群体中形成共识和自觉意识,从而起到促进员工的言行举止和工作习惯向企业期望的方向和标准转化的目的。员工行为规范的作用逐步被越来越多的企业所认识,先后制定出台。现在,员工行为规范已经成为很多企业文化体系中不可或缺的一项内容。它的主要内容如下。

1. 仪表仪容

这是对员工个人和群体外在形象方面的要求,它可再具体分为服装、发型、化妆、配件等几方面。

很多企业把对员工仪容仪表的要求列入行为规范,是有其充足理由的。

首先,出于安全的需要,即根据法规政策要求对员工实行劳动保护。如电力企业要求工人在外施工时必须戴安全帽。

再次,出于质量的需要。制药业、食品加工业、餐饮业等行业为了保证药品、食品卫生,要求员工穿工作服、戴卫生口罩;微电子、精密仪器等行业则为了保证产品的精度对工作环境有严格规定。

此外,还出于企业形象的需要。每一名员工都代表着企业形象,员工形象最容易被感受到的就是员工的外在形象。一般而言,第一印象是非常重要的,而仪容仪表正是一个人留给他人最初的印象,仪容仪表方面统一规范的要求为的是树立具有特色的企业形象,增强企业的凝聚力。

从实际情况来看,新员工在企业的成长变化是一个从"形似"(符合外在要求)到"神似"(具备内在品质)的过程。要把一名员工培养成为企业群体的一员,最基础、最易达到的要求就是仪容仪表方面的规范。因此,从企业形象的角度看,仪容仪表的规定往往被企业作为员工行为规范内容的第一部分。

例如,南方电网对其供电营业员有着明确的外在形象的规范。

A. 着装:统一、整洁、得体

(1) 服装整洁得体,端正大方,按规定佩戴好统一编号的服务证(牌)。

(2) 着西装时,打好领带,扣好领扣,不挽袖口和裤脚。衬衣下摆束入裤腰或裙腰内,袖口扣好,内衣不外露。

(3) 鞋、袜保持干净卫生,在工作场所不打赤脚,不穿拖鞋。

B. 仪容:自然、大方、端正

(1) 头发梳理整齐,修饰得当,不染彩色头发,不戴夸张的饰物。颜面和手臂保持清洁,不留长指甲,不染彩色指甲。

(2) 男员工头发不覆额,侧不掩耳,后不触领,不留胡须。女员工淡妆上岗,工作时间不能当众化妆。

2. 岗位纪律

岗位纪律是员工在工作中必须遵守的一些共性的要求。其目的是保证每个工作岗位正常运转。岗位纪律一般包括五个方面。

(1) 作息制度。要求员工不得无故迟到、早退和中途溜号,这是企业最基本的纪律。

(2) 请销假制度。根据国家规定,对病假、事假、旷工等进行区分,并就请假、销假作出规定,以及对法定节假日进行说明。

(3) 保密制度。每个企业都有属于自己的技术、工艺、商业、人事、财务等方面的企业秘密,保守这些企业秘密是企业的一项重要纪律。一些高新技术企业,还需对知识产权保护作出相应的具体规定。

(4) 工作状态要求。这是对员工在岗位工作中的规定,如"工作认真""以良好精神状态投入工作"等,一般用"不准""严禁"的否定形式来进行具体要求,如"不准用计算机玩游戏""不准看与工作无关的书报杂志"等。

(5) 特殊纪律。这是根据企业特殊情况指定的有关纪律。

例如,国家电网的员工服务"十个不准":1)不准违反规定停电、无故拖延送电。2)不准自立收费项目、擅自更改收费标准。3)不准为客户指定设计、施工、供贷单位。4)不准对客户投诉、咨询推诿塞责。5)不准对亲友用电谋取私利。6)不准对外泄漏客户的商业秘密。7)不准收受客户礼品、礼金、有价证券。8)不准接受客户组织的宴请、旅游和娱乐活动。9)不准工作时间饮酒。10)不准利用工作之便谋取其他不正当利益。国家电网的"十个不准"为公司及员工塑造良好的社会形象提供了确实可依的标准。

3. 工作程序

这是对员工与他人协调工作的程序性的行为规定,包括与上级、同事和下属的协同和配合的具体要求。工作程序是把一个个独立的工作岗位进行关系整合,使企业成为和谐团结的统一体,保证企业内部高效有序地运转。

例如,河北省电力公司在开展企业文化标准化建设中,明晰岗位职责,理顺岗位流程,开展"一本、一册、一图"活动,让员工明确每个岗位的工作内容是什么,工作流程是什么。"一本"是指各岗位所依据的制度、法规汇编;"一册"是指岗位的工作职责、工作内容、工作标准和应注意的事项等;"一图"是指各项财务业务流程图。在河北省电力公司财务资产部的指导下,"一本、一册、一图"活动在各基层单位扎实推进。

以前的资金管理存在较多问题,如:电费上缴环节多,资金周转速度慢;资金集中程度不高,账户开立不规范,资金支出计划性不强,基层单位经常出现申请了资金却未安排使用,资金使用效率偏低等。

自开展"一本、一册、一图"活动,财务管理上的工作程序愈加规范,撤销了供电所账户,实施了由县公司账户、市公司当地账户直接实时划转省公司,减少了3个环节。这种规范的工作程序,一方面规范了账户开立标准,逐个单位核定账户数量,帐户数由330个减少至185个;另一方面优化资金管理流程,对经费账户实施集团账户改造,经费资金实现百分之百集中。

4. 待人接物

由于现代企业越来越多地受外部环境的影响,企业对外交往的频率、形式和内容都因此有较大增加,对员工待人接物的规范性要求不仅是塑造企业形象的需要,也是培养高素质员工的必要途径之一。

比如,重庆供电公司在其企业文化建设中积极倡导坚持客户利益至上,为客户提供尽心服务,以客户为中心的文化理念,从而使供电服务由积极主动型向零距离、无障碍、个性化方向转变,通过自觉强化服务意识,改变电力行业垄断时期留给人们的不良印象,为此该公司制定了详细的员工文明规范如下。

(1) 工作时间精神饱满,注意力集中,无疲劳状、忧郁状和不满状。

(2) 站姿要正直,两肩相平,两臂和手在身体两侧自然下垂或双手交叠自然下垂,眼平视前方,胸部稍挺,小腹收拢,两脚间的距离以不超过一脚为宜,站立时切忌无精打采、东倒西歪,在正式场合不宜将手插在裤袋里或交叉在胸前,更不要下意识地做小动作。

(3) 避免在客人面前打哈欠、伸懒腰、打喷嚏、挖耳朵等。实在难以控制时,应侧面回避。

(4) 避免在客人面前使用手机。

(5) 保持口腔清洁,工作前忌食具有刺激性气味的食品。

(6) 保持电话畅通,电话铃响3声内接听(超过3声的应首先道歉),应答时要首先问候(你好!),然后报出部门名称和自己姓名。做到谈吐文雅、语气谦和、语言流畅、简明准确。用普通话与对方交谈。

(7) 接听电话时,应耐心听对方讲述,听明白对方意图后细致地答复。不能当即答复的问题,应先致歉,并留下联系电话,研究或请示领导后,尽快答复。

(8) 接听电话过程中,应根据实际情况随时说"是""对"等,以示在专心聆听,重要内容要注意重复、确认。

(9) 通话完毕,须等对方先挂断电话后再挂电话,通话过程中不可强行挂断电话。

(10) 如果打错电话应向对方道歉,当对方打错电话时,应礼貌地作出说明。

以上仅为重庆市电力公司行为规范的一部分内容,但是通过这些不难发现,只要员工能从细微处做起,就能逐步树立和实践企业的文化理念。

5. 环保与安全

（1）环保方面。电力企业在环境保护方面对员工提出一定的要求，不仅有利于维护企业的良好生产、生活环境，而且对于塑造良好的企业视觉形象有直接帮助。保护环境规范主要有办公室、车间、企业公共场所等方面的清洁卫生以及保护水源、大气、绿化等要求，需要根据企业实际而定。

（2）安全方面。维护企业生产安全和员工生命安全是一项重要的工作内容，在这方面对员工行为提出要求，帮助员工树立安全意识应成为员工行为规范不可或缺的部分，尤其是电力行业，应对电工操作、电气安全等方面有详尽的规范。

6. 素质与修养

提高员工技术水平、工作能力和全面素质，是企业的重要目标之一。电力企业除了应采取短训班、培训班、研修班、讲座、进修等措施，建立必要的培训制度之外，还必须激发广大员工内在的学习提高的积极性。许多有远见的企业在员工提高自身修养方面作出了相应的规定，并纳入员工行为规范之中。

二、电力企业风俗设计

企业风俗是企业长期相承、约定俗成的典礼、仪式、习惯、节日、特色活动等。尽管一些企业风俗并没有在企业形成明文规定，但在企业行为体系中有很重要的地位，对员工和员工群体有很大的行为约束和引导作用。

1. 电力企业风俗设计的基本要求

优良的企业风俗都具有一些共同特点，具备这些共同之处是企业风俗目标模式的基本要求。

（1）体现企业文化的精神层内涵。企业文化理念层是制度层的灵魂，符合企业最高目标、企业精神、企业宗旨、企业作风、企业道德的企业风俗往往是比较积极的思想观念意识作为软支撑，有助于培养员工积极向上的追求和健康高雅的情趣。

（2）与企业文化精神层、制度层和行为层各要素和谐一致。企业风俗是联系企业理念和员工意识观念行为习惯的桥梁，同样对员工起着一定的约束、规范、引导作用。这就要求企业风俗和企业文化体系的其他内容保持和谐一致，互为补充，互相强化，以更大的合力为塑造良好企业形象发挥作用。

（3）与企业文化物质层相适应。无论企业风俗形式还是风俗活动，都必须建立在一定的物质基础之上，而企业文化物质层无疑是企业风俗最基本的物质基础，对企业风俗的形成和发展具有很大的影响。

2. 培育电力企业风俗的原则

（1）循序渐进原则。在根据精心设计出的目标模式培育企业风俗的过程中，企业通过各种渠道可以对企业风俗的形成产生外加的巨大牵引和推动力，但这种作用必须是在尊重企业风俗形成的内在规律的前提下发挥的。

(2) 方向性原则。企业风俗的形成需要一个较长期的过程,需要时间的积累,而在这个发育形成的过程中,企业风俗不断受到来自企业内外的各种积极的和消极的因素影响。这一特点决定了企业应该在风俗的形成过程中加强监督和引导,使之沿着企业所预期的目标和方向发展。

(3) 间接原则。企业风俗的形成主要靠人们的习惯偏好等维持,企业管理者和管理部门在培育企业风俗的过程中要积极发挥非正式组织的作用,宜宏观调控而非直接干涉。

(4) 适度原则。企业风俗固然对塑造企业形象和改变员工思想、观念、行为、习惯具有很积极的作用,但并不意味着企业风俗可以代替企业的规范管理和制度建设,更不是越多越好,必须紧紧把握好一个"度"。如果企业风俗太多太滥,反而使员工把注意力集中到企业风俗的外在形式,以致忽视和冲淡了企业风俗深层次内涵的影响。

电力企业一直秉承热心社会公益的企业风俗。例如,"5.12"汶川大地震时,哈电集团抽调了12名骨科、外科和内科骨干医护人员驰援四川东方电气集团救灾,哈电集团医疗救援小分队,展开救援医疗工作,救治患者1 400余人次。再如,古田溪水电厂先后成立了古电学雷锋志愿者服务总队、古田青年志愿者分队、巾帼志愿者分队、关爱老人志愿者分队和文化志愿者服务活动,打造古田特色的"扬善"志愿者文化。志愿精神已经作为古电文化的一部分渗透到生产建设、办公生活的每一个角落。电力企业热心社会公益的企业风俗,潜移默化地引导着员工的行为,营造出良好的企业社会形象,在承担经济责任的同时,担当相应的社会责任,将企业文化体现于企业的行为文化中。

第五节　电力企业物质层设计

企业文化中的物质层是企业文化的表面层,它通常以符号和物质的形式被人们感知。本节阐述了电力企业物质层的设计方法,具体包括企业基本标识、文化用品、产品造型和包装以及企业物质环境等的设计。

一、电力企业基本标识设计

企业标识是企业文化符号物质层的核心要素,也是构成企业视觉形象的基础,应集中体现和充分传达企业理念。企业标识主要指企业名称、标志、标准字、标准色4个基本要素及各种辅助要素。其中,企业名称、标志、商标等一经工商注册,便受到法律保护。

1. 企业名称设计

企业名称是企业重要的无形资产,是一家企业区别于其他企业的根本标识。设计和确定企业名称,是注册新企业的必要步骤,也是树立企业形象的客观需要。在全球化竞争的时代,企业名称包括工商注册名称、汉语简称、英文名称及缩写、互联网域名等,设计时要注意突出下列特点。

(1) 个性。企业名称的设计应尽量避免与其他企业名称相似,故意模仿知名企业和知名品牌,实质上都是侵权行为,应予坚决制止。在当今信息化时代,域名和商标一样,是企业标志的重要构成元素,在企业形象识别和企业文化构建中发挥着不可估量的作用。域名品牌保护,应该引起企业管理者的重视,需制定相应的域名品牌保护战略。

(2) 名副其实。企业名称不仅要较好地传达企业实际经营范围,而且应与企业目标、企业宗旨等企业文化要素相协调,切不可好大自夸。

(3) 民族性。中国企业置身于中华民族文化沃土,设计企业名称应充分体现民族特点。五大发电集团中的华能集团、大唐集团、华电集团,其名称中的"华""唐"均体现出企业的民族之根。

(4) 简易。简短易记。索尼公司原名为"东京通信工业株式会社",其产品销往美国时,美国人很难把音调念准。盛田昭夫从"福特"汽车简洁的名称中受到启发,于1958年将公司更名为Sony(索尼)。据调查4—6个字最容易记住。

2. 企业标志设计

企业标志(Logo)是企业的文字名称、图案或文字图案相结合的一种平面设计。它是企业整体形象的浓缩和集中体现,是企业目标、企业哲学、企业精神等的凝聚和载体。企业标志的重要功能是传达企业信息,使人们能够从中联想到该企业及其产品、服务、品牌等相关信息。因此,企业标志一经设计确定,就应相对固定。

设计企业标志是一项重要工作,企业决策层应掌握有关知识,以便提出设计思路、明确设计要求、评价设计方案、做出正确选择。总体来看,企业标志主要有3种基本形式。

(1) 表音形式。由企业名称的关键文字或字母组合而成。中国电力投资集团公司(China Power Investment Corporation)的标志就是由单词首字母C、P和I组成。(见图6-2)

图6-2

图6-3

(2) 表形形式。由比较简明的集合图形或象形图案构成。图形本身就有一定的含义,而且经过平面设计处理,形象感很强。例如,中龙建电力建设公司的标志就是龙的图案,把公司名称栩栩如生地展示出来。(见图 6-3)

(3)音形形式。把音和形结合起来,兼有两者的优点。例如,广西银河风力发电公司利用名称中"银河"拼音的第一个字母 Y 的外形,设计出风力发电的外形特征,可谓是将音和形巧妙地有机结合。(见图 6-4)

图 6-4

成功的企业标志不但符合个性、民族性、简易等原则,而且能体现以下特点:(1)艺术性。企业标志靠人用眼睛去感受,因此首先要有艺术的美感。(2)持久性。具有长期使用的价值,不应单纯追逐时髦或流行,而要有超越时代的品质。(3)适应性。企业标志往往不是孤立出现,其形式和内涵既要与环境协调,又要相对突出。

图 6-5

例如,南方电网的企业标识(见图 6-5)巧妙地将多种涵义融为一体。

(1)标志外形类似汉字"电",富有浓厚的中国文化特色,深刻、庄重;点明了公司行业属性。

(2)标志中间的"L"形为"连接"的汉语拼音首字母,也是"连接"英文"LINK"的首字母,标志造型流畅连贯,一气呵成,便于组合应用。

(3)标志采用完全开放式的造型,延展的线条形似纵横九州的输电线路,体现公司经营电网的核心业务,寓意公司无限发展的空间。

(4)整个标志在造型上体现一种向上飞翔的态势,表明公司代表先进生产力的发展要求,是开放、充满生机和活力的现代化大电网。

(5)采用象征智慧和高科技的深蓝色作为标志主色调,体现出公司科技兴网,自主创新。

3. 企业标准字设计

标准字是指将企业名称或品牌名称经过特殊设计后确定下来的规范化的平面(或立体)表达形式。标准字与企业名称、标志一样,能表达丰富的内涵,一旦确定不宜随意改动。标准字的设计,通常要体现以下四个特点。

(1)易辨性。如果标准字设计出来,人们不认识或不容易看清楚,那就是一个不成功的设计。为此,一是要选用公众普遍认识的字体,切忌过于奇形怪状;二是避免与其他企业的雷同;三是字体的结构清楚、线条明晰,放大或缩小均容易辨识。

(2)艺术性。只有比例适当、结构合理、线条美观的文字,才有美意,让人看着觉得既舒服又印象深刻。

(3)协调性。标准字要与它常常出现的产品、包装等相适应,与企业产品或服务的特点相一致,也要与经常伴随出现的企业标志、商标等相协调。

(4) 传达性。标准字是承载企业理念的载体,要尽可能多地传达企业理念,而不能单纯追求某种形式上的东西。

4. 企业标准色设计

企业标准色是指经过设计后被选定的代表企业形象的特定色彩。标准色一般是一种或多种颜色的组合,常与企业标志、标准字等相配合,被广泛应用于企业广告、包装、建筑、服饰及其他公共关系用品中。设计标准色时,要做到以下三点。

(1) 充分反映企业理念。由于色彩引起的视觉效果最为敏感,容易给人留下印象,因此充分反映企业理念的标准色对于传达企业文化、展示企业形象具有突出作用。例如,海尔集团采用蓝色作为标准色,容易使人联想到大海,进而把迈步进入世界的公司奋斗目标联系起来。

(2) 具有显著的个性特点。成千上万的企业都要有自己的标准色,受颜色的限制,故而企业的标准色重复率或相似率极高。为此,必须考虑如何体现企业的个性特点,既反映企业理念内涵、产品和服务特色,又尽量避免与同行及竞争对手重复或混淆。

(3) 符合社会公众心理。这主要是考虑色彩的感觉、心理效应、民族特性以及公众的习惯偏好等因素。首先,避免使用禁忌色,使公众普遍能够接受;其次,尽量选择公众喜爱的色彩。

在名称、标志、标准字、标准色4个基本要素之外,有的企业还采用辅助图案、辅助字、辅助色等视觉识别辅助要素,配合基本要素使用,以突出和丰富企业的视觉形象。

例如,中国电力建设集团有限公司(简称中国电建)的 Logo 设计。(见图6-6)

图6-6

A. 图标形态内涵

(1) 图标整体形态简约立体、构图精致、流畅清晰的线条充满了动感与活力,具有国际化的高度识别性。线条英朗刚劲,配合科学穿插的巧妙造型,如同璀璨的钻石一般,体现了中国电建坚固与安全的产品属性和稳重可靠的高品质服务;中国古代方胜似的整体造型,表达了企业同心双合、彼此相通、共同发展、共赢未来的文化积淀。

(2) 图形标志巧妙地将字母"P"和"C"抽象图形化,使中国电建 PowerChina 的名称图形化可读。同时,两个字母的整体构造形同一双呵护的手,巧妙地展示着企业无私奉献、以人为本、清洁环保、和谐发展的核心理念。

(3) 图形中间的白色图形形似闪电,不但体现了中国电建的行业属性,也代表着速度和效率、生机与活力,并象征企业具有超前发展的实力和理念;又如同一条奔腾的河流,它体现的是设计建造运营一体化的中国电建,它呈现的是以建设绿色能源、建立绿色产业,推动可循环、可持续健康发展的中国电建,它展现的是注重开放沟通,对内员工融洽合作、对外与国际接轨的中国电建,寓意着中国电建"争做世界一流"的愿景。

B. 标志色彩寓意内涵

（1）红色,象征着中国电建蓬勃发展,信守承诺,积极进取,团结一致,活力四射,共铸辉煌的强大凝聚力。

（2）蓝色,代表着中国电建以领先科技,长远视野,海纳百川,勇于担当,和谐发展的进取行为。

（3）红蓝色彩,彰显着中国电建热情奉献,齐心合力,引领产业发展,推动社会发展,造福受众,兴国安邦的社会责任。

5. 商标设计

商标是指生产者、经营者为使自己的商品或服务与他人的商品或服务相区别,使用在商品及其包装上或服务标记上的由文字、图形、字母、数字、三维标志和颜色组合,以及上述要素的组合所构成的一种可视性标志。

商标的设计要注意以下四点。

（1）切忌模仿。模仿或部分模仿他人商标,将会使自身的商标失去独创性,注册申请也很难核准。

（2）繁简适中。既要充分考虑易于识别和记忆,又要注意文字或图形太简单而失去显著特征。

（3）暗示特点。要与商标指定商品或服务项目相联系,使人联想到商品或服务特点,把商标构思的立意充分体现出来。

（4）注重色彩。色彩信息传播的速度,比点、线、面对人的视觉冲击力更强更快。色彩的这一功能,被用在一些指示"紧急"和"危险"的汽车上,如红色救火车、白色救护车,具有高度提示人们警觉与注意力的功能。在商标设计过程中,恰当地运用色彩的感觉与联想信息,对激发消费者的心理联想与欲望,树立自己的品牌个性,尤为重要。商标色彩的设计要考虑到色彩的冷暖感、轻重感、软硬感、空间感及视觉感等。

一家企业只有一个企业标志,但可以有多种商标,因为商标是针对某一类商品而言的,可以给每种商品注册一个不同的商标。当然,也可以所有产品采用相同商标,或者都用企业标志作为商标,以便于用较少的宣传费用达到扩大商品影响的目的。

二、电力企业文化用品设计

企业文化用品,指企业旗帜、歌曲、服装以及对外公务活动中反映企业文化的办公用品。企业旗帜、歌曲、服装等是企业文化和企业形象的集中反映,也是企业文化符号物质层中最能引起人们感观注意、给人留下鲜明深刻印象的部分。企业名品、信笺、信封、画册、纪念品等常见的文化用品,则是企业文化向外辐射的渠道。

1. 企业旗帜设计

企业旗帜,通常指一家企业专用的旗帜,俗称厂旗、司旗,是企业的象征。日本松下公司在每天朝会升公司旗帜,标识新的工作日开始,随着冉冉升起的旗帜,员工对公司的希望和对美好未来的追求也同时在心中升起。

企业旗帜有多种用途:(1)一般用于企业参加对外活动或内部集会、活动时,作为引导、展示、宣传。(2)作为企业的象征,在企业广场、大门等场所每天悬挂,或在企业内重要场所、办公室日常悬挂。企业旗帜与国旗同时悬挂时,必须将国旗置于中间,并且位置要高于企业旗帜。(3)印刷在员工的工作衣帽上,作标志用。

企业旗帜设计属于平面设计,关键是要突出企业文化的个性。从形状来看,多数企业旗帜为长方形,部分为三角形、凸五边形和凹五边形等,切忌形状过于奇特而有失庄重。从布局来看,企业旗帜往往是将企业标志和标准字以适当比例放在适当位置。从色彩来看,企业旗帜底色一般采用企业的标准色或辅助色。从材质来看,常采用尼龙绸等各种化纤织物,既耐用且随风摆动的性能最好。

图 6-7

例如,国家电网公司的旗帜(见图 6-7)。此标识以球形设计展示国家电网公司美好的发展前景,反映公司树立全球视野,建设世界一流电网、国际一流企业的坚强信心。圆形图案象征公司内外的互动、协调、团结、和谐,表达公司坚持"四个服务"宗旨,与客户、员工、社会和谐相处,共同发展。标识以纵横交错的经纬线表现公司以建设和运营电网为核心业务,坚持诚信、责任、创新、奉献、努力超越、追求卓越,为经济社会发展保障更安全、更经济、更清洁、可持续的电力供应。标识以绿色为标准色,反映公司致力奉献清洁能源,建设和谐社会,象征公司持续发展、生机勃勃、基业长青。

2. 企业歌曲设计

企业歌曲,指企业专有的歌曲,俗称厂歌、司歌。

企业歌曲作为企业文化的一个重要组成部分及宣传促销的形象载体,已经被众多的企业所重视和采用。一首好的歌曲,无疑会为企业形象的策划和推广带来很好的启示,优秀的企业文化融入优秀的企业歌曲,对外宣传和促进企业的发展、展示企业风采、打造企业文化品牌、树立企业形象和提高企业知名度,对内打造优秀团队,使员工具有凝聚力、向心力都具有不可忽视的重要作用,它可以为企业带来巨大的经济效益和良好的社会效应。

一般来讲,一首企业之歌的诞生,先有歌词,后有配曲。在创作企业之歌的歌词的时候,可以采用突出、直接、形象的表现方式来表现和烘托企业的核心文化理念,也可以用景物、场景、历史等要素,以比喻、联想的方式来表现和烘托企业的核心文化理念。

一首成功的企业歌曲,通常有如下三个特点。

(1)反映企业理念。

(2)易学、易唱、易记。这是企业歌曲的生命力所在,只有在广泛反复的演唱中,才能真正被广大员工所掌握和喜爱。

(3)昂扬向上。企业歌曲应体现和渲染积极向上的情绪,歌词简洁、节奏感强、旋律明快的进行曲最为常见。

例如,中国南方电网公司的企业歌曲:《万家灯火、南网情深》

闪耀在南国大地,你是一个璀璨的星座。
装点着缤纷的国土,你是一个创造光明的网络。
南网情深,拥抱万家灯火。
我爱责任南网,服务永无止境,爱岗敬业快乐工作。
南网的方略是源泉,化作企业前进的光和热。

奔流在南国大地,你是一条电力的长河。
装点着缤纷的国土,你是一群追求光明的使者。
南网情深,拥抱万家灯火。
我爱和谐南网,服务创新领先,人人都快乐工作。
我们的奋斗与追求,化作民族腾飞的光和热。

这首歌曲是以优美的旋律和激昂的歌词再现了南网的企业文化,是南网企业理念最主要的表现形式之一。这首歌曲帮助南网提高了管理水平和工作效率,增强了凝聚力,从而提高了市场核心竞争力。"南网人"正是因为重视企业理念建设才取得了一个又一个辉煌的成果。

中国南方电网公司于 2002 年 12 月 29 日正式挂牌成立并开始运作,年轻的南网自建立起,就上下同心,认真践行"对中央负责、为五省区服务"的企业宗旨,主动承担社会责任,全力做好电力供应,致力于夯实安全基础、加快电网发展、提高服务水平、强化经营管理、深化体制改革、培育优秀文化,一步一个脚印、一年一个台阶,走上了科学发展的轨道。南方电网自 2005 年首次进入世界 500 强企业以来,公司已连续 9 年上榜,2013 年列第 134 位。

3. 企业服装设计

企业服装设计的五项原则如下。

(1) 职业性。企业服装设计应有明确的针对性,针对不同行业,同一行业不同企业,同一企业不同岗位,同一岗位不同身份、性别等。例如,电力企业的服装设计就有营业厅员工服装和户外员工服装之分。

(2) 经济性。除了少数的特定服装(礼仪服等),大多数要求其具有合理的性价比。与设计选用的面料档次、款式复杂程度、工艺制作难度等方面综合相比,企业服装在保证质量和功能的前提下,尽可能降低成本。

(3) 目的性。将企业标志、标准字、标准色等要素印制在企业服装上,以反映企业文化。

(4) 审美性。作为企业的"形象名片",企业服装要求美观大方,有层次,有品位。

(5) 功能性。企业服装可以根据自己行业特点选定款式面料,如电力行业的户外工作人员的服装要满足安全需要和劳保需要。

4. 企业名片设计

名片是现代社交的必备用品。初次见面时交换名片,表示双方彼此间的尊重;反之,如果不递给对方名片,有时会被认为是傲慢和没有礼貌。企业名片设计不仅是员工的个人行为,而且反映着企业品位和层次,因此应纳入企业文化设计内容。

持有者的姓名、身份和联系方式,是名片不可缺少的三要素。作为企业名片设计不仅是员工的个人行为,而且反映着企业品位和层次,因此应纳入企业文化设计内容。

5. 企业画册设计

企业画册是企业文化的基本载体之一,在企业对外交往和公共关系活动中具有重要作用,也常被制作成为企业宣传册。画册一般包括以下内容:主要负责人致辞,概况及历史沿革,企业文化(理念层)表述,发展战略,机构和组织情况,业务领域,主要产品和服务项目等。

在进行企业画册的美术设计时,应根据企业实际进行增减,尽量突出最希望读者了解的部分,而不必面面俱到。能用照片和图表反映的内容,最好不要使用文字;必须用文字的,也尽量简短。无论文字还是图标,均应力求准确。优秀的美术设计,能充分体现企业的文化品位,而这往往是美工和内容设计人员反复沟通的结果。如下供电企业的文化展板(见图 6-8),图文并茂,形象地展示了电力企业的行业特色和服务意识。

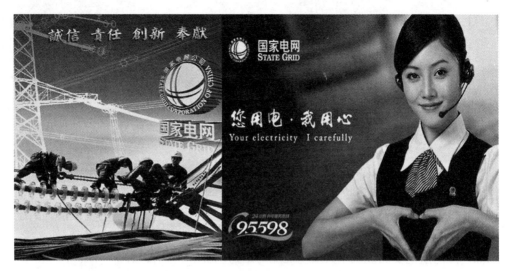

图 6-8

6. 企业纪念品和日常用品设计

企业纪念品是具有一定使用价值和纪念价值的企业公共关系用品。纪念品应力求美观大方,纪念性和实用性结合,有助于传达企业理念、塑造企业形象。

企业日常用品有工作证、信笺信封、文件夹、档案(文件)袋、记事本、及时贴、标签、灯箱、指示牌、路牌等。设计和制作反映企业文化的办公和工作用品,有利于促进员工在日常工作中不断增强对企业的认同感。

三、电力产品造型和包装设计

人们购买某种商品,因为它有某种使用价值,即"有用"。随着生产力发展,人们的需要不断增加,产品有用性的内涵逐渐发生变化。除最基本的功能外,产品还往往需要具备许多其他的功能。这些功能综合起来,才能体现产品的全部使用功能。

产品按照功能可以分为实质产品、形式产品和产品附加(或附加产品)3 个层次。实质产品指产品的最基本功能,是顾客购买的主要动机。形式产品指产品在市场上的存在形式,如外观、包装、商标等,是顾客购买的主要依据。产品附加指售前售后服务以及赠品等,是顾客购买该产品的利益的总和。实践表明,同样性能、价格的产品,造型、包装美观的,销售状况总是要更好一些,因为顾客除得到产品的基本功能外,还"额外"获得了美的享受。当产品的造型和包装成为生产经营的要素时,也就成为企业文化的载体和企业的无形资产。

电力行业的产品有着其特殊性,即安全性能尤为重要。在产品造型上务必要凸显这一特点。

1. 产品造型设计

产品造型是工业美术的主要内容之一，也是构成产品审美功能的重要组成部分。研究表明，产品造型不但能够引导消费，而且能够刺激和创造消费。在竞争激烈的市场上，要使产品增值和提高竞争力，需要高度重视产品造型设计。造型设计要注意以下三个方面。

（1）符合功能要求。产品造型要从产品结构和质量功能出发，符合结构和功能的要求。

（2）注重安全性能。电力产品主要用途在发电、输电、用电环节上，产品的安全性要格外地体现出来。例如，高压电缆（见图6-9左图）是电力电缆的一种，传输10 kV—35 kV（1 kV＝1 000 V）之间的电力电缆，多应用于电力传输的主干道。高压电缆在结构上从内到外的组成部分包括导体、绝缘、内护层、填充料（铠装）、外绝缘，因而产品的造型要凸显展示其安全性能的结构（见图6-9右图）。

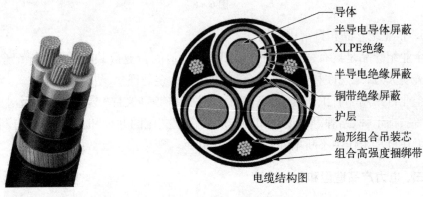

图6-9　高压电缆及其横截面

（3）反映时代潮流。近些年来国际上流行造型简单、色彩朴素的产品，就顺应了人们回归自然、保护环境的心理。在设计电力产品时，除了考虑到上述两点外，还要注重与全球节能减排、倡导低碳发展的态势相适应，使产品在保证质量的前提下，尽量小巧，重量体积不过于庞大。

2. 产品包装设计

通常，产品包装既指用包装物包裹产品的活动过程，又指包装物本身。本书所指的是后者，即包装物。

包装有5个要素：标识（商标、企业或产品名称及标准字等）、形状（包装的几何形状）、色彩、图案、材料。包装是反映企业文化和企业形象的重要途径，为此，有人把产品包装（packaging）、价格（price）、产品（product）、地点（place）和促销（promotion）并称为市场营销的"5P"要素。成功的包装，有利于顾客识别产品，进行自我服务，树立产品和企业形象，也为品牌创新提供了机会。

设计产品包装的四项原则：（1）保护产品，即保护产品的外观和内在品质（物理、化学性质和功能）不被破坏；（2）方便使用，即要利于产品的携带、搬运、存放和正确使用；（3）个性鲜明，即新颖独特，能给消费者留下深刻印象；（4）总体协调，即充分考虑包装各要素的配合，以实现整体最优。

四、电力企业物质环境设计

良好的企业物质环境，不但带给员工以美的享受，使他们心情舒畅地投入工作，而且能充分反映企业的品位和实力，塑造和提升企业形象。

1. 电力企业自然环境与建筑设计

企业的自然环境与建筑布局是紧密联系的。人虽然不能违背自然规律，但却可以选择、利用自然环境，通过认识自然环境来改造和优化自然环境。企业建筑布局既是对自然环境的适应和利用，又影响和改造环境，是大自然与人类社会活动的一个结合点。

构建与人的生理和心理需要一致的工作环境，实现人与自然的和谐，是企业环境和建筑设计的总体要求。具体来说，应力求达到以下从低到高的 5 个子目标：一是安全目标，即企业选址、规划和建筑布局符合安全要求；二是经济目标，即充分挖掘和利用现有自然资源，做到经济实用；三是美化目标，即从建筑美学和环境美学的角度进行系统的研究、规划和实施，符合人的审美需求；四是生态目标，即节能环保；五是文化目标，即企业环境和建筑要有文化氛围，反映企业价值观和文化品位，实现符合物质层与理念层的有机结合。

2. 电力企业生产环境设计

电力企业生产环境的优劣，直接影响着员工的工作效率和情绪。为电力企业员工提供良好的工作氛围，是企业重视员工的需要、提高员工工作积极性的重要手段，也是企业文化的体现。

运用色彩调节优化工作环境。根据特定的工作，利用冷暖色来提高和降低员工的心理感受度，减少疲劳。比如，电力企业的一些高温工作区域和重体力工作区域，可将工作环境涂成冷色调（绿色、蓝色等）。设计中性的工作环境，色彩不宜太艳，避免使人感到兴奋，也不宜太平淡，避免使人感到单调沉闷，一般以乳白、淡黄、果绿等为宜，再适当点缀些深色，使人感到舒适，富有变化又有层次感。

除了色调调节外，还可以用音乐调节。音乐调节是利用音乐节奏、旋律的起伏所产生的激发作用来调节劳动者的情绪。在选配乐曲时，应挑选一些悦耳的轻音乐，它可对人的神经系统产生良好的刺激，促进人体内有益健康的激素、酶和乙酰胆碱等物质的合成，调节血液流量，促进细胞兴奋，增强对信息的感受和反应速度，提高工作效率。

在劳动中播放音乐，还应注意乐曲节奏的选择，使其与工作节奏相协调，使音乐节奏作为劳动节奏的支撑,把时间上的节奏和空间上的运动协调起来。这样,就会减轻劳动者的疲劳感,并使人对融合一体的节奏产生愉悦的感觉,提高工作效率。

思考题:
1. 电力企业文化设计要遵从哪些原则?
2. 企业文化的精神层设计包括哪些方面?
3. 企业基本标识是什么?
4. 电力行业的产品造型设计要注意哪些方面?

案例一：

创建企业文化的延伸——社区文化

俗话说："安居才能乐业的社区文化是对企业文化的延伸和补充。"××电力在后勤部门全面开展了创建文明社区活动，制定了文明社区建设十条标准，充分借助社区优势建设社区文化，大力实施了以"送员工环境，送员工温暖，送员工健康，送员工知识"为内容的四送工程，营造了和谐的人际生活氛围，使员工在紧张的工作之余感受到身心的愉悦。

一是以人为本，建设温馨社区。在社区规划上坚持高起点，社区建设上坚持高标准，从规划设计到建筑施工，既考虑居住方便，还考虑绿化和美观，处处贯穿绿色、环保、人性化的理念。××电力系统的社区环境幽雅，道路平整、有假山、喷泉（有的还有回廊）；公用设施齐全，水电气暖等生活服务设施完善；三季有花，四季常青；居委会、物业管理中心等各种机构健全，管理规范，服务文明。另外，还组织开展"五好文明家庭"、"文明楼栋"、"十佳员工家属"等评选表彰活动，开展"好婆婆"、"好媳妇"、"好儿女"、"教子有方好家长"等评选活动。这些活动的开展，使电力员工不仅感觉到了环境的幽雅，而且感受到了居民之间温馨的情谊。

二是以创建学习型家庭为抓手，建设知识型社区。组织开展了健康向上、丰富多彩的社区文化活动，把思想教育工作融入群众喜闻乐见的文化活动中，寓教于理，寓教于情，寓教于乐，营造文明、健康、科学的社区文化氛围。组织送书、送文化、送法律到社区活动，建立了社区图书室，开展家庭图书交流会、读书心得交流会。实施宽带网入户工程，促进家庭学习网络化，信息化。每年评选出学习型家庭，示范和带动学习型家庭创建。开办了文明学校，举办家庭教育知识、医疗保健知识讲座。开展了"共建美好家园、倡导文明新风"活动，发动居民、家庭积极参与节约用水、植树护绿、爱护花草等各项活动，以自己的行动美化社区，达到了居民自我管理、自我教育的目的。

三是开展经常性的文体活动，建设文体型社区。社区文化建设需要形式多样的各种载体去支撑、去推进，××电力选取了一些主题鲜明，积极向上，具有特色的载体去带动和促进社区文化建设的开展。各个新建社区都留有户外户内活动场所，配备了活动器材。户内有阅览室、图书室、棋牌室、乒乓球室、台球室、健身房等活动场所，室外有健身场地。每天早晚，居民三五成群或下棋或健身，或唱歌，或跳舞，参加各种娱乐活动。这些活动增进了居民的友谊，提高了社区的亲和力，使邻里间多了一份和谐、融洽和关爱。

（案例来源：葛群.河南省电力公司的企业文化再造研究[D].天津大学,2005.）

案例分析：

由该电力企业社区文化的创建，可以看出其同样体现出企业文化的设计原则：

(1) 秉承传统,注重传统美德的宣传,倡导人们尊老爱幼,家庭和美,邻里融洽;(2) 具有鲜明的时代性,顺应当下创建知识型社会、学习型组织的时代要求;(3) 体现社会性,社区文化的创建注重以人为本,力求满足员工的物质和精神的需求,促进员工的身心健康;(4) 具有可操作性,该社区文化的设计并非空中楼阁,每项都可以做到切实可行。

案例二:

华润电力的文化传承

华润(集团)有限公司(简称"华润"或"华润集团")是一家在香港注册和运营的多元化控股企业集团,其前身是1938年于香港成立的"联和行",1948年改组更名为华润公司,1983年,改组成立华润(集团)有限公司。1999年12月,与外经贸部脱钩,列为中央管理。2003年归属国务院国有资产监督管理委员会直接管理,被列为国有重点骨干企业。

华润电力控股有限公司(简称"华润电力")成立于2001年8月,是华润(集团)有限公司("华润集团")的旗舰香港上市公司,是中国效率最高、效益最好的综合能源公司之一,涉及火电、煤炭、风电、水电、分布式能源、核电、光伏发电等领域。

华润电力秉承华润集团的企业文化,努力营造和发展"简单、坦诚、阳光"的组织氛围,推行以业绩为导向的企业文化,施行以价值增加为本的管理,致力于股东价值和员工价值的最大化,追求员工与公司一同成长,实现与员工携手、改变生活。

企业愿景:世界一流企业,最受尊敬企业,最佳雇主企业

"做,就要做到最好"是华润立言、立业、立功的基本准则。让华润电力成为"世界一流企业",是华润在创业之初就锚定的远大理想,是华润为社会和员工贡献力量的基本条件。

华润致力于从安全管理、清洁能源、节能减排和公益事业等多角度提升企业价值和公众形象。让华润电力成为"最受尊敬企业",践行华润"实现超越利润之上的追求"之理念,是华润经济实力和文化实力的最终体现。

华润视员工为最大资源,关注员工生活、职业发展和价值提升,尊重员工人格,满足员工不同层次的需求。让华润电力成为"最佳雇主企业",是华润回报企业贡献者的良知,是华润持续进步的根本动力。

企业使命:股东价值最大化,员工价值最大化

股东是公司的缔造者,公司是实现股东价值的载体。在资本市场上,衡量上市公司的根本标准是实现股东价值最大化。是否实现股东价值最大化成为世界一流长寿公司与无数平庸短命公司的分水岭。

股东价值和员工价值互为依存。一方面,实现股东价值是实现员工价值的前提,只有实现股东价值最大化才能实现员工价值最大化;另一方面,员工价值最大化是股东价值最大化的保障,要以人为本,善待员工,不断满足员工的物质和文化需要,满意的员工创造满意的股东价值。

企业精神:务实、激情、专业、创新

务实是一种工作作风,华润人要脚踏实地;激情是一种工作态度,华润人要永葆激情;专业是一种工作能力,华润人应精于本职;创新是一种工作思维,华润人要敢于突破传统,颠覆自我,努力探索、实践新理念、新方法、新路径。

价值观体系:诚实守信、业绩导向、客户至上、感恩回报

诚实守信是华润的核心价值观,是华润文化的基石,是华润人的崇高品质,是华润的建基立业之本。

华润倡导全面的诚信观:诚信于股东、诚信于客户、诚信于员工、诚信于社会。

坚持业绩第一的价值观,追求均衡、全面、高质量的业绩,倡导"没有增长的业务不是好业务、没有业绩的团队不是好团队。"

悉心维护客户和消费者的权益,严守商业道德,开展公平竞争,努力提供更为优质、更为环保、更为人性化的产品和服务。不断超越用户的期望。

常怀感恩之心,将履行社会责任视作"超越利润之上的追求",努力打造"投资者信任、员工热爱、社会尊重、大众称道"的优秀企业形象,成为全社会企业的榜样。

企业标识:

企业名称"华润"蕴含"中华大地,雨露滋润"的美好寓意,华润企业标志的设计意念源自盛唐书法宗师颜真卿的书法。颜体的"华"字中间由四个"人"字组成,由此启发而创作的华润标志,表明华润与悠久灿烂的中国文化一脉相承。四个"人"字又像一组向上的箭头,寓示着华润的事业蒸蒸日上;华润标志中琥珀黄色正方形象征大地,寓意华润心系祖国,扎根于中华沃土。白色的"人"字从琥珀黄的底色中鲜亮地跳出来,代表华润人勇于面对挑战,积极创新思维。华润企业标志承载着企业的无形资产,是企业综合信息传递的媒介。

(案例来源:华润电力网 http://www.cr-power.com/about/qywh/whtx/;华润集团网 http://www.crc.com.cn/about/culture.)

案例分析:

从华润电力的企业文化中我们可以鲜明地感受到文化的传承。它脱胎于有着七十多年历史的华润集团的企业文化,这是一种子文化与母文化的关系,在企业愿景、企业使命、企业精神、企业价值体系和企业标识方面基本保持一致。正是秉承这种母文化,华润电力取得了骄人的成绩,截至2012年底,对比2003年,华润电力在10年间装机增长了24倍,总资产增长了11倍,营业额增长了124倍,经营利润增长了92倍。2013年荣获"香港绿色企业大奖"之"优越环保管理奖"。至2014年连续第八年入选《福布斯》全球企业2 000强,排名第595位,较2013年的657位提升了62位;在中国大陆及香港地区企业中位列第47位,较2013年提升了7位。更可贵的是,无论是华润电力还是华润集团,都从优良的中华传统文化中汲取精华,用传统文化赋予企业名称和标志灵感和源泉。

第七章 电力企业文化落地

通过对企业文化进行诊断完成企业文化设计,还只是企业文化建设的初级阶段,只有让企业文化落地生根,才能使其在企业管理中发挥实效。本章针对电力企业文化落地的特殊性,具体阐述企业文化落地的基本原则、基础保障、主要渠道、具体方法,以及整体实施方案。

第一节 电力企业文化落地概述

本节在阐明企业文化落地的概念、内涵的基础上,分析了我国电力企业的体制特点,以及由此带来的企业文化落地的特殊问题,给出了解决思路。

一、企业文化落地概述

1. 企业文化落地的概念

(1) 企业文化落地概念溯源

很长一段时间,企业文化落地作为企业文化建设的一个关键环节,一直被简化为宣贯实施,导致其重要性常常被忽略。而"落地"概念的提出,正是对此环节在企业文化建设中的独立性、重要性的强调。

企业文化落地概念的提出与形成,可以追溯到首都经济贸易大学副教授周施恩于 2004 年 5 月发表的论文《"文化链"与"价值链"互动机制研究》,文中明确提出了"企业文化落地"一词。随后,学者王吉鹏于 2004 年 6 月出版了《价值观的起飞与落地:企业文化建设实证分享》一书,其中有专篇论述到价值观的"落地"问题。在文章标题中开始明确运用"企业文化落地"这个词,则是张萍、李磊于 2004 年 7 月在《中国高校科技与产业化》期刊上发表的《让企业文化落地生根》一文。此后,很多研究者对企业文化落地进行了阐述[①]。

目前,有关"企业文化落地"概念的界定尚未统一,但万变不离其宗,大都聚焦于企业文化核心价值理念的认知、认同和转化行为上。代表性的有邱建伟提出的:"所谓企业文化落地,是用企业文化理论和企业具体实际相结合形成的企业文化理念指

---

① 赵鑫彩.基于接受心理的企业文化落地策略探析[D].山东:山东师范大学,2011:15.

导企业实践、促进企业发展的形象说法,是企业文化建设的进一步开展。"①杨克明提出的:"企业文化落地,就是企业的每一个员工都能够把企业倡导的理念转化为一个个创新的行为和结果。"②章登庆认为:"企业文化建设落地就是组织通过有意识的企业文化建设活动,涤荡、肃清组织内存在的各种非主流文化现象,使组织倡导的价值理念深入人心,并外化到各级管理者和员工的行为之中,从而促进组织战略目标的实现的过程。"③王景升则阐述为:"企业文化落地是指企业文化被广大员工所认同,成为自己的信仰,并在广大员工的行为中得到体现,广大员工按照企业文化的要求自觉采取行动,主动去实现企业的目标。"④上述概念分别从性质、结果、过程等方面进行了不同的界定。

(2) 什么是企业文化落地

综合各家之见,结合我们在长期实践中对企业文化落地的理解,本书认为,所谓企业文化落地,就是组织通过系统的企业文化建设措施,使组织倡导的文化理念深入人心,并外化于企业行为和员工行为,最终促进组织战略目标实现的过程和结果。

具体地说,企业文化落地的概念包含以下三个层次的内容。首先,它是一个系统工程,需要组织有目的、有计划、有策略地推进实施。当然,其前提是企业已经拥有了体现自身特色的、与企业战略发展(转型)目标相一致的完整的企业文化体系。其次,企业文化落地的衡量标准绝不能停留于靠传统管理手段强制灌输而实现的"众所周知",企业文化只有得到全体员工发自内心的认同,并润物无声地升华为个体的信仰,才能自然而然地外化为行为,真正成为一种文化力,继而以文化力带动竞争力,促进企业战略实施和实现健康快速发展。再次,企业文化落地既是一种结果,也是一种状态。所谓状态,强调的是稳定性与长期性,因此,企业文化落地与否不能取决于短期效果,而必须是一个长期过程,这个过程循序渐进、循环往复,并且要根据企业发展的实际情况不断修正,螺旋提升。

2. 企业文化落地的内涵

企业文化落地起始于企业文化体系的构建和不断完善,目标指向企业文化管理的实现和核心竞争力的形成。因此,它不只是理念文化的落地,还必须涵盖企业文化体系的各个层面,只有理念文化、制度文化、行为文化、物质文化的全面落地,才能真正实现企业文化管理的目标。

具体地说,企业文化落地的内涵包括以下四个方面。

(1) 内化于心——企业文化落地的核心

内化于心是指企业理念文化的落地。也就是使企业的理念文化深入员工内心。

---

① 邱建伟. 突破文化"落地"的障碍[J]. 企业文明,2006(7):62.
② 杨克明. 企业文化落地高效手册[M]. 北京:北京大学出版社,2012:6.
③ 章登庆. 企业文化建设落地研究[D]. 北京:首都经济贸易大学,2006:11.
④ 王景升. 企业文化建设落地的途径与方法[J]. 现代商业,2009(11):129.

这是企业文化落地的核心任务,也是最艰难的任务,它将贯穿企业文化落地工作的始终。

要使员工发自内心地接受一种新的理念,并将之化入血肉,成为自己的思维模式和心理常态,不是单纯靠行政命令和理论灌输能够实现的,企业必须有计划有组织地借助一系列策略和手段,加深员工对企业核心价值观、企业愿景、企业伦理、企业精神等文化理念的理解和认同,并逐渐转化为员工自身的需求,进而达到"人企合一",共同发展的境界。

(2) 固化于制——企业文化落地的保障

固化于制就是企业制度文化的落地。其目标是使企业的管理制度与企业文化完美契合,并形成长效机制。它既是企业文化落地的前提和保障,也是企业文化落地的重要内容。

制度与文化的契合,不仅指企业的管理制度是企业文化理念的集中体现,而且制度本身要对企业文化落地有极大的推动作用。因此,企业文化建设中,必须以文化理念为参照,对已有的各种管理制度进行审查、修订和完善,同时制定一系列有利于促进文化理念落地的新制度、新规定,并使其形成长效机制,以更好地约束或激励员工行为,确保企业文化落地生根。

(3) 美化于物——企业文化落地的土壤

美化于物就是企业物质文化的落地。它是将美好的企业文化理念外化为悦目的物质形象的过程。

企业文化内涵的物质外化,最主要的任务是打造企业的视觉识别系统(visual identity system,VIS),它包括企业标志、企业标准字、企业标准色等 VI 基本要素设计,企业物质环境设计,企业产品造型、包装设计,企业文化传播网络设计等内容。这些物质形象因为充分彰显了企业文化理念,会为企业营造浓郁的文化氛围。做好文化理念的审美物质表现,不仅有助于提高员工的审美品格,更有利于员工对企业文化理念的领悟,也有助于提升企业形象、塑造企业品牌,创造更大的经济效益。

(4) 外化于行——企业文化落地的成效

外化于行就是企业行为文化的落地。它包含两方面的内容:一是由组织制定的符合企业文化理念的行为规范;二是在文化理念认同并深入人心的基础上,自然转化的企业行为以及员工行为。前者是前提和保障,后者是文化落地的结果和成效,也是落地工程追求的基本目标;前者是文化理念在制度文化中的体现,后者是员工行为的升华。

具体地说,就是在企业制度的保障下,在物质文化的熏陶下,在理念认同并深入人心的基础上,员工能自觉规范自己的行为,自动履行岗位职责,自觉维护企业形象,实现自我优化、自主管理。反过来,企业也能秉持企业宗旨,履行企业责任、维护员工利益,为员工提供实现价值的平台。企业与员工相互依存,良性互动,共同铸就企业的核心竞争力。

《管子·权修》有云:"一年之计,莫如树谷;十年之计,莫如树木;百年之计,莫如树人。"企业文化落地,就是为了企业的长远发展而树人的过程,因此也注定了它是一个循序渐进、潜移默化,有始无终、螺旋提升的漫长过程,是一个全方位的系统工程。在这个系统里,理念文化落地是核心,行为文化落地是目的,制度与物质文化的落地是必要内容;同时,理念文化是其他三个层面的精神内核,制度与物质文化的落地又是促成"内化于心、外化于行"的重要外在因素,而行文文化的落地,尤其是企业领导等企业文化先行者的行为文化落地,也会反过来引领并成就其他三个层面的文化落地。因此,企业文化落地的内涵是一个相互作用、紧密联系、互为因果的有机系统,缺一不可。见图7-1。

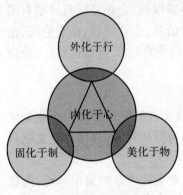

图7-1 企业文化落地内涵系统结构图

3. 企业文化落地的必要性

企业文化建设的最大难题是如何实现企业文化落地,但在此之前,首先要明白企业文化落地的必要性。

其实,只要理解企业文化之于现代企业发展的重要意义,也就必然会明了企业文化落地的意义。因为没有落地的企业文化只是虚假的存在,其任何价值都无从发挥。

具体地说,企业文化落地的必要性主要体现在以下五个方面。

(1) 实现企业战略化发展的必要前提

要实现企业的战略化发展,首先就要施行战略管理。战略管理是以全局为对象,综合考虑外部环境与内部条件等各方面因素,根据企业总体发展的需要,制定企业经营活动的行动纲领。它是在复杂多变的竞争中求生存求发展的战略选择,是面向未来的管理模式,因此必须以超前的战略远见和观念为指导,以高明的企业哲学和思维方式为支撑。传统的科学管理是以精确的定量分析为特点,以生产管理为核心,这种管理模式很难适应战略发展的要求。

阿里巴巴于2014年9月19日在纽交所上市,使这个原本名不见经传的小企业在20年不到的时间里迅速成长为全球第二大互联网公司,企业文化的作用功不可没。阿里巴巴的企业愿景是"成为全球十大网站之一""只要是商人就一定要用阿里巴巴",当初看似痴人说梦,如今已用事实证明了它的战略眼光。然而,帮助阿里巴巴实现其战略目标的最大力量,来自他们的价值体系:客户第一、团队合作,拥抱变化,激情,诚信,敬业。正是对这"六脉神剑"的贯彻实施,让阿里巴巴跨越了一个又一个难关,不断化茧成蝶。

阿里巴巴的成功告诉我们,对企业而言"战略决定成败",而在战略目标的实现过程中,文化管理的落地又起着举足轻重的作用。

(2) 激励员工全面发展的迫切需要

传统的科学管理模式认为,员工都是追求经济利益最大化的"经济人",他们有的除了赚钱糊口和追求物质享受之外,没有其他工作动机,因此都是懒惰的、怕负责任的、没有主动性和创造性的。对于这样的员工,只能用严厉的外部监督和重奖重罚的方法进行管理,金钱杠杆是唯一有效的激励手段。

这种管理理论只适用于生产力水平低下,并且以体力劳动为主的阶段。因为,一旦解决了温饱问题,赚钱就不再是员工的唯一需要。马斯洛的需求层次论把人的需要划分为生存、安全、社交、自尊和自我实现五个梯级递进的层次。对于解决了温饱的员工,物质激励杠杆就会变得越来越无能为力。相反,能否满足员工的社交、自尊和自我实现等高层次精神需要,则成为激励员工、赢得竞争优势的关键。另一方面,随着新技术革命的兴起和发展,脑力劳动在整个劳动构成中的含量日益提高。脑力劳动看不见、摸不着,其劳动强度和劳动质量主要取决于人的自觉性和责任感。科学管理所奉行的从严治厂、加强监督的外部控制方法并不适用于对待复杂无形的脑力劳动,只有实施"自我控制"方法,催生员工自我实现需要的"内在激励",才能激发员工的敬业精神和创新精神。

文化管理是以人为本的管理,强调尊重人、关心人、理解人、尊重人、满足人、发展人,提倡在满足员工物质需要的基础上尽量满足人的精神需要。因此,文化管理必将取代科学管理,成为知识经济时代唯一适合的管理模式。只有企业文化落地,才能真正实现文化管理,满足员工需求层次的不断提高,促进员工的全面发展。员工的全面发展又是提高企业生产力与经济效益的根源。

(3) 提升员工执行力的关键举措

执行力是完成预定目标的操作能力,是把企业战略、规划转化成为效益、成果的关键因素。

随着人们消费水平的提高和消费观念的变化,服务制胜的时代已经来临。且不说主要靠服务竞争求生存的第三产业,即便是第一、第二产业,市场竞争的焦点也逐渐从产品转移到服务上来。在产品质量、性能、价格越来越趋同的情况下,为客户提供的售前、售中、售后的服务质量,往往成为胜负的关键。

服务质量的表现途径就是员工的行为,员工的行为又受制于自身的情绪情感与观念。比如微笑服务,单纯靠严格的规章制度、强硬的要求和形体培训,员工即便笑也是硬挤出来的,是僵硬呆板的。只有发自内心的真诚微笑才能给客户带来温暖和快乐。这种真诚的微笑只能来自员工对企业的忠诚、对社会的责任感以及发自内心的愉悦与敬业精神。忽视人的观念与情感的科学管理很难使员工进入这种状态;相反,良好的企业文化,会使员工形成一种共同价值观、拥有舒畅惬意的心理环境、铸就良好的传统和风气。因此，只有让企业文化落到实处，企业员工才能认同自己的企业，从心理上产生对企业的归属感和责任感，进而提高对企业的忠诚度和执行力。

在众多火锅店中，海底捞一枝独秀，服务无疑是其取胜的法宝。海底捞员工温暖体贴的服务，让顾客有宾至如归之感。之所以如此，得益于海底捞对员工的尊重和信任，海底捞致力于"创造一个公平公正的工作环境"，并让员工相信："靠自己的双手可以改变命运"，而"尊重人、相信人"正是海底捞的核心价值观。

（4）增强企业凝聚力的必然选择

科学管理依靠金字塔形的等级森严的组织体系和行政命令的方式实施集中统一的指挥和控制，权力和责任大多集中在企业上层。现在，随着大型企业、跨国公司的大量涌现，金字塔形的管理体系正在向柔性组织和分权管理的方向发展，企业的控制方式也不得不随之发生巨大变化。

对于大型企业和跨国公司，分公司遍布全国甚至世界各地，体量巨大、相隔遥远，直接监督和控制已不可能。那么，靠什么维持庞大企业的统一？靠什么形成员工的整体感和向心力？只能依靠共同的企业文化：共同的价值观、共同的企业目标、共同的企业传统、共同的仪式、共同的建筑格局等。而且，毋庸置疑，只有企业文化落地，才能使具有很强凝聚力和辐射性的核心价值观深入人心。

例如，成立于1971年的美国星巴克公司，仅仅用了40多年的时间，从西雅图的一家咖啡零售店，发展成了拥有180 000多家门店的大型企业，成为全球最大的咖啡连锁店品牌。星巴克如何实现这一扩张奇迹？其创始人霍华德·舒尔茨回答："成功的关键是在高速发展中保持企业价值观和指导原则的一致性。"

又如，作为大型企业的国家电网、南方电网以及五大发电集团、两大电建集团，无不重视推行统一的企业文化，体现了这些大型企业管理者的远见卓识。

（5）形成企业核心竞争力的根本保障

落地的优秀企业文化也可以称为文化资本。

经济学家戴维·思罗斯认为，文化资本是以财富形式具体表现出来的文化价值的积累，它是与物质资本、自然资本和人力资本并列的第四种资本。实际上，相较于其他形式的资本，文化资本是促进经济增长、企业发展的更重要的资本，因为它能够有效地整合其他资本，使其发挥最大的效用。

之所以这么说，是因为这种文化资本在企业中的作用无孔不入。

第一，它是一种动力性资本。企业文化为企业及员工树立共同的奋斗目标，提供强大的精神动力，从而提升组织效率。

第二，它是一种思维性资本。企业哲学为企业提供先进的思想方法和思维模式，使企业能在市场竞争中做出更加高明的决策。

第三，它是一种凝聚性资本。先进的企业文化能够在组织和组织成员之间建立良好的心理契约，形成统一的核心价值观，继而转化为个体的自觉行为，形成强大凝聚力,并转化为巨大的执行力,从而有效地降低管理成本。

第四,它是一种形象性资本。先进的企业文化会使企业形象、产品和服务形象、企业成员群体和个体形象得到提升,扩大知名度和美誉度,带来企业经济价值和社会价值的双重增值。

因此,文化资本又是一种整合性资本。人力、物力、财力、知识是企业经济增长的四大资源,只有落地的先进企业文化才能够将这些资源整合成完整的体系,使它们朝着同一个方向,实现资源体系综合价值的最大化,最终提升企业的核心竞争力。

二、我国电力企业体制与企业文化落地

1. 我国电力企业的体制特点

2002年我国进行电力体制改革,首次打破由国家电力公司独家垄断的局面,形成两大电网公司、五大发电集团和四家辅业公司;2011年,又分离出了中电建和中能建两大电建公司。无论是2002年的"厂网分开",还是2011年的"电网分离企业划转移交",都是以打破国家电力公司独家垄断局面、增强企业自身市场竞争力以及顺应社会主义市场经济发展等为目的的电力体制改革。尽管后来又有民营、外资进入我国电力市场,但占国内主体市场的仍然是国有企业集团,且其体制都属于母子型国有企业集团。

(1) 企业集团

企业集团作为企业组织形式出现于19世纪,并从20世纪50年代开始在日本使用。企业集团由于其规模庞大、内部组织结构复杂、集团管控机理灵活而不同于一般的企业与公司。

概括地说,企业集团的体制特征主要体现在以下四个方面。

① 企业集团是若干具有独立法人资格的成员企业或机构,出于资本、政策、共同利益等联结纽带而聚集起来的具有一定规模的企业法人联合体。

② 企业集团不具有企业法人资格。企业集团是以母子公司为主体,以集团章程为共同行为规范的母公司、子公司、参股公司及其他成员企业或机构共同组成的联合体,企业集团的成员企业间通过交叉持股、控股、参股等方式形成法律和经济纽带关系。联合后的各独立法人依然具有独立的法人地位。

③ 组织多层次性。一般来说,企业集团的各成员企业至少具有一级独立法人的资格。大型国有企业集团中还可能出现子公司的子公司——孙公司:子公司由于扩张等控股其他企业,被控股或被投资的企业成为母公司的孙公司。孙公司又具有众多的下属单位和控股子公司,整个企业集团内部形成多层次的复杂组织结构。

④ 组织规模大,机构巨型化。企业集团一般以控股、参股或者协议等形式进行扩张,使得企业集团规模相比扩张前的核心企业成倍扩大,形成巨大的企业群体,组织规模庞大,管理机构庞杂。

(2) 我国的电力企业体制

企业集团一般分为两种：一种是协作型联合企业集团，集团内所有企业是平等的；另一种是从属型联合企业集团，集团中有一个母公司（支配公司，也称集团公司），其他为从属公司或为关联公司（合伙、参股、合同联结），即母子型企业集团。母子型企业集团是以特大型公司（或集团中最重要的公司）为核心，通过控股、参股、契约而形成关系比较紧密的经济联合体[①]。

我国的电力支柱企业（如国家电网公司、华能集团公司、中国电力投资集团公司、中国能源建设集团有限公司等）都属于母子型企业集团，而且是一种特殊的母子型企业集团——中央直属国有企业集团中的母子型企业。

我国的电力企业体制改革经历了漫长的过程：从20世纪80年代"两分钱"建设基金的征收，到1995年实行多家办电，允许外商投资电力项目，电力市场形成多元化投资主体，再到1997年国家电力公司的成立，直至2002年的"厂网分开"以及2011年的"电网分离企业划转移交"，催生了现在的几大集团公司。一路走来，电力体制改革的总体目标始终围绕着打破垄断，引入竞争，提高效率，降低成本，健全电价机制，优化资源配置，促进电力发展，推进全国联网，构建政府监管下的政企分开、公平竞争、开放有序、健康发展的电力市场体系。

也就是说，这场体制改革就是为了使电力企业快速融入现代市场经济，依靠市场竞争激发电力企业的潜力，提高企业的生产活力与经济效益。

但是，由于坚持国有制本身，决定了电力企业集团与一般意义上的现代企业集团的不同，电力企业是企业资产国有制与企业运营市场化的结合体，国家作为出资人依然有领导和监管的职责。因此，它的管理方式依然保存着较明显的政府主导、行政命令等特点，这些特点也必然给集团的企业文化建设和落地带来影响。

2. 电力企业文化落地的特殊性

企业文化落地难，本就是企业文化建设中存在的普遍问题。对于国有企业集团而言，其体制的特殊性也必然会给企业文化落地带来更多的难题。

基于对现代管理理念的深入认识，我国各大电力企业集团对企业文化建设工作无不高度重视、积极推行，并取得了不错的效果。究其深度、力度和效度方面，还存在着一些不如人意之处。要改变企业文化落地的困境，就必须深挖落地难的根源，并对症下药，才能取得突破性的进展。

(1) 电力企业文化落地面临的主要难题

① 电力企业集团文化呈现多元性

虽然某些电力企业集团强调集团文化的绝对统一，但在客观上集团文化体系中依然存在着集团主文化和各子公司文化（集团亚文化）并存的现象。各子公司因企

---

① 阎世平. 和而不同——母子公司型企业集团文化整合的根本原则[J]. 经济问题探索, 2003(9)：53—58.

业规模、业务特色、企业风格、发展阶段、地域特色等因素的不同,其亚文化也各具特色。这就构成了母子型国有电力企业集团文化的多元性。

② 电力企业集团文化具有冲突性

由于企业文化的历史性、根源性和适应性,使得大多数子公司对于自身的亚文化有着主体地位的认可,对外来文化有着本能的排斥心理,这使统一的集团文化和子公司亚文化在文化融合上存在一定矛盾和冲突。

③ 集团文化凝聚力的形成存在障碍

母子型国有电力企业集团并不单单是企业或产权的简单归并,还包括文化纽带的编制、建立和维护。该类企业集团基本上都是在政府主导下,通过行政划拨方式组合而成,带有明显的行政烙印。企业集团内部联系更多依靠行政手段,对企业集团文化精髓的认知度、认同度不够,内部缺乏文化凝聚力。最终有碍集团文化凝聚力的形成和发展。

④ 集团企业文化误读现象普遍

国有性质导致部分电力企业对企业文化的认识存在误区:或将企业文化等同于传统文化,或将企业文化看作形式主义任务,或将企业文化建设等同于思想政治工作建设、精神文明建设等,导致集团上下对文化建设产生应付甚至抵触心理,阻碍文化的软约束力和凝聚力的发挥,出现集团有文化而无企业文化的局面。

(2) 电力企业文化落地尚须解决的主要问题

上述因素的客观存在,使得电力企业文化落地有时会陷入困境。比如,在许多电力企业,有关企业文化方面的文化手册、宣传标识、工作方案等文书堆砌如山。企业也组织了广泛的讲座、培训和相关的文化活动,但企业员工依旧对企业文化内容语焉不详,依旧对推行企业文化的目的缺乏认识,难以感受到企业文化的魅力,并经常出现文化倡导与员工行为相背离的情况。要改变这种状况,尚须解决以下三个方面的问题。

① 加强集团文化与员工的心灵融合

企业文化是以文化为手段,以管理为目的的企业管理软约束纽带。企业文化的产生一定是源于企业内部。任何企业都有文化,企业文化建设是从企业自身长久的历史发展过程中筛选、提炼出最先进最能体现企业特色的文化内容,对之进行升华,将之明确化、系统化,继而进行推广落地的过程。

由于电力企业集团成长的特殊性,在企业文化建设中多数企业集团无暇或无法以自下而上的方式提炼企业文化,只能单纯从假设出发,设计出一套理想的企业文化体系,然后由上而下地强制推行。这就使子公司员工对集团文化缺乏长期的洗礼与熏陶,导致员工心理契约的天然缺乏。加之,部分子公司在进行集团文化的培训宣传时,企业高、中、基层沟通不充分,文化落地工作没有与员工的日常工作和生活紧密衔接,企业为培训而培训,抽象的理念句子难以和自身的工作生活相结合。因此,文化理念在员工灵魂深处始终模糊不清,自觉践行更是奢望。

因此,在电力企业文化落地过程中,一定要着重弥补这种集团文化的天然不足,各种落地措施都要尽量渗透到员工的日常工作和生活实践之中,从强化员工的心理体验入手,实现集团文化与员工的心灵融合。

② 处理好统一性与多样性的关系

部分电力企业集团企业文化体系内容过于全面,对下属子公司进行集团文化建设的要求过严,限制过多,影响子公司对集团文化的接受度和认可度。比如,集团公司把统一当作同一,要求所有子公司企业文化与集团企业文化绝对统一,不允许子公司存在任何亚文化。这种做法必然造成集团文化某些方面与下属企业的实际脱节,使得集团文化在子公司失去生长土壤。在这种情况下,下属企业即便"坚决执行",也只能是依葫芦画瓢,难以唤起员工内心的共鸣,反而让员工心生抵触,导致集团文化落地浮于表面。

相反,也有部分电力企业选择了集团文化与亚文化的和谐共存。比如,大唐发电集团就努力在母、子公司文化的"统一性"与"灵活性"中寻找平衡:一方面要求各子公司文化要与集团公司的"同心文化"核心理念体系必须保持一致;另一方面又明确提出,同心文化是一个完整的有不同层次的开放系统,必须为子文化建设提供一定空间,并进一步阐明个性化的子文化的丰富与成熟,是同心文化向纵深发展的坚实基础。

这种在保证集团企业文化核心内涵的统一性与一致性的同时,给亚文化一定空间,让主文化与亚文化各取所长,发挥整体大于局部的优势,形成集团的共享文化的做法,更符合企业集团的实际,有利于母子公司的文化认同和融合,也有利于消除内在的文化冲突和矛盾,还有利于集团的整体发展。

③ 管理理念与文化建设同步前行

文化是抽象的,管理是具象的,文化内涵必须借助于管理措施去体现去落实。

文化因素对企业内部的凝聚力、生产效率及企业发展有着重要作用。但是,这种作用无法单独发挥,需要渗透于企业管理体制、激励机制、日常工作之中协同作用。否则,将导致文化与战略、管理等难以形成相互支撑的协同机制。尤其是电力企业这样多层级、多形式、股权复杂的庞大结合体,更要在整个集团内部积极转变管理理念,调整管理模式,助推企业文化落地,避免因为缺乏内在的推进机制与执行系统而使集团文化与下属公司的成长土壤不匹配,导致集团文化在下属单位进行推广时难接地气,出现"南橘北枳"效果。

第二节 电力企业文化落地的基础建设

本节将根据企业文化落地的一般规律,指出企业文化落地工程须解决的基础性问题,内容包括企业文化落地的实施原则、基本保障和主要渠道。

一、电力企业文化落地的基本原则

企业文化落地是一个系统性工程,企业文化落地的过程,不仅需要全方位考虑,还需要遵循六项基本的实施原则。

1. 遵循实际原则

遵循企业实际是电力企业文化落地应坚持的最基本原则。

不仅企业文化设计要体现行业特点、企业个性,电力集团的企业文化落地工程同样要根植于企业实际。因为只有有的放矢才能事半功倍。如果不顾企业自身实际,只是一味模仿其他企业的做法,或者不考虑接受群体的不同,强行使用一种推行模式,再好的企业文化体系,也只能是镜中月、水中花。

具体地说,电力集团的企业文化落地首先应该清晰地认识自身的体制与行业特点,深入分析这些特点会给企业文化落地带来怎样的正面或负面的影响,并在此基础上给出解决方案,制定落地策略。比如,集团公司的管理模式、内部运营和行业要求,各子公司的地域文化差异、行业分工差异、历史积淀差异、员工结构和素质差异等等因素都要考虑在内,只有采取有针对性的措施,才能充分调动不同岗位员工的积极性,形成以点带面、以小聚大、全面辐射的格局,从而更为有效地实施企业文化落地工程。

2. 系统实施原则

企业文化落地是一个系统工程,其系统性包含多重含义:一是企业文化与企业战略、组织结构、领导体制、人力资源政策等诸多方面共同构成企业管理体系;二是企业文化内部也是一个由理念层、制度层、物质层和行为层构成的完整系统,企业文化落地也就意味着这个系统的各个层面的落地;三是企业文化落地过程必然涉及集团公司的各级企业,以及每个企业运作的各个部门和各个环节,涉及所有企业内部自上而下各层面的员工。

因此,制定企业文化落地的规划和措施,一定要遵循系统性原则。在安排实施时,考虑各方面的条件和影响因素,才能使企业文化融入整个管理之中。在企业文化建设受阻时,这一原则会引导我们进行系统分析,寻找原因和对策。

3. 领导示范原则

企业文化首先是企业家文化。有什么样的企业领导者,就有什么样的企业文化。管理学上有个寓言故事:一只狮子带着一群绵羊,与由一只绵羊带领的一群狮子打仗,获胜的队伍是狮子带着的绵羊。因为领导者的影响力决定了队伍的实力。

所以,企业领导者在企业文化落地过程中扮演着重要的角色,肩负着重要的责任。企业文化中的一些核心理念与思想,直接或间接地代表或反映了企业领导者的思想追求、价值取向、文化态度和领导风格。领导者的言行举止、工作作风反映着其对企业文化的认可程度与执行程度,同时,也直接影响着企业员工对企业文化的认可与执行。要想企业文化有效落地,企业领导者就应当好先行者,自觉践行企业文化,真正做到言行一致,为员工当好标杆,做好示范。

4. 全员参与原则

员工在企业文化建设过程中,既是被改变的客体,也是变革的主体。只有全体员工认同并践行的企业文化才是有生命的企业文化。企业文化领导者只有充分激发员工的主动性,使文化变革成为员工的内在需要,才能实现企业文化的真正落地。这是企业文化落地工程的核心任务,是指导每一步工作的重要原则。

因此,在制订企业文化落地规划和具体措施时,一定要强调全员参与原则,并且时时处处加以运用。对于规模巨大、员工众多、成员复杂的电力企业集团而言,这是一项艰巨的任务,但却不能忽视,更不能回避,否则企业文化落地就是一句空话。

5. 持久推进原则

企业文化落地的持久性体现在两个方面。一是企业文化落地本身需要长久的时间才能实现,在电力企业集团这样庞大的企业中需要的时间更长。约翰·科特曾对进行文化变革的企业进行跟踪研究,发现所需时间最少为4年,最长为10年,而且仍在继续,并未结束。二是企业文化落地不是一劳永逸的一次性工作,而是一个动态的、循环的过程。即便是已落地的企业文化也需要持续的评价与考核作保障,促使其稳定化、长期化;同时随着企业的发展,企业文化还会自然而然发生变化,需要重新调整与再落地。

企业管理者要对企业文化落地的持久性有充分的认识,不要以为可以一蹴而就、一劳永逸。只有做好打持久战的准备,才不会低估企业文化落地的难度,才能避免出现因缺乏信心与毅力半途而废的现象。

6. 母子文化有效衔接原则

对电力企业而言,文化管控是庞大的企业集团不断壮大规模、保持活力的基础保证。电力集团的企业文化建设不仅需要考虑母公司内部单元部门之间的文化诉求,还要做好母子公司文化有效衔接。既要坚持集团文化在核心内涵上的统一性,又要尊重并吸纳子公司文化的活力和个性,努力促进母子文化的有机融合,增强企业凝聚力。其实,一个企业的文化越是融合了异质文化,其内容越丰富,体系越完善,因此也具有更强的适应性和生命力。

二、电力企业文化落地的基础保障

企业文化落地除了需要遵循一定原则,还需要四项基础保障。

1. 组织保障

组织保障是企业文化落地的坚强后盾。一般情况下,电力集团企业文化落地的组织机构应该包括四个层次。

(1) 企业文化领导小组

作为变革的发起者(通常是企业最高领导者),最主要的工作就是组建文化实施的领导团队。这个团队除了最高领导决策群体外,还应包括企业中层主要管理干部。一般来讲,企业文化领导小组的成员和职责如下。

领导小组成员:组长(集团公司党组书记或总经理)、副组长(副书记或副总)。

领导小组职责:计划、指挥、组织和协调人、财、物、时间、信息等资源,对企业文化的设计、实施进行全方位、全过程的领导和管理。

(2) 企业文化常设机构

企业文化建设是一个长期渐进、动态完善的过程,领导小组作为一个决策和协调机构,无法承担具体实施职能。因此,还应设立企业文化的常设执行机构。

电力企业集团可以改组和加强党委宣传处,或单独组建企业文化处(部),作为领导小组的常设执行机构,担当企业文化建设的职能重任。可以采取"一套人马,两块牌子"的做法,即在党委体系中它是宣传处,承担思想政治宣传工作;同时在行政体系中又是企业文化处,协调与实施新文化变革。这样设置既保证了党委对企业文化工作的核心领导地位,又可避免重复设立机构,导致组织臃肿。

在企业文化处的人员配置上,除了现有的宣传人才外,还应该增加一些熟悉企业生产经营和工作流程的人才。因为企业文化的变革不仅仅要触动人们思想意识的转变,它更多地是引发企业在经营理念、管理模式、管理制度和行为规范等方面的变革。

(3) 下属公司企业文化领导机构

电力企业集团下属公司众多,关系复杂,要真正实现企业文化落地,每个子公司、孙公司还要设立自己的企业文化领导机构。像总公司一样,由各公司的书记或经理任企业文化领导小组组长,副书记或副经理任副组长,领导本公司的企业文化建设工作;下设企业文化办公室负责具体落实。

(4) 各层级各职能部门的领导者

企业文化涉及企业的各个方面,没有其他职能部门和各直线部门的配合和参与,企业文化建设也就无法落地。因此,在领导小组的指挥下,由各公司的企业文化办公室牵头,工会、行政、后勤、人事、生产、财务以及车间、班组等各直线部门密切配合、分工合作,才能推进企业文化建设的整个进程。

其中,工会的作用尤其重要,它具有维护职工权益,实现员工民主参与的职责,是企业文化建设的重要组成部分,应将其纳入企业文化建设体制中。工会要在企业文化领导小组统一领导下进行,紧密配合,大力协同,培养员工的主人翁责任感,丰富员工的业余文化体育活动,着力提高企业的凝聚力、向心力。

综上所述,只有充分调动各部门的力量和积极性,明确彼此的分工与合作,众志成城、齐抓共管,才能使企业文化的落地达到"随风潜入夜,润物细无声"的效果。

2. 制度保障

制度保障是企业文化落地的必要手段。

前文已述,要使企业文化有效落地,必须建立与企业文化相契合的管理制度,好的制度不仅能严格制约员工的不自觉行为,还能有效激励员工去认识、认知和认同企业文化,进而自觉践行企业文化。

制度保障包括两个方面的工作。其一,要以企业文化体系为标准,对原有企业管理制度进行审查、修订,使其符合企业文化理念,避免制度与文化两张皮。比如,要制定符合企业经营理念的经营管理制度,符合企业人才理念的薪酬制度、考核制度、晋升制度、奖惩制度,符合安全理念的安全生产制度,符合廉洁理念的防腐惩贪制度,以及相应的服务制度、环保制度等等,使企业的管理制度与企业文化体系相辅相成,形成合力。其二,要补充必要的企业文化推广落地制度,使企业文化落地工作制度化。比如,专门制定企业文化培训制度、企业文化论坛制度、企业文化考试制度、企业文化标杆评比制度等等,使"软"文化借助"硬"制度得以巩固。

3. 人员保障

人员保障是企业文化落地的必要推手。

企业选拔任用什么样的人,同时也是企业价值观的体现,对企业文化落地有着重要的导向作用。

员工与企业的结合,往往是一种价值观的相互认同。当他们习惯了企业已有的环境,就会反对任何破坏这种平衡的力量。要想保证企业文化的连续性,就要选择认同现有文化的接班人。同理,要想变革文化,也要从人员层面入手。对人事政策的调整和配置新人是企业文化建设的关键一步。主要考虑三个方面:

首先,必须在企业文化领导小组和办公室配置变革型人才。只有他们真正认同并拥护变革,才会积极推动并身体力行,成为文化变革的中坚力量。否则就只能是被动执行,不问效果。

其次,人才界定要融入文化标准。员工考核指标中应该加入是否认同企业价值观,是否贯彻企业文化变革,是否在行动上率先示范、以身作则等内容。比如,大唐发电集团选拔人才的标准就是:认同企业文化,有责任感并能将责任感体现于行动之中,团结、协作、追求工作实效的员工。

同时,人才选拔也要以企业价值观为衡量标准,建立公平竞争、择优录用的制度,通过科学的选拔程序,满足职工自我实现的愿望,创造出一种奋发向上的氛围,并引导员工自觉地深入领悟并积极践行企业价值观。大唐发电集团秉持的"德为前提,能为本位,竞争上岗,绩效评优"选拔机制,很好地体现了它的"大唐大舞台,尽责尽人才"的人才理念,为企业文化落地起了很好的导向作用。

4. 物质保障

物质保障是企业文化落地的有力支撑。

企业文化建设涉及面广、周期长,需要企业领导和员工进行长期的努力。为了能够将这项工作顺利开展,有必要设立企业文化建设专项基金,专款专用,保证企业文化顺利实施。具体的财务预算由企业根据实际情况制定,下面仅列出一些参考项目[①]。

(1) 宣传费用:形象设计,公关费用,公益广告牌费用,新闻发布会费用,各种宣传手册、标语、条幅制作等费用。

(2) 文化活动费用:关于文化建设的活动,如演讲比赛、知识竞赛、歌咏比赛、征文、晚会、研讨会、团队建设、文体比赛等所需的费用和奖品。

(3) 培训费用:培训教材、外请专家讲座、参观学习等费用。

(4) 部门建设费用:人员配备、办公设备购买等费用。

三、电力企业文化落地的渠道建设

渠道建设是企业文化落地的必要措施。企业文化落地既是一个目标也是一种状态;而且,这个目标不是一个具体的点,而是由精神、制度、行为、物质等多个层面所构成的彼此呼应契合的立体化存在。因此,企业文化落地的实现也必须多头并进、多种渠道共同努力。归纳起来,企业文化落地至少要建设六个主要渠道。

1. 文化培训渠道

企业文化培训是由企业领导和员工共同参与,有计划有组织地系统传播企业文化、接受企业文化理念指导的一种活动。

通过培训,可以使员工了解企业文化与企业效益、企业发展的密切关系,认识企业文化建设的重要意义,提高员工参与企业文化建设的自觉性;可以使员工系统了解企业文化体系的内容、深入理解企业文化的丰富内涵;大量体验性、实操性的培训更可以快速转换员工的思维方式、加速企业文化"内化于心、外化于行"的过程。同时,培训使员工的知识得到丰富、技能得到提高、素养得到提升、潜能得到发挥,能够极大地激发员工的工作热情,增强员工的凝聚力、忠诚感和归属感。因此,培训是企业文化落地不可缺少的重要手段。

企业文化培训要发挥作用,就一定要建立完备的企业文化培训体系。简单地说,企业文化培训的体系主要体现在以下三个方面。

在物质上,要有完善的规章制度,有自上而下的培训组织机构,固定、专业的讲师队伍,设备齐全的培训场地等。

在内容上,要针对不同的培训对象设置不同的课程体系。比如,针对企业高层领导,需要着重安排如何认识企业文化,企业文化与战略、核心竞争力的关系,怎样实施文化变革等内容;中层干部,要侧重如何用企业文化领导下属,怎样在团队建设

---

① 张德,潘文君.企业文化[M].清华大学出版社,2013:152—153.

中融入企业文化；基层人员侧重如何理解本公司的文化理念，怎样在日常行为中践行企业文化；新进人员则需要了解企业的历史、文化和行为规范等。

在形式上，要针对不同的培训目的采用不同的培训方式。既要有课堂讲授、研讨，也要有强调体验的行为展示、角色扮演、实战模拟等；既要有企业内部讲师的培训课，还要穿插名人报告、专家讲座、心理咨询等；既要定期在企业的培训基地展开培训，也要适时组织员工到高等院校、科研机构以及国外进行培训。

只有建立完善的企业文化培训体系，才算打通了文化培训渠道，才能充分发挥培训效果。很多优秀的企业都有自己的企业文化培训体系，比如海尔大学的立体人才培训体系、摩托罗拉大学以及太平人寿的八大培训体系等，国家电网公司以国网技术学院为基地，每年为新员工进行培训，将企业文化与员工技能培训相融合，也收到了不错的效果。

2. 文化传播渠道

传播是企业文化落地的前提。没有传播就没有信息的传递，企业文化的丰富内涵就无法实现全面辐射，企业文化落地也就无从谈起。

传播渠道至少有三个方面的功能。第一，传播功能。它的传播对象包含企业内部员工和企业外部受众两个部分。对内，它可以全面而又深入地阐释、呈现企业文化的价值观和相关信息，帮助员工实现对企业文化的认知与认同；对外，它可以让外界感知企业的性格、气质、精神、追求、理想、风格等等，通过企业整体形象的展示，提升企业的知名度和美誉度。第二，导向功能。媒体本身的气质风格和追求，会成为一种无形的精神航标，对企业风气起到引领作用。第三，凝聚功能。企业媒体不只是进行企业文化的单向传播，还会成为员工心灵沟通的平台，通过及时传递和回应员工的要求和心声，加强企业的凝聚力。

传播渠道建设要从对内传播和对外传播两方面下功夫。

内部传播渠道主要包括企业内刊、企业报纸、企业文化手册、企业网站、企业电视台、企业广播、宣传栏、文化墙、宣传条幅、建筑物墙面、办公用品、产品包装以及各种内部大型会议等等。这些渠道主要面向企业内部员工，根据落地工作的实际需要，可以全方位、立体化地利用好不同的传播方式，提高传播效率。

外部传播渠道主要包括企业网站、企业宣传片、企业广告、产品包装、中央媒体、地方媒体、行业媒体、各类杂志期刊、企业书籍、公益活动以及各种区域性或国际性会议、行业论坛等载体。这些传播渠道的建立需要企业具有一定的公关能力和远见卓识。虽然是面向企业外部群体，却对企业文化的传播意义非凡，对企业品牌的塑造和企业形象的提升至关重要。

3. 品牌管理渠道

企业品牌从培育到形成都是企业文化的缩影，也最能彰显企业文化的价值。成功的品牌管理不仅可以为企业文化的传播创造一切可能，加速企业文化落地，更能提升企业的品牌价值和市场竞争力。

品牌管理不仅是视觉形象体系的设计、使用与推广,更重要的是如何呈现和传递企业文化的内涵。严格地说,成功的品牌管理需要全方位地引进企业形象管理方法。一方面要通过电视、报刊、户外广告、礼品等多种形式广而告之,使社会公众认知企业品牌。另一方面,还要通过企业的产品、服务、公益活动等手段,使公众深入了解和认同品牌。只有这样,才能让知名度与美誉度相辅相成,形成品牌认知的长久忠诚。

具体到电力企业,品牌管理就要与企业文化建设紧密结合,并通过安全生产、清洁生产、电网建设、市场营销、客户服务、农电管理,以及党建、工会、共青团工作、社会公益活动等企业与员工行为传播企业文化,树立企业的知名度与美誉度。企业美誉度树立的过程本身也是企业文化落地的过程。

4. 团队活动渠道

团队活动是一种特殊的企业文化传播渠道,其功能体现在很多方面。

体悟文化功能。它能让员工在全身心参与的过程中自然而然地深入体验、感悟企业文化的精髓,达到"不施一言、道理自现"的效果。

拓展生活功能。它能拓展人的生活空间,丰富人的生活内容,增添人的生活乐趣,改变人的生活品味。

提升素质功能。它能提升人的身体素质、智力水平、思维能力以及道德情操、价值追求、性格品质等。

增长技能功能。它能提高人的职业技能、创新能力。

提高社会声望功能。向社会开放的大型活动可以展示企业形象、加强社会联系,提高企业的社会知名度与美誉度。

增强凝聚力功能。干部员工在团体活动中可以加深了解、建立友谊、增进感情;同时,上述一切活动的终极目的都是传播企业文化理念,促成员工的文化认知和认同,增强企业凝聚力。

团体活动要发挥上述功能,就要建设好活动渠道。组织者要能全面了解各种团体活动的种类和功能;要有健全的组织团队,长远的活动规划、具体的活动计划;要有固定的活动安排,也要能根据企业需求,穿插临时的活动项目;还要善于进行活动后的评估,不断总结和提升活动效果。

5. 心理沟通渠道

心理沟通渠道的畅通,本身就是民主管理、人本管理等文化管理理念的重要体现,是企业文化落地的标志性内容。除此之外,对于企业文化落地,它至少有以下几方面的作用。

第一,有助于企业文化内容迅速准确地传播。沟通顺畅,是信息高效率传播的保证。在沟通不顺畅的环境里,不仅会造成大量的资源浪费,还会造成企业文化内涵理解的错位,严重影响企业文化落地。

第二,有助于快速发现问题,及时调整落地措施。沟通顺畅,才能使下情随时上达,文化落地过程中遇到的问题、出现的摩擦,员工的意见和建议都能得到及时反馈,领导层可以快速做出反应,进行调整。在这个过程中,还可以增进上下级之间的彼此了解和相互理解,最终形成万众齐心,共同推进企业文化落地的合力。

第三,有助于拉近干群关系,增强企业凝聚力。沟通顺畅,便于企业及时掌握员工的心理动态,关心员工的心理健康。心理健康既关系到员工的身心发展、生活和工作质量,也关系到企业的健康发展。随着社会变化的加速,员工必然会受到越来越多的诱惑,产生越来越多的困惑与矛盾,如果不及时疏导,会产生意想不到的严重后果。企业应当重视员工的心理健康状况,并及时沟通、疏导和教育,还要采取一定措施、开展一定的活动让员工感受到企业的温暖,使企业成为员工可信赖的精神依托,继而产生强大的向心力。

总而言之,沟通就是要站在对方、甚至是超越双方的立场上进行思考和交流,其核心是尊重、理解和换位思考,其目的是为企业的良性发展提供支持。

要实现顺畅沟通,沟通的方式、载体、机制的选择非常重要。沟通必须有机制和技术作保障,企业要为员工提供开放的工作环境,建设沟通的渠道,制定利于沟通的政策,提供必要的内部传媒和多种信息通道。

对于电力企业这样超大型企业集团而言,沟通渠道和方法更要顾及多个方面,既要考虑到集团总部与子公司之间的沟通,也要考虑到各公司内部的信息沟通,还有公司与公司之间的信息沟通。

6. 诊断测评渠道

企业文化测评是对企业文化的测量、诊断和评估,它既是企业文化设计的前期基础工作,也是企业文化落地过程中检验落地效果,为下一步工作提供参考和依据,并最终促成落地的关键环节。

企业文化落地的效果与企业付出的努力并不一定成正比,只有及时通过测评,了解落地工作中存在的问题,有的放矢地调整措施,才能少走弯路,提升工作效率。比如,可以通过对决策层的价值取向的测评,找到领导班子的价值取向与企业文化理念定位的差距,对企业行为倾向进行评估;又可以通过对员工的理念与行为进行测评,考察员工的行为是否体现了企业核心价值观的要求。通过这样的对标,找出"目标"与"现实"的差异,并甄别这一差异的性质,采取相应措施加以改善。

而且,企业文化的诊断测评也是实现企业文化管理的重要手段。要实现文化管理,就必须实现对员工思想情绪、行为倾向的全面、动态把握,因此,就必须对企业文化进行经常性的扫描与监测,为企业决策层逐步推行文化管理提供必要信息与决策依据。

企业文化测评是专业性很强的一项工作,其时机的把握、方法的使用、对象的选择是否得当,测评结果的分析、提炼是否准确,都会影响企业文化落地的进程。因此,诊断测评渠道的建设要注重合理搭建测评团队的成员结构,建立健全测评机制,制定周全的测评计划和方案。

建设好这六大渠道,企业文化就能逐渐浸润到企业员工的心中,融入到企业运营管理的各个环节中,推广到企业外部的消费者和相关合作伙伴中,最终体现在员工的工作和生活的行为中。只要企业用心组织实施,企业文化就不会浮于形式。

第三节　电力企业文化落地的实用方略

本节主要介绍企业文化落地过程中具体有效的工作方法和策略。这些方法和策略都经过了实际工作的检验,可能针对某个渠道,也可能适用于多个渠道。

渠道建设只是为企业文化落地工作搭建了平台,在这个平台上如何工作才能使这些渠道畅通无阻,并顺利快速地抵达目标,就必须借助一定的方法和策略。它们是企业文化落地的重要抓手。

下文提及的九种方略,大致可以归入三个方面:用语言与文字教化人,用行为与情境同化人,用关怀与责任感化人。

一、演绎精彩故事

理念的理解并不困难,困难的是让人认同并接受一种新的理念。单纯地讲道理、析条纹,难免流于抽象、枯涩,甚至容易招致抵触情绪。把深奥的、概念化的道理,转变为通俗易懂的故事,就更容易达到教育效果。故事追求的是形象生动,它能够在听者不设防的情况下直接触碰人心,通过情绪、情感的共鸣激发人的理性思考,因此也更能调动起人的主观能动性,更容易内化于心。

1. 讲什么故事

要用好讲故事的技巧,首先要选好故事。

按主题,可以分为企业内的故事和企业外的故事。企业内的故事可以是关于生产的、质量的、安全的、廉洁的、服务的、创新的、管理的、战略的、敬业的等等。企业外的故事可以是同行企业的、非同行其他企业的,也可以是历史故事、寓言故事、当代社会故事、幽默故事等等。

不管选择哪种故事,关键是要紧紧围绕企业文化理念,要能清晰地反映自己企业文化的价值取向,同时要尽可能使这些故事构成一个有机整体,从不同侧面阐释企业文化的内涵。

比如,海尔公司流传着很多故事:砸冰箱的故事,激活红星休克鱼的故事,大地瓜洗衣机的故事,海尔美国建厂的故事等等。海尔的企业文化就是由一个个故事展示出来的:砸冰箱的故事体现零缺陷的质量理念,休克鱼的故事体现"给你一块沙漠,还我一片绿洲"的做事理念,大地瓜洗衣机的故事体现"用户难题,开发课题"的市场开发理念,美国建厂的故事体现"三个三分之一"的国际化经营理念[①]。

2. 如何讲好故事

要讲好故事,至少要注意两个方面:情节性和感染力。

第一,故事一定要有完整的情节。也就是要包含故事的六个要素:时间、地点、人物、起因、经过、结果。尽量避免事例的简单罗列,少用抽象的概念、评价和口号。

第二,故事要能吸引人,有感染力。在选择素材的时候,就要筛选有感染力和冲击力的事件;在演绎故事的时候,要善于突出事件本身的矛盾性冲突和感染力,并运用文学修辞手法进行情境的烘托和情感的调动,避免干巴巴的、流水账式的事件陈述。

二、推举典型案例

推举案例也叫树典型,是对企业发展过程中发生的典型性事件的记录和客观叙述。所推举的案例既可以是集体的事件,也可以是典型人物的典型故事。

案例是真实发生的事件,因此可信度高、说服力强。好的案例不仅有助于员工加深对企业文化的理解,还能给人以震撼,促人仿效和反思。

案例分为正面案例和反面案例。对企业而言,推举案例不只是讲一个发生在身边的故事,更重要的是组织员工参与讨论学习,对正面案例大力提倡,对负面案例认真查找问题,并探寻解决之道,以此惩前毖后。

1. 选择案例的标准

第一,素材要有真实性和典型性。案例与故事的最大不同就是故事可以虚构,案例却一定是发生的真实事件,案例可以以故事的方式传播,但故事不一定能作案例。因此,真实是案例的第一生命。同时,被选作案例的事件一定要有典型性,正面案例要能传递企业文化的积极效果,负面案例要能反映企业文化建设中存在的问题。

第二,结构要具有完整性。案例的目的与讲故事一样,是要以形象化的具体可感的方式说服人感染人,因此也要避免空洞的理论与枯燥的说教,避免事件的简单罗列。为此,选择的案例要有事件发生的背景、发展过程、人物情节等要素,同时,为了强调其真实性,还要包含充分的数据和资料。

2. 推举案例的步骤

第一步,挖掘案例。要挖掘好的案例,就要利用好基层领导和通讯员的力量,广泛搜集案例线索和素材,并从中搜寻有影响、有意义、有针对性的事件;确定意向之后,一定要深入现场去调查了解,努力借助各种渠道,还原事件发生的完整过程,了

---

① 杨克明.企业文化落地高效手册.北京大学出版社,2012:70.

解事件的相关细节,最大限度获取所需材料。

第二步,撰写案例。一个完整的案例一般包括三个方面:案例名称、案例内容、案例评析。与故事不同,案例的撰写必须真实客观,不可添油加醋,但可以借助图片、图表增加案例的可读性。

第三步,学习案例。通过组织员工对案例进行分析、总结、反省自身、提出见解的方式,促使员工学会站在理论的高度看问题,站在企业家的角度看问题,从而跳出原有的思维习惯,更快融入企业文化的氛围中。

第四步,推广落实。对于正面案例,要广泛传播,鼓励员工效仿。对于负面案例,要尽快找出根源,并采取措施积极根治。

三、善用多种媒介

企业文化理念必须借助媒介进行传播,企业文化的传播媒介要努力做到"多媒并存",以立体化网络化的方式共同展现企业文化,使员工随时随地可以学习企业文化,掌握企业信息。

企业文化媒介种类繁多,大而化之,可以分为正式媒介和非正式媒介。通常,企业领导层大多非常重视正式媒介在传播网络中的作用,对非正式媒介却疏于管理和引导,甚至无视它的存在。

非正式传播是基于企业成员间的社交关系而发展的传播形式,是非例行的和未经安排的。非正式传播的内容大多是与员工利益密切相关的信息,比如单位领导的人事变动、新生产线的引进、车间事故的详情等。

非正式传播在任何企业都存在,而且比起官方媒介,员工与之接触更多,也更乐于相信,因而影响力也更大。正确认识非正式传播的存在,并加以利用,使其成为企业文化落地的正向力量,是企业文化落地工作的一项艰巨任务。

1. 非正式传播的不同类型

故事员。故事员是企业中善于讲故事的人。企业英雄的故事,企业领导与员工的轶事,甚至企业的陈年往事都可以是其传播的内容。他们会在其中添油加醋,同时也会加入个人的观点。因而,故事员也就成为不折不扣的文化传播者,正面的或者负面的文化都在其中。

传教者。传教者是企业中的元老级人物。他们对企业的历史、制度、掌故以及各种潜规则了如指掌。比起故事员,他们有更丰富的经历与地位,对公司也有更深厚的感情,因而也更有责任感,其传播内容包含更多正向文化信息。

饶舌者。喜欢说闲言碎语的人。他们常常做故事员的二传手,喜欢在餐桌上、午休时面对众多的听众传播新闻,使信息快速扩散。

意见领袖。他们不是企业组织中的正式领导者,但由于他们消息灵通、精通时事,又足智多谋,有思想有见地,有一定的人际关系能力而获得大家认可,成为有公众影响力的人物。

此外,领导的秘书、"间谍"和企业内部的小集团在非正式传播网络中也都起着不同的作用。

2. 非正式传播的作用

非正式传播难以控制,也不排除别有用心者扭曲信息或有意强调负面信息,因而会对企业文化落地产生负面影响,但其正面作用也不可忽视。

具体说来,非正式传播的正面作用有以下三个方面。

对企业成员而言,非正式传播可以满足其情感、心理的需要,降低焦虑不安的情绪。

对管理者而言,非正式传播有助于让管理者了解职工真正的心理倾向与需求。

对企业而言,非正式传播掌控得当,还可以弥补正式传播渠道的不足,提升企业成员的士气和向心力,从而使其成为凝聚企业成员的一个有力工具。

3. 非正式传播的引导

正因为非正式传播同时兼有文化的正面和负面导向作用,所以,管理不到位就可能严重消解正式媒介的传播效果;而正视非正式传播的存在,并采取措施巧妙引导与控制,就可以把它变成企业文化落地的利器。

对非正式媒介的引导和控制,最根本的方法就是征服人心。比如,领导者要多关注企业中具有影响力的民间传播者,加强与他们的联系和沟通,使他们更准确、全面地了解企业经营和发展的正面信息;同时,努力使他们率先认知并认同企业文化的内涵,理解推行企业文化的意义,一旦他们成为文化变革的拥护者,就会自然而然地成为企业文化传播的中坚力量。此外,企业还要有意识地挑选有资历、有威信并认同企业文化的员工,将他们培养为民间传播者,利用他们的影响力去制约其他个体传播者的负面影响。

四、提升示范效果

企业领导者对企业文化落地的重要作用前文已述,在此着重谈论领导者的示范艺术。

领导者处在企业的顶端,企业内所有人的目光都会聚焦在领导者身上,其言论和行为会不自觉地影响到其他人,甚至说话的方式、走路的姿势都会被下属模仿。也就是说,无论是有意还是无意,领导者的一言一行都必然会起到示范作用。因此,领导者应该有意识地注意自己的言行,努力与企业价值观相契合,以更好地发挥示范作用,加速企业文化落地的步伐。

1. 由理念带动言行

言为心声,行为也一定是思想的外现。领导者要起到好的示范作用,最根本的功夫应该是努力改变理念。理念不变,外在的语言与行为技巧就必然会显得虚假造作、漏洞百出。相反,一旦符合企业文化核心价值的理念内化于心,言行举止的改变也就水到渠成。

由于电力企业的企业文化大多是由上而下的任务式推行,缺少由下而上的历史积淀和孕育的过程,这种领导者的理念主动转变就更为必要。

比如,"和谐"几乎是所有电力企业集团的核心价值理念。领导者首先就要真正领悟和谐对于企业发展的重大意义,深入探究和谐的丰富内涵和具体表现,并认真思考如何从个人的角度阐释和谐,以及为了实现企业和谐,作为领导者应该做出什么样的努力。如果领导者意识到企业的和谐要以成员的相互信任和尊重为基础,其言行就必然会体现出对员工的信任和尊重,在与员工交流时就会尽量避免强硬的命令,而是更多选择"说理"和"商量"的方式,语气也会充满平等的"友善",而不是居高临下的"威严"与"戒备",从而让员工真真切切体会到企业文化的真实存在。

再比如,"以人为本"是实现文化管理的基础,也是所有电力企业文化建设中共同强调的内容。只有深刻认识到以人为本的重要性,领导者才能真正时时刻刻站在员工的角度考虑问题、做出决策。在平时工作中,他会常常走出办公室,深入基层、了解民意,以自己的实际言行打破领导与员工的藩篱;在年终报告中,他会把员工的需求问题作为最重要的内容进行汇报和思考。从而,让员工切实感受到他们一直都被领导者记挂在心中。

同样,"创新"也是所有电力企业集团共同强调的核心价值观。如果领导者确实领悟了创新的意义,那么首先就会在自己的工作中谋求创新。比如,东芝公司总经理士光敏为了改变公司的散漫会风,提高工作效率,提倡"走廊交谈"、开短会和站着开会,从而使公司上下的工作面貌焕然一新;另一方面,领导者一旦亲力亲为投入到创新之中,他就必然会更深刻地体会到创新的价值和过程的艰难,因而对待企业创新者的态度也会随之转变——对创新者会更加珍惜、器重,对创新中出现的失败也会更宽容。这些言行都会对企业创新风气的形成产生巨大的激励作用。

2. 借情境增强效果

优秀的领导者不仅注重日常工作中的示范作用,还善于创设情境强化自己言行的影响力。因为在特定的时空中,领导者的言语与行为会释放更为明确的语意信息。

最为典型的例子就是海尔张瑞敏的"砸冰箱"事件。1985 年海尔集团公司总裁张瑞敏为了开展"全面质量管理",在一次全体员工参加的现场会上,亲自抡起大锤,砸掉库存中质量不合格的 75 台冰箱。这一带有表演性质的行为,生动地表达了他要创名牌的坚定决心,明确地传播了"产品有缺陷等于废品"的观念。

马云也是借助情境增强文化传播效果的能手。2014 年 9 月 19 日,阿里巴巴正式在纽交所上市。令人吃惊的是,在敲钟仪式上出现的不是马云及阿里巴巴的高官或投资人,而是 8 个普通的年轻人:2 名网店店主、1 名快递员、1 名用户代表、1 名服务商、1名淘女郎、1名云客服,还有1位在天猫开店的美国农场主。"敲钟"是上市过程中最重要的环节,阿里巴巴利用这个难得的机会选择了全球最独特的敲钟方式,迅速成为全球关注的话题,并成功传播了自己的企业文化理念:"客户第一""共享共担"的团队合作精神,以及打造健康"生态系统"的发展目标。正像马云事后所说:"我们努力15年的目的,是让他们站在台上。我们努力15年的目的,是希望他们成功。因为我们相信,只有他们成功了,我们才有可能成功。"

当然,更多的时候,领导者要善于在公司内部创设情境,借助各种庆祝活动、大型会议和仪式,通过有目的的言语和行为传递自己的文化理念。

五、营造浓郁氛围

企业文化的落地,不能单纯靠会议、培训的强行灌输,而只能是一个漫长的潜移默化的熏陶过程。要潜移默化,就要在企业中营造无孔不入的企业文化氛围。

营造企业文化氛围包括有形的目视文化建设和无形的言行文化培养。

1. 有形氛围

企业文化的有形氛围主要是通过目视文化系统体现。目视文化建设是营造企业文化氛围最便捷的手段。通过目视文化系统,可以把企业的价值观以直接快速、耳濡目染的方式传递给员工,营造良好的企业文化氛围。

目视文化系统也就是前文所说的企业视觉识别系统(Visual Identity,VI),主要包括以下五个方面。

基本要素:企业名称、企业品牌标志、企业标准字、企业标准色、企业象征造型与图案、企业标语和口号等。

内部用品:企业事务用品、办公室器具和设备、招牌、标识、旗帜、制服、交通工具等。

经营用品:产品包装、企业或产品广告、产品陈列室等。

传播网络:企业报刊、企业宣传栏、企业文化书籍、企业文化展览、企业画册、企业BBS、企业局域网、企业内部广播电视网络等。

物质环境:企业自然环境、企业建筑风格、企业办公室与厂房、企业文化广场、企业文化园、企业博物馆、企业文化学校等。

关于企业视觉识别系统的设计理念和方法,本书第六章已有详述。

2. 无形氛围

相对于有形氛围而言,无形氛围因为看不见摸不着,营造起来难度更大,但其影响力往往比有形氛围更强,因而不可忽视。

无形氛围主要包括以下三个方面。

领导者的示范。这里的领导者不只是企业的最高领导人,也包括企业各级别各部门的领导干部,大到企业集团董事长,小到班组长,每个人都担负着企业文化宣传员的职责和使命,因此,他们在日常工作中的言行都对企业文化落地有着重要的影响力。

民间传播网络。也就是前文所述的非正式传播者所形成的传播网络。一旦对其进行有效引导和控制,民间传播网络就会发挥意想不到的企业文化传播效果。

日常仪式。仪式就是公司日常生活中固定的活动。所谓固定,就是在固定的时间或地点重复举行。小到每天举行的工作仪式,如唱公司歌曲、背诵公司核心价值观、喊口号、工作间休息的茶聚等;大到公司的年度主题仪式,如公司年会、文化狂欢会、新员工入职仪式、嘉奖或惩罚仪式;也有每周一次或每月、每季度一次的公司仪式,如主题舞会、酒会等。

"仪式"就如同民间的"习俗"。我国的传统文化通过端午龙舟、中秋赏月、重阳登高、清明扫墓、春节拜年得以传承。文化典籍是传统文化的重要载体,但只有少数人会有能力和兴趣阅读并领悟典籍,大多数中华儿女的文化传承是借助于日常习俗的耳濡目染。没有文化,这些习俗就变得空洞无物、难以延续;而缺少了习俗,民族文化也就缺少了最重要的传播载体,难以融入民族的血液和灵魂。企业的仪式也是一样,企业文化赋予仪式以价值内涵,仪式又呈现、宣扬企业文化,为企业文化添加血肉,使其变得生动可感。因此,每一种企业仪式的设计和形成都要承载企业文化的精神内核。

六、提供多重体验

注重体验就是要加强员工的参与感,避免过多的理论说教与灌输。

为员工提供体验的机会主要有两种途径:一是在培训中加入更多体验式课程,二是利用搞活动的时机设置有针对性的体验性环节。

1. 体验类培训模式

企业文化培训较多使用的是理论阐释、案例分析、影像演绎等传统方式,要提升培训效果,还需要借助一些测重体验的课程模式。在此推荐三种影响较大、效果较好的培训模式,以供参考。

(1) 心智模式的检视与改善。

心智模式(mental models)是由苏格兰心理学家肯尼思·克雷克在20世纪40年代提出的。这个名词从此被心理学家和认知科学家所采用,并逐渐成为管理人员的惯用名词。心智模式是指人们在成长的过程中受环境、教育、经历的影响而逐渐形成的一套思维模式,其核心是支配人们行为的理念。正如美国管理学大师彼得·圣吉博士所说,"我们的心智模式不仅决定我们如何认知周遭世界,也影响我们如何采取行动。"[1]因此,心智模式既是一种思维定势,也是一种动力机制。每个人都有自

---

[1] [美]彼得·圣吉.第五项修炼:学习型组织的艺术与实务[M].郭进隆译.上海:上海三联书店,1998:202.

已特殊的心智模式,每个人的心智模式也都有不足之处。正是一些偏误的心智模式,妨碍了我们正确地认识事物,使个人和企业的发展受到影响。

心智模式的检视与改善,就是根据企业文化的要求,在培训中选择相应的主题,通过游戏、互动和讲解等手段使员工学会审视、反思自己心智模式中的不足,并自觉地进行修炼,努力排除消极观念,转变行为习惯,逐渐与企业文化相吻合。

(2) NLP教练技术("身心语言程序学")应用。"NLP教练技术"是NLP学问和教练技术的完美结合,被誉为21世纪最具革命性和效能的管理技术,已成为当今欧美企业界提高生产力的最新、最有效的管理方法之一。它的核心内容是:教练通过独特的语言,运用聆听、观察、强有力的问题等专业教练技巧,帮助当事人清晰目标、激发潜能、发现可能性、充分利用可用资源,以最佳状态去达成目标。这正契合了企业文化落地的需要,如果培训师利用好这个工具,员工对企业文化的认同度和执行力会大大提高。

(3) 体验式训练模式。体验式培训是个直接认知、欣然接受、尊重和运用被教导的知识及能力的过程。它在尊重之下,去触碰人们深层的信念与态度,深植于内在的情绪、沉重的价值观,从而获得某种人生启示和感悟。这项训练有五个主要环节:① 体验:参加一项活动,以观察、行动和表达的形式进行,作为整个过程的基础;② 分享:体验过程结束后,参加者分享他们的感觉或观察结果;③ 交流:分享是第一步,关键是把分享和互相交流结合起来,与其他体验者共同探讨,深化认识;④ 整合:总结出原则或归纳提取出精华,以帮助体验者参加者进一步定义和认清体验中得出来的结果;⑤ 应用:最后将体验联系在实际工作中。企业文化核心理念的认知认同,很适合通过这种体验式的训练来达到效果。

2. 高效的体验性活动——游戏

搞活动是加强参与感的主要方式。活动的内容有趣、形式活泼、参与性强,企业要善于通过丰富多彩的活动向员工传播理念,让员工体悟理念、认同理念、践行理念。

企业文化活动形式多样、不拘一格又功能各异:专业竞赛、读书沙龙、管理论坛是活动,但这类活动更侧重理论本身的学习,缺少体验性;登山、旅游、联欢会、书法绘画展是体验性活动,但重在放松身心,怡情养性、加强交流;还有一些活动,既有理论的针对性又强调体验的生动性,因而,在企业文化落地中更需重视并善加利用。上文所说的仪式就是其中的一种,此外,恰当的游戏也是一种高效的体验性活动。

游戏是最能放松身心的活动。同时,设计合理、针对性强的游戏不仅让人乐于参加,还能够忘却现实的压力、束缚和戒备,全身心投入,并在游戏之后瞬间领悟磨破嘴皮也难说透的道理。

游戏的设计一定要符合企业价值观,并为阐释传递企业文化理念为目标。否则,游戏不仅无法促进企业文化落地,还可能起到反作用。

比如"垫脚石"游戏,游戏的任务是:在不接触河水(地板)的前提下,穿越假设的硫酸河或鳄鱼池(具有一定宽度)。游戏规则:(1)将参加者分成两个人数相等的小组,每个人拥有一块垫脚的石头(用小块毛毯或硬纸板代替)。(2)每个人只能搬动自己的石头,并可以在自己的石头上长时间停留;也可以踏在别人的石头上,但不能超过3秒,违规者返回起点重新过河。(3)每个人都必须从河的一边借助垫脚石到达另一端,用最短的时间全部跨越河流的一组获胜。

要完成这个任务,不仅需要团队内成员的通力合作与集体智慧,有时还需要与竞争对手之间的合作。因此,这个游戏可以轻松地让员工深切体会到如何正确处理竞争与合作的关系。

一个反面的案例。某石材公司在年度营销会议上做了一个游戏,游戏的名字叫"你敢吃活苍蝇吗?",主持人以不断抬高筹码的方式征询吃一碗活苍蝇的人,随着筹码提高到100万元,开始有人举手;筹码升至1 000万元,连公司总裁也举起了手;最后的筹码是家人、亲属、朋友的生命,除了新来的人事总监,全体与会者都举起了手。新来的人事总监当即辞职离去,理由是:如果一个组织连健康和尊严,甚至包括亲人都可以作为赌咒的筹码,这个公司的前景肯定不会好!

这个游戏从头至尾充满了对人的尊严的挑衅和蔑视,而公司总裁的举动更表明其企业价值观人为物驭的本质。

可见,活动是一把双刃剑,如何设计和开展有利于企业文化落地的活动是一门深奥的学问,必须认真对待。

七、打造暖心工程

企业文化的本质是人性化,也就是以人为本:人的价值第一,物的价值第二。

这里的"以人为本"有两层含义:(1)人是生产力的根本,是企业盈利的最重要因素。(2)人本身具有价值,人的价值实现和被尊重是企业发展的前提。

因此,"得人心者得天下",经营企业就是经营人,经营人就是经营人心。经营人心不外乎两个方面的工作:关怀员工、激励员工。而且,这两个方面常常两位一体,对员工的关怀本身就会产生激励效果,而好的激励机制一定会以关怀员工为出发点。

1. 妥善激励

每个企业都会有自己的激励机制,但是,要想使企业的激励机制达到最好的激励效果,一定要运用恰当的策略和技巧。

(1)多用正面激励

对员工进行激励,最基本的原则是以正面激励(奖励)为主,负面激励(惩罚)为辅。喜欢赞美是每个人的天性。根据马斯洛的需要层次论,正面激励可以满足员工的自尊和自我实现的需要,给人以荣誉感、自信心、自尊心三重心理触动,从而激发起员工对工作的热情和对企业的感情。当然，负面激励也不可缺少，即便进行负面激励，也要与正面激励相结合，以肯定成绩做铺垫，以鼓励进步为落脚点。

进行正面激励，还要注意时效性、明确性和频率的问题。及时的表扬或奖励更容易强化激励效果，一旦时过境迁，员工期待的热情早已淡化，会使激励效果大打折扣。明确性既指奖励对象、奖励目的的明确，也指奖励内容和方式的针对性，不同的人、不同的成绩给予不同的奖励，唯有明确的信息才会收获明确的效果。奖励的频率同样重要，过于频繁的奖励会使员工习以为常，不再把奖励当回事，而过于吝啬奖励，又会使员工丧失工作的积极性。

（2）注意激励策略

第一，注意激励的态度策略。领导在对员工表达赞赏、进行奖励时要克服居高临下的姿态，代之以平等、友善、亲切的态度。领导的高高在上会使奖赏变成施舍和恩赐，因而使员工难以接受，难以产生心理共鸣，更不会产生激励效果。

第二，注意激励的方法策略。奖金和职务晋升是企业对员工进行奖励的普遍方法，但人的需求是有差异的，普遍的方法对不同的人未必会产生同样的效果。因此，如果要强调企业对受奖者真正的关心，就要学会站在对方的角度考虑不同的需求。必要的时候，可以使用"自主激励"的方法，也就是企业提供多种"奖品"供员工选择。比如，一天带薪假期、家庭晚餐、音乐会门票或者一定时间的停车特权等等。这种奖励方式更能凸显企业对员工细致入微的体贴和关怀。

第三，强调激励的公平公正。公平公正本就是激励机制应该遵循的重要原则，但是，努力打造并强化激励机制公平公正的形象也是一种聪明的策略。一旦这种形象被认可被信赖，就会大大提升激励措施的分量。对于奖励对象，这是一种高含金量的自我价值实现，他会确信这种奖励实至名归，并获得极大的精神满足；对于其他员工，他们也会看到自己价值实现的希望。因此，公平公正的形象使得物质激励本身附加了精神激励的效果。

2. 细腻关怀

企业表达对员工的关怀最常见的方式是送生日祝福、员工年度体检、为贫困员工送温暖等，但过于大众化的方式也会让员工忽略领导的心意，感受不到领导关怀的温度。因此，如果想让企业洋溢家庭般的温暖，就需要领导发自内心地表达自己对员工细致入微的关怀，并将这种关怀渗透进日常生活与工作的点点滴滴。

美国通用电气公司前 CEO 杰克·韦尔奇喜欢用"便条"进行沟通。他经常手写一些便条并亲自封好交给基层管理者、普通员工甚至员工家属，以表达对员工的关心和关注。即便是海外员工，也会收到他借助传真机发来的便条。对于员工来说，这些便条比物质奖励更为珍贵，那里面有来自企业领导者最真切的关怀，有温暖的人情味儿。因此，许多有韦尔奇亲笔签名的便条被员工们永久珍藏。

"人情味儿"也是美国思科系统公司总裁兼 CEO 钱伯斯的管理绝招，他说："大家可能觉得奇怪,作为公司的总裁,我可能不知道公司的业务、公司的销售、公司的管理,但我知道很多员工的私事。比如,每天下午我得去幼儿园给单身的业务经理接孩子,有时还得去药店给销售经理买胃药,或许还得给公司的哪位员工准备生日蛋糕。就是到了深夜,我也有忙不完的事,如给还在加班的副总裁煮夜宵。我就是勤杂工,而且还是最出色的勤杂工!我可以不懂公司的任何事情,但我不能不懂如何照顾我的下属和员工。作为公司的总裁,只要做好勤杂工,成功就非他莫属。"①

固然,企业领导即便不这样做,为了薪水和晋升,员工们同样会努力工作,但无论怎样努力,员工们只会把自己定位为受雇佣者,而不是企业的参与者。那样,企业文化管理所追求的"人企合一"的理想境界也就无从实现。

八、积累社会资本

社会资本是指个体或团体之间的关联——社会网络、互惠性规范和由此产生的信任,是人们在社会结构中所处的位置给他们带来的资源!其内在指标是这种社会关联可以带来的额外利益的大小,其外在的指标则表现为声誉、人缘、口碑等等。

对于电力企业来说,积累企业的社会资本尤其重要。电力工业是国民经济与人民生活的大动脉,其发展不仅直接影响着国家的经济发展,也影响着政治稳定、社会稳定、人民生活与公共安全。电力工业理应是利润性与公益性相统一的行业。正因为如此,人民群众对于电力企业的社会形象存在更多更高的期待。如果电力企业只注重追求利润而忽视了自身的社会责任和社会形象,不仅会使企业的声誉受到损毁,也会直接阻碍企业发展。

企业的社会形象就是企业的文化形象。积累企业的社会资本可以通过释放企业的品牌魅力来实现。品牌与企业文化的关系就像硬币的两面:品牌的内在支撑是企业文化,企业文化的外在表现是品牌。品牌代表了企业的整体形象和综合竞争力,它浓缩着企业文化的精华,体现着企业文化的气质,绽放着企业文化的神采。因此,努力培育和释放品牌魅力,既是企业文化落地的过程,也是企业文化落地的结果,同时还是提高企业的知名度和美誉度,积累企业社会资本的有效途径。

提高企业的品牌形象,最常用的方法是借助社会媒体报道和广告宣传。除此之外,还有一些可资借鉴的措施。

1. 社会公益

企业开展公益活动的作用是双向的:对外,它能快速提升公司的知名度和美誉度,扩大企业的影响力;对内,它是营造企业精神氛围,加强员工文化体验,培养员工的奉献精神和社会责任感的重要途径。

企业开展公益活动的方式有很多,如为希望工程募捐、援助灾区、助残帮困、做

---

① 杨克明.企业文化管理高效手册[M].北京大学出版社,2012:126.

社会公益活动的义务宣传员、义务植树等等。

对于电力企业来说,作为关系国计民生的重要行业和大型企业集团,如果能够结合自身的行业和规模特点开展公益,多针对国家发展和较大社会事件组织活动,会有更好的效果。比如,可以开展以环境保护为主题的系列公益活动。电力企业与环境保护问题息息相关,电力企业集团又普遍把奉献清洁能源作为企业文化内容,这样的活动既可以广泛传播企业文化理念,又可以促进社会进步,更能够彰显企业的责任意识,树立良好的企业形象,真正实现企业市场价值与社会价值的双赢。再如,国家电网湖南电力公司利用3·15"消费者权益日"组织公益活动,让员工走上街头,为广大电力客户现场提供业务咨询、用电投诉、故障报修等服务,积极宣传安全用电常识以及与电相关的法律法规。将社会诉求与行业特点相结合,收到了很好的效果。

2. 工业旅游

工业旅游是以科技含量和企业文化为卖点的特殊旅游项目,是将企业的无形资产转化为有形资产的重要途径。工业旅游的目的不在直接盈利,而是通过游客的参观游览和现场体验,使参观者感受并接纳企业文化,获得更多的社会影响力。只要企业足够吸引人,企业文化足够震撼人,那么每个游客都会成为企业对外传播的媒介,同时也都会成为企业产品的忠实消费者。

目前,电力企业的工业旅游项目主要集中在发电企业。比如,中电国华电力股份公司北京热电工业园,上海电力公司杨树浦发电厂,江苏省田湾核电站,三峡大坝工业旅游区等。

开展工业旅游一定要做好前期策划,建好旅游设施和线路规划,尽可能地展现企业的技术魅力和企业文化的风采。比如"全国工业旅游示范点"湖南省凤滩水电厂,为了工业旅游项目投资4 000万元,先后对景区景点、游道、餐饮、住宿、购物、厕所等设施进行了全面改造,开发了世界最大的空腹重力拱坝、坝内洞式发电厂房、发电中央控制室、过坝船筏道、交通联系廊道和坝内洞式文化长廊等前方生产景观;黄秧坪全国最大的室内开关站景观和怡心园、象征凤电企业文化的大型雕塑、体育中心等生活区景观。旅游线路的设计和旅游活动的开展,满足了不同层次、不同目的游客的需求,使游客在观光的同时了解了电力企业的性质,学习到电力生产的有关知识,更感受到凤电的企业文化的魅力。

3. 营销传播

虽然部分电力企业依然拥有垄断优势,但随着电力企业体制改革的不断深入,电力企业市场化的步伐必将逐渐加速,电力企业的经济效益会越来越多地依赖供用电营销来实现。

产品的营销同时也是企业整体形象的营销,要提升电力营销的绩效,离不开企业文化的支撑。因此,营销活动本身也是企业文化对外传播的过程。

一方面,营销人员是企业中最直接与消费者和客户接触的人员,他们是消费者与客户了解企业信息的重要窗口,担负着传播企业文化的重要责任。另一方面,营销人员应该树立企业文化是产品核心竞争力的理念,把积极传播企业文化作为促进自己销售工作的重要手段。所以,营销人员必须深刻认识和理解企业文化的内容和精髓,积极向消费者和客户宣传企业的核心价值观,让自己的言行时时处处体现出企业的精神风貌。尤其要在服务上下功夫,"变客户围绕电力转"为"电力围绕客户转",使客户满意成为电力企业努力的方向,加速社会资本的提升。

九、借助外脑提升

外脑是企业文化建设不可或缺的智慧来源。企业不但要组建自己的企业文化落地团队,还需要借助外脑,尤其是具有实战经验的专家或管理咨询机构,可以为企业文化落地提供强大的智力支持和经验借鉴,从而合理利用内外资源,齐心协力做好企业文化落地工作。

几大电力集团的企业文化建设过程都有借助外脑的举措,因此各自的企业文化体系设计都很科学规范。但是,要使这些企业文化体系有效落地,不仅需要集团总部借助外脑,各子公司孙公司在条件允许的情况下同样需要请企业文化专家或咨询机构指点迷津,使自己的落地措施更加科学和有效。

第四节　电力企业文化落地的系统策略

本节是对上述各节内容的总结性应用。企业文化落地是一个系统性工程,要使上述各项实施原则、保障措施、落地渠道、实用方略发挥作用,必须有一个系统的落地策略统筹安排,才能相辅相成,形成合力,确保企业文化落地生根。

一、企业文化落地的实施流程

制定企业文化落地规划,首先要确定企业文化落地的实施流程,了解企业文化落地的主要步骤。

当然,企业文化落地必须建立在两项前期工作的基础上,那就是文化诊断与文化设计。经过对企业的文化现状进行科学的诊断,提炼并设计出新的企业文化体系,才能进入企业文化落地的阶段。

企业文化落地的基本流程包括文化导入、制度跟进、全面实施、评估与反思、进一步深入等环节。这些环节的先后顺序,只是一种基本状态,在实际操作中,情况会复杂得多。比如,在全面实施阶段也包含着制度的不断完善,评估与反思也需要贯穿企业文化落地工作的始终。因此,企业需要灵活掌握,还可以根据自己的实际情况做适当的调整,制定自己的实施流程。见图7-2。

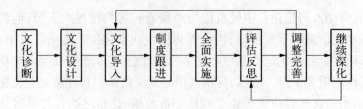

图 7-2　企业文化落地流程

二、企业文化落地规划

企业文化落地不同于一般的企业改革，它是一个长期工作。即便是中小型企业，也至少需要四五年的时间。对于电力企业这样庞大的企业集团，就要做好不少于 10 年的思想准备。对于如此漫长的周期，需要制定长中期规划和短期计划，来指导工作进程。

1. 企业文化落地的长期规划

长期规划的主要内容一般包括以下三个方面。

（1）企业文化落地的指导思想和总目标。指导思想可以务虚，总目标应该是清晰的、可操作的和可测量的。

（2）明确企业为了达到企业文化落地的目标而准备长期坚持的原则与主要的途径。

（3）企业文化落地目标的阶段划分，每个阶段要完成的任务，主要的工作策略等。比如，文化落地实施流程中各个环节的时间长度，企业文化体系中各层次内容落地的时间长度和节点目标等。

长期规划不必涉及具体的操作步骤，其主要作用是为企业文化落地工作指明方向，并保证政策的持续性和连贯性。

2. 企业文化落地的中期规划

中期规划处于短期计划与长期规划中间，是短期计划的延续和长期规划的基础。中期规划包括的主要内容有以下三个方面。

（1）企业文化落地各阶段的基本工作步骤。

（2）实现这些步骤的方法与手段、需要开展的主要建设项目。

（3）阶段性成果的评价标准、考核节点等。

3. 企业文化落地短期计划

短期计划一般也是年度计划，要根据长中期规划安排短期内要做的具体工作计划，把一些可能发生的情况都考虑到，以免出现问题后无所适从。

比如，在导入期，主要考虑如何组建领导团队，如何使大家了解企业文化落地的内容和步骤，利用什么传播渠道、采取什么措施宣传企业文化等等。

在实施阶段，主要考虑如何搭建组织机构、修改相应制度、如何配备企业文化管理人才，如何制定文化建设的考核奖惩机制，如何组织运作，以及运作过程中具体项目的实施时间表和实施方案等。

在检验测评阶段,就要考虑测评的时间节点,测评的具体方案等等。

三、电力企业文化落地系统模型

厘清了企业文化落地流程,制定了科学合理的落地规划,就到了企业文化落地的具体实施阶段。为了给电力企业文化落地工作提供可资借鉴的、具有实际操作性的思路和方法,我们结合企业文化落地工作的实践经验,参考其他学者的研究成果,综合本章内容,构建了电力企业文化落地系统模型。见图7-3。

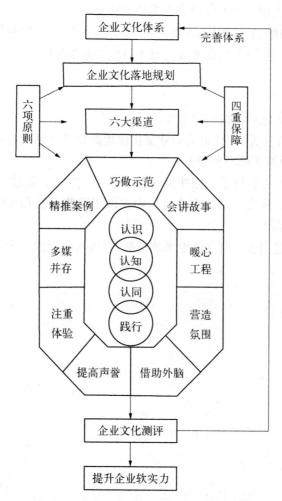

图7-3　电力企业文化落地系统模型

此模型依托企业文化落地的完整流程,以已设计完成的"企业文化体系"为前提,以实现员工对企业文化的"内化于心、外化于行"为着力点进行设计。科学合理的"企业文化落地规划"是灯塔,为后续的工作指明方向;"六大渠道"是通向目的地的设施建设,为企业文化落地工作铺路架桥;"九个实施方略"是抓手,能否相辅相成地灵活运用决定了企业文化落地的效率;"六大基本原则"与"四个基本保障"共同为企业文化落地的整个过程保驾护航。只有这样全方位立体化地实施企业文化落地工程,才会生成企业文化的浸润效应,使员工在潜移默化中完成对企业文化的认识、认知、认同并自然践行的心理过程。在此基础上,定时对企业文化落地效果进行测评,寻找落地过程中的不足以及企业文化体系存在的缺陷,不断改善和提升。惟其如此,企业文化才能真正落地,使企业由传统科学管理转向文化管理,逐渐提升企业软实力,并最终实现软实力向硬实力的持续转换。

此模型思路清晰,方法明确,简单易行。同时,它也是一个可以无限循环使用的有机系统。利用好这个模型,企业文化就不再只是海市蜃楼。

思考题:

1. 谈谈企业文化落地的重要意义。

2. 从实际工作出发,谈谈电力企业文化落地的特殊性体现在哪些方面,电力企业文化落地要着重解决哪些问题?

3. 贵公司是否存在母子文化冲突问题,如何实现"母子文化的有效衔接"?

4. 贵公司在企业文化落地实施过程中采取了哪些方法和策略,有什么收获和不足,应该怎样改善?

5. 参照本章电力企业文化落地系统模型,审视本企业的企业文化落地工作,提出改善思路。

案例：

国家电网某子公司的企业文化落地工作实践

一、A公司简介

A公司创建于1958年5月，系国网某省电力公司下属的全资子公司。下设12个分公司，主营送变电建筑安装及工程施工，拥有一大批从事送变电施工、调试、运行检修的专业技术人员和施工人员，施工装备齐全，技术力量雄厚。

近年来，A公司根据行业及产业发展需要，在整合资产、结构、产品、产能、市场等方面工作的基础上，积极实施文化重组，扎实开展文化项目建设，走出了一条多方面因素融合的、具有A公司特色的铁军文化建设之路。

二、A公司实施集团企业文化落地需求分析

为准确把握A公司实施国网文化落地工程的需求分析，公司进行广泛的基础调研，主要采用了文献研究、问卷调研和访谈等形式对国网文化落地建设要求和A公司文化建设现状进行详细诊断分析，得出了以下调研结论。

1. 国网总体要求

国网明确提出"五统一"建设要求，即统一价值理念、统一发展战略、统一企业标准、统一行为规范、统一公司品牌。作为"五统一"建设的执行主体和实践单元，国网要求地(市)县公司进行统一的国网文化建设，特别指出要统一核心价值理念体系，不可另起炉灶，自搞一套。

2. 公司多数员工对国网文化落地建设认识不足

由于受电力施工行业特质和作业环境的影响，A公司中层干部对国网文化的要求还不适应，无法为国网文化在各子公司落地生根提供执行保障。基层员工对企业文化缺乏全面、深入了解。片面地认为集团文化就是一种形式化，文化就是一种形象工程，是"虚"的；文化理念就是给员工"洗脑"，或者将企业文化等同于一些文化活动。

3. 公司文化现状与国网企业文化体系各层面的要求都有很大差距

A公司在企业精神文化上未形成统一的价值观，下属分公司出现精神文化个性张扬、百花齐放的散乱局面，员工对企业的归属感不强。在企业制度文化上，缺乏整合，上下级之间沟通不足，员工培训宣传不充分，没有形成良好的执行文化，执行效果欠佳。在企业物质文化上，企业形象、领导人员形象、员工形象缺乏明确定位，工作环境需要进一步改善。

4. 缺乏有效的培训和宣传推广

企业各层员工之间缺乏畅通有效的沟通渠道；对企业文化的建设宣传主要通过会议文件，没有与员工的日常生活工作相结合，文化宣传不到位；企业文化活动丰富多彩，但没有与企业精神文化对接融合。

因此，A 公司急需推进国网文化在本单位的落地建设工作，以发挥文化的凝聚力、软约束力和导向力，实现"文化经企"。

三、落地实施

（一）实施准备

1. 实施原则

在遵循国网公司企业文化落地实施原则的基础上，着重在"共性与个性的有效融合"上下功夫。一方面，要求各级领导干部带头学习、宣讲、践行国网的统一文化。坚持以统一的文化塑造人、引导人、凝聚人、激励人，强化大局意识、责任意识、自律意识。另一方面，又强调在国网公司没有明文规定之处，展示 A 公司个性文化，对外进行国网统一的品牌标识推广。

2. 落地战略规划

综合考虑国网的社会影响力和品牌推广力、国网文化推广建设的统一要求，以及 A 公司处于电力施工行业等因素，A 公司商讨决定采用文化培植战略，即以国网文化为主线，于统一中融入 A 公司特色，进行集团文化落地建设。用 3 年的时间，实现集团文化与 A 公司亚文化的统一与融合。

第一阶段：进行国网文化体系解读与融合。按照国网要求完善企业文化 CIS 识别体系建设，促进 CIS 体系与企业经营管理体制及运行机制之间的相互融合完善、相互促进提高。

第二阶段：国网文化落地实施。围绕国网品牌推广宣传工作，全面加强品牌定位、品牌塑造、品牌传播、品牌增值等工作，届时塑造个性融入共性的 A 公司品牌文化，使文化融入经营管理体系中，成为企业基业长青的基因和动力。第一、二阶段在实际进行中可交叉进行。

3. 组织保障

针对 A 公司生产施工点多线长、高度流动分散等特点，导致集团文化落地工作难度十分大。因此，A 公司将国网文化落地实施纳入了公司的总体规划和目标管理，制定了《企业文化建设规划》，建立了以党委书记为主要负责人、党政工团齐抓共管的国网文化落地领导班子和工作体制，A 公司将国网文化落地的主管工作放在党委工作部（简称党工部），同时也对相关职能部门的协助工作进行规划。

4. 启动大会

首先，召开 A 公司国网文化落地工程启动大会。进行有关国网文化在 A 公司落地的作用与意义、工作规划与安排、各部门与分公司的主要职责安排等介绍。

其次，将会议文件通过公司内网分发到各部门、各分公司进行全公司范围的宣传讨论。并且，选取党工部、宣传部、人资部以及安装一分公司、运行检修一分公司为试点对象，由各分公司企业文化推进小组指派企业文化内训师（前期主要由外聘专家担任）进行国网文化落地、企业文化基本理论知识等的初步培训传播。

（二）方案实施

第一阶段：A公司国网文化落地之文化体系解读

1. A公司国网文化体系落地培植

（1）在国网"五统一"要求下，结合A公司的战略导向、行业特色、地域特色、发展阶段和员工心理需求等个性特色，构建A公司理念文化体系，其中，五大核心理念体系的表述与国网文化"五统一"的统一价值理念要求保持一致，理念内涵阐释中融入A公司特色。中间三大应用理念（管理、人才和经营理念）和外层的五大子文化理念（安全、服务、廉洁、学习、营销）与国网"五统一"标准要求一致。

（2）以《国家电网公司员工守则》和基本礼仪规范为基准，将国网要求进行细化。结合A公司的电力施工行业特质和工程项目流动性大等特点，全面分析调研访谈资料，广泛搜集并采纳员工的建设性意见，对安全、学习、服务、营销和廉洁进行单项设计。

（3）VI系统。在国网VI基础上，导入A公司特色元素50余处，形成了A公司基础要素设计、应用要素设计和生产系统分册设计。由于国网在VI层面对于电力营业厅场所、电力交易中心和电力生产系统采用VI分册形式提出明确要求，而对于电力施工企业却没有单独规范。A公司的工程项目遍及国内外，统一项目部的VI标识对于统一宣传国网品牌形象有着重要意义。因此，A公司增加了生产系统VI设计。最后，还进行了VI调研对比分析工作，敦促各部门、子公司进行整改。

第二阶段：A公司国网文化落地实施

在完成了国网文化体系解读工作之后，A公司致力于将文化理念植入员工心中，实现理念与制度匹配，规范与行为匹配的落地实施工程。

1. A公司国网文化落地培训与传播

培训与传播是相互交叉、相互补充与促进的环节，A公司在进行国网文化落地推广建设时，将文化培训和传播进行了融合。

为加强培训面授效果，A公司在培训环节特意设置有奖问答、"员工眼中的企业文化"、"文化落地从身边小事做起"等一系列活动来提高员工参与的积极性，增强员工开展文化落地建设的主人翁意识。A公司在进行国网文化落地传播过程中，主要从价值理念、行为规范、品牌推广和文化氛围四方面进行重点建设，通过理念内化于心，规范固化于行，品牌外化于形，在全公司上下营造良好的文化氛围。而且，良好的文化氛围又反过来促进文化在员工自身的内化过程，实现文化在我心，文化在我行的融合境界。

2. A公司国网文化落地评估

为加强各单位对企业文化建设的重视，逐步实现对企业文化建设的科学评估，提升企业文化建设水平和公司整体绩效。A公司将国网文化落地工作纳入到员工绩效考核、分公司年度考核中，实行百分制考核，考核对象为 A 公司各下属基层单位。考核内容主要针对企业文化基础工作、建设现状和落地效果三方面共 21 项指标进行打分。各项指标权重通过领导及专家打分确定。同时，注重对企业文化建设中的先进经验进行总结推广。以得分排序为基础，实行年度总结表彰。

3. A 公司国网文化落地制度化建设

为促进集团文化的真正落地，在加强制度与规范的培训、传播、考评的基础上，还需要建立健全相配套的监管机制，将文化落地推广的要求制度化。A 公司主要从以下四个方面加强文化落地的制度化建设。

（1）建立核心价值观落地工作的目标责任机制。首先，坚持责任分解，将企业文化落地工作层层分解到各部门、各分公司负责人，实行双向参与和目标考核。其次，抓落地责任到位，对安排布置的工作提出明确的落实期限和措施，强化沟通，确保效果。

（2）建立以绩效考核为手段的制度执行考核机制。把统一的企业文化作为干部选拔使用、人才招聘、薪酬管理和评选各类先进典型的标准之一，把建设和弘扬统一的企业文化落实情况作为各级领导干部业绩考核内容。完善奖惩机制，激励先进，带动落后。

（3）建立核心价值观落地工作的民主监督机制。充分发挥职工大会的作用，实行"厂务公开，民主监督"，畅通公司上下交流渠道，广泛征集民主提议，集思广益，通过广大员工的参与，深入查找国网文化落地工作存在的问题。

（4）制度文化建设。把统一的企业文化融入企业标准和规章制度建设的全过程，贯彻执行公司统一的管理标准、技术标准和工作标准。及时清理和修订不符合统一的企业文化要求的规章制度。

4. A 公司国网文化落地成果推广与管理

A 公司在进行国网文化落地建设成果的推广与管理时主要通过文档锦集、文化系列书籍、电子媒介等形式，对优秀的企业案例、典型人物、特色专项文化，以及在处理企业文化落地建设难点问题中所积累的有效方法技术和工作方法等进行内部共享与外部推广。

5. A 公司国网文化落地的辅助措施

A 公司党委针对文化落地的薄弱环节，提出并认真实施了企业文化建设"班子工程"、"制度工程"、"凝聚力工程"、"希望工程"、"安居工程"等十大工程；通过爱心捐款、义务献血、青年突击队（救洪抢建、展青春风采）、关爱留守儿童、"电亮藏区"等一系列主题实践活动深刻践行国网统一核心价值观的要求。同时，领导始终坚持带头参与和执行，加强了上下级沟通，融洽了公司氛围，协调了管理矛盾，提高了管理效率。

A 公司通过国网集团文化落地建设，对内增强了内部凝聚力、向心力和执行力，提高了员工满意度、幸福度和主人翁意识;对外统一宣传了国网集团品牌,增强了国网集团的文化影响力,文化落地效果良好。

(赵忆.基于 FCA 的母子型国有企业集团文化落地研究及应用[D].重庆大学,2012:47—57.)

案例分析:

综观 A 公司的企业文化落地工作,可以发现以下四个特点。

1. 公司领导对企业文化落地工作的重要性认识充分,既身体力行、积极垂范,又努力倡导、真抓实干。

2. 在遵循企业文化落地六大原则的基础上制定了有针对性的企业文化落地规划。首先从公司实际出发,通过深入调研发现阻碍文化落地的症结,继而对症下药,以追求"母子文化"的有机衔接为突破口开展落地工作,并以此为基础制定了合理的落地规划,同时坚持领导示范、全员参与和持久推进。

3. 四大保障全部到位。组织结构完整,物质投入充足,制度建设和人才选拔机制充分融入了企业文化的衡量标准。

4. 六大渠道俱全,并结合具体实施方略,较好地发挥了各自的功能。其中,充分利用培训、传播和评估渠道,保证了落地工作的有序开展;结合清晰的品牌战略、丰富的主题活动和良好的沟通渠道,使落地工作收获了良好效果。

第八章 现代电力企业文化建设实例

本章从电力企业改革的大背景出发,介绍我国电力产业链中各类企业的企业文化建设实例与特点,以期简要描述我国电力企业文化建设全貌。

第一节 电力企业特点及其文化共性

我国电力企业文化建设的滥觞与发展是与电力企业改革同步进行的。

1978年的改革开放完全改变了人们对市场和企业的认识。1985年开始,全国性的电力体制改革拉开帷幕,使我国电力企业不仅要适应国内的市场化变革,也要面对国际的行业竞争与经营风险。为求发展,电力企业必然要尽快实现由传统企业向现代化企业的转变,经营管理模式由生产导向型转向市场导向型,重视顾客、投资者和员工利益,强调团队精神、市场观念、竞争意识。

因此,在各电力企业集团,企业文化在现代企业管理中的作用日益凸显并受到重视。行业的特殊性也决定了电力企业文化建设呈现出某些共性特征。

一、中国电力企业的改革历程

1985年,推行"集资办电",提出了通过买用电权、出资建设电厂、组建中外合资电力企业,在体制上形成多元化的投资办电主体,改变了电力部门一家办电的格局,给电力发展注入了巨大的活力。

1997年,成立国家电力公司。在政府序列中,仍保留电力部,形式上实现了政企分开。但是,新组建的国电公司既是企业经营者,又行使政府职能,实际上政企并未分开。

1998年,九届人大会议通过决议撤销电力部,将电力工业的政府职能划归国家经贸委。国家电力公司承接了原电力部下属的五大区域集团公司、七个省公司和华能、葛洲坝两个直属集团。

2002年2月,国务院下发《国务院关于印发电力体制改革方案的通知》(业内称为"5号文"),决定对电力工业实施以"厂网分开、竞价上网、打破垄断、引入竞争"为主要内容的新一轮电力体制改革。至此,厂网分开改革实质性铺开,国网、中国南方电网公司,华能、大唐、华电、国电、中电投5家发电公司成立,加上集资办电历史形成的地方电力公司、外资投资形成的电力投资公司等,新的电力体制开始形成。但是,厂网分开后,电网继续垄断,导致"竞价上网、打破垄断、引入竞争"的目标未能实现。

2003年3月,国家电监会成立,开始履行电力市场监管者的职责,实现"政监分开"。同年7月,国务院出台了《电价改革方案》,确定电价改革的目标、原则及主要改革措施。

2004年3月,出台标杆上网电价政策,统一制定并颁布各省新投产机组上网电价。同年12月,国家发改委出台煤电价格联动机制措施。

2005年2月,《电力监管条例》颁布。主要内容包括:电力监管机构的设置,监管机构的职责,监管措施,监管机构及其工作人员的行为规范,以及相关的法律责任。同年3月,制定与《电价改革方案》相配套的《上网电价管理暂行办法》、《输配电价管理暂行办法》和《销售电价管理暂行办法》三个实施办法。这标志着我国电价将实行新的定价机制。

2009年,电价改革首入政府工作报告,提出要推进资源性产品价格改革,继续深化电价改革,逐步完善上网电价、输配电价和销售电价形成机制,适时理顺煤电价格关系。同年10月,国家发改委和国家电监会联合制定《关于加快推进电价改革的若干意见(征求意见稿)》,明确改革的必要性,确定改革目标和原则,并提出电价改革的七个重点任务。为进一步规范电能交易价格行为,维护正常的市场交易秩序,促进电力资源优化配置,国家发改委、电监会、能源局三部门发布《关于规范电能交易价格管理等有关问题的通知》。同时,国家发改委、国家电监会和国家能源局联合批复辽宁抚顺铝厂与华能伊敏电厂开展直接交易试行方案,标志着电力用户与发电企业直接交易试点正式启动。

2011年,为了进一步推进中央企业布局结构调整,做强做优电力建设企业,统筹解决历史遗留问题,促进企业健康发展,两大电力辅业集团——中国电力建设集团与中国能源建设集团挂牌成立,并与国家电网、南方电网签订了分离企业整体划转移交协议,标志着历时9年的电网主辅分离改革重组取得重大进展,标志着中央电力企业布局结构调整迈出重要步伐[①]。

2015年1月,深圳市正式启动输配电价改革试点,将现行电网企业依靠购、售电获取差价的盈利模式,改为对电网企业按有效资产实行总收入监管,公布独立的输配电价。这一改革标志着我国对电网企业监管方式出现重大转变,将为更大范围的输配电价改革积累经验,为进一步推进电力市场化改革创造有利条件。

2015年3月,《中共中央国务院关于进一步深化电力体制改革的若干意见》(简称"9号文")下发至各部委和电力企业。此次电改方案可概括为"三开放、三加强、

---

① 刘一丁. 我国电力体制改革进程【N】. 中国能源报,2012-03-19,第05版.

一独立"：有序放开输配以外的竞争性环节电价,有序向社会资本开放配售电业务,有序放开公益性和调节性以外的发用电计划;加强政府监管,强化电力统筹规划,强化和提升电力安全高效运行和可靠性供应水平;明确电网定位,建立相对独立的电力交易机构。"9号文"的最大亮点是放开售电侧,让供需双方见面。五大电力集团以及有资金实力的民营资本集团有望率先进入售电侧,成立售电公司,电网公司只收过网费。这样供需双方可以综合考虑过网费和供电结构,提升系统稳定性,优化负荷,推动节能减排。不难看出,本轮新电改方案的核心是电价改革,意欲破除电网垄断格局,改变电网的盈利模式,使电网从盈利性单位变为公用事业单位,推进电网两端的市场化机制,并在此基础上向"绿色低碳,节能优先"的诉求转向。

从国发2002年5号文,到中发2015年9号,电力体制改革历经十余载,实现了厂网分开、主辅分离,电建、发电已基本打破了垄断局面,供电公司也将改变其原有的盈利模式,实现市场化经营。正如国际著名能源专家、中国经济体制改革研究会电力体制改革研究组组长武建东所说:"就电力市场建设而言,中国有三个选择:相对独立、完全独立和彻底放开。目前的电改以'相对独立'亮相,必然收尾于'彻底放开'。"①

电力企业市场化变革的发展过程,同时也是企业文化对企业发展的引领和支撑作用日益凸显的过程,是电力行业的企业文化建设逐步向更个性化、更切实、更深入的方向努力完善的过程。

二、电力企业的行业特点

电力企业主要从事电力设备架构、能源生产和经营的企业,包括电建、发电、供电三大企业。它不同于一般的企业,其发展有自身发展的某种规律和特点。

1. 基础性

电力企业生产的是电力商品,属于国民经济的基础性行业。

电力系统将能源输送到社会的各个角落,服务于各行各业、千家万户,其运营与维护尤为重要,电力企业能否正常运营直接影响社会经济发展及人民生活质量。

电力企业主要是借助煤炭、石油等一次性能源和水、风等可再生能源,以及核能等,获取电能这一优质的二次能源,并且实现将电能供应给广大电力用户的能源转换和加工产业。能源是人类一切社会活动所不可缺少的重要物质,因此,电力企业和煤炭、石油等产业一样,是向社会及各企业提供电能这一基础物质和商品的基础产业。

2. 平衡性

电能是一种不能大规模储存的能源,因此,电力的生产、输送和消费都是通过电

---

① http://news.163.com/15/0331/14/AM1R5L6900014JB6.html.

力网络同时完成的,在电力生产的过程中,既不存在半成品,也不存在库存品。为了使电力生产、流通和消费等环节能够很好地相互衔接,电力工业需要采用大量的自动化控制技术和设备,以实现发、输、售、用各环节的相互紧密配合,协调统一地进行。

为了确保电网自身的安全和稳定运行,保证供电的数量和质量,必须严格保持发电、输电、供电和用电之间的动态平衡,这是电力行业生产经营中区别于其他行业的又一重要特征。由于电力用户的需求具有波动性,电力生产经营必须根据用户的需要,随时生产、随时输送和使用。因此,电力生产经营一方面要对电力负荷进行预测,即时应对用电量的变化,维护整个设备系统的正常运转;另一方面,还必须保留一定的备用容量,而在保留备用生产能力的同时,又要注意防止资源的浪费。

3. 规模性

电力企业是具有明显规模效应的产业,这一点主要体现在电网的建设上。电网是连接电力生产、电力输送和电力供应的基本设施,通过电网,电力从生产到消费才形成了一个有机整体。电网建设初期的投资大,而且由于网络规模小,其技术性能和经济效益也相对较低。随着电网规模的扩大,不仅能够逐步降低投资,而且能够逐步改善电网的技术性能,提高经济效益。世界各国电力工业发展的历史已证明,不断扩大电网能够获得众多优点:一是能够更好地实现各地区之间互通有无、互为备用,从而减小整个电网内的发电备用容量,节约投资;二是随着电网规模的扩大,可以在不同地区间互相提供支援,增强整个电网抵抗事故的能力,提高电网运行的安全性和可靠性;三是随着电网覆盖范围的增加,可以利用时差改善电网负荷率,提高发供电设施的利用率;四是大电网能够承受较大的冲击负荷,可以提高供电的可靠性和供电的质量。此外,大电网可以将水电、核电等电力生产方式连接起来,根据不同电力生产的特点,实行经济高度,优化电源结构,合理利用不同能源,提高经济效益;大电网也为大容量、高参数的大机组的发展提供了强有力的支持。

因此,从理论上讲,电力工业,尤其是供电企业具有明显自然垄断的特点。在电网建设和管理上,通常是由少数几家甚至一家企业来投资,国际上多数国家的电网都是由国家兴建。在管理上,也都是采取了少数或者独家经营方式。多年来,我国除了趸售县小电网外,区域大电网都是由国家统一投资、建设和运营的。

4. 技术和资金密集性

电力企业是技术和资金密集型行业。这一特点首先体现在电力生产、传输、消费的同时性和电能无法储存性。为了确保电力的生产、输送和消费的平衡与稳定,必须采用大量的自动化技术设备。其次,电力生产与消费依赖于分布广泛的电网传输系统和供电网络,网络设备的建设、维护和运营也需要大量的技术设备和投资;再次,电力工业属于外延扩大型行业,即企业的生产能力由设备的容量所决定,企业要想扩大生产能力必须投资增加装机容量。这要求企业不断增加投入,来满足电力设施的建设、电力生产的运行、电力设备的维护、电力管理以及电力服务等方面。为此，电力企业是基础产业中所需投资占用比率最高的行业之一。

三、电力企业的企业文化共性

正是由于不同类型电力企业之间存在着行业共性，其企业文化建设也呈现出很多共性特征，主要体现在以下五个方面。

1. 行政性

国有电力企业的领导班子一般是由国家主管部门任命，且通常由党组成员担任，电力企业文化建设工作也基本上都是由企业的党政部门牵头，所以，无论是电建、发电还是供电企业，都明确提出了企业文化建设要与党的建设、思想政治工作和精神文明建设有机结合的指导方针。

2. 制度性

电力企业点多、线长、多层次、多部门、多工种联合劳动。比如，安全生产作为中心工作必须摆在重要的位置，要求企业必须以严格的规章制度和强制命令去进行生产指挥协调，对作业人员进行硬性化的行为控制，保证生产的安全有序。因此，电力行业在企业文化建设过程中通常都很重视制度文化的建设，把建立健全规章制度作为重要工作，一方面突出制度在"硬性"管理方面的强制作用，另一方面注重制定细致周全的行为规范。

3. 安全性

安全性是电力企业生产与管理的重中之重，因而也必然是电力企业文化建设不可忽视的内容。

首先，电力生产的劳动环境危机四伏，稍有疏忽，潜在危险就会转化为人身事故。其次，电力行业各环节，即建、产、供、销是一个紧密联系的系统，任何一个环节发生事故，都可能带来连锁反应，造成人身伤亡、设备损坏或大面积停电，甚至造成全网崩溃的灾难性事故。最重要的是，电力企业为各行各业及人民的日常生活提供电力，一旦供电中断，特别是电网事故造成大面积停电，将使各行各业陷入瘫痪，甚至可能产生一系列次生事故，带来一系列次生灾害。另外，供电中断或大面积停电，会给社会生产和人民生活秩序带来混乱，甚至造成社会灾难和极坏的政治影响。也就是说，电力安全关系到国家人民生命财产安全，关系到人民群众的切身利益，关系到国民经济健康发展，关系到人心和社会的稳定。

所以，电力行业的企业文化体系中都必然包含安全文化的内容，并且把保证国家安全、生产安全放在重要位置，普遍强调"安全第一，预防为主"的安全理念。

4. 服务性

电力企业的产品就是通过为用户提供服务体现其价值的，这就决定了电力行业的两重性：既强调生产又强调服务。生产和服务是电力企业运营过程中不可分割的两个方面。电力企业必须重视顾客的利益。只有通过为顾客提供优质的产品和满意的服务，建立起与顾客长久的互利关系，企业才能生存和发展。

因此，在电建、发电、供电等各企业集团的企业文化体系中，都强调了服务国家、服务社会、服务客户的经营理念，努力树立优质服务的企业形象。

5. 公益性

社会公益性企业是指那些为适应社会公众日常物质生活需要而经营的，对国计民生有保障作用的企业。作为国民经济大动脉的电力企业，是社会再生产的一个重要中间环节，是社会生产和生活的基础设施，其公益性不言而喻。这就要求电力企业在争取自身的生存和发展空间的同时，面对社会需要和各种社会问题，为维护国家、社会和人类的根本利益，对社会履行自己的职责，明了自己应做的奉献和应尽的义务。也就是企业在创造利润、对股东利益负责的同时，还要承担对员工、消费者、供应商、社区、环境、民间社团和政府等的社会责任。

因此，几乎各集团公司都将"责任"列入集团的核心价值观，并纷纷发布集团社会责任报告。中国电建提出了"服务全球能源和基础设施建设，引领行业绿色发展"的企业使命，中国华电将"创造更大的经济、社会、人文价值"作为企业使命，国网则明确了"奉献清洁能源、建设和谐社会"的企业使命。

第二节　中国电力建设企业文化

2011年9月，中国电力建设集团有限公司和中国能源建设集团有限公司经国务院正式批复在北京挂牌成立，这两家以项目总承包、工程管理、设计、施工、修造业务为主的综合性电力建设集团公司的成立，标志着历时多年、备受社会关注的电网主辅分离改革迈出了重要的一步。其中，将两电网公司河北、吉林、上海、福建、江西、山东、河南、湖北、海南、重庆、四川、贵州、青海和宁夏等14个省（区、市）公司所属辅业单位和水电建设集团、水电顾问集团重组，组建为中国电力建设集团有限公司；将两电网公司北京、天津、山西、辽宁、黑龙江、江苏、浙江、安徽、湖南、广东、广西、云南、陕西、甘肃和新疆等15个省（区、市）公司所属辅业单位和葛洲坝集团、中电工程重组，组建为中国能源建设集团有限公司。

一、电建企业的性质和特点

1. 由垄断走向竞争、由辅业转为主业

2002年国务院印发《电力体制改革方案》提出了"厂网分开、主辅分离、输配分开和竞价上网"的电改路径和目标。2004年，国家电力改革领导小组上报了第一份成型的主辅分离改革方案决策层，但恰好遭遇"电荒"，该方案未能获得通过。2007

年,国资委牵头进行了新方案的制定,并在各大部委之间达成一致。其酝酿的主辅分离方案指出电网应该将原有的非电网资产全部剥离,包括设备制造、电力勘察设计和电力建设公司等。2008年一场冰冻雨雪灾害对电网设施造成大面积破坏,两大电网公司联合上书,提出送变电企业和电力设计院不应该从电网里面分出去,理由主要是送变电企业和设计院与电网关系紧密,如果剥离出去,面临突发情况时无法高效率地组织抢修队伍,将会影响到国家正常的电力建设和维护,"主辅分离"计划被搁置下来。

电网企业主辅分离改革是国务院"5号文"明确的一项重要任务,也是继续深化电力体制改革的一项重要举措。2011年,国家电力体制改革重启"主辅分离"改革,这是国家电力企业改革的一个重要环节,主要为电网的改革奠定基础,把电网的辅业分出去,让电网能够集中精力抓好电网主业的运营和发展。电网是一个非常重要的自然垄断行业,输电供电是重要的社会责任和经济责任,国家必须对它进行监控。只有辅业分出来之后,才有可能进行最准确的成本核算,同时也能减轻电网的负担,更好关注主业发展。电网辅业单位辅业变主业后,使电建资源更集中,优势更明显,产业链更合理,综合实力更强,从而有效地解决了电力建设行业资源分散、竞争无序、发展失衡的问题,为全力打造两家综合性、具有较强国际竞争力的电力建设集团奠定了基础。

2. 以经济效益为主要目标

电建企业从电力体制内的辅业、服务性单位转变为按行业自身的规律发展的独立的企业,成为中央企业建筑业板块和国际工程承包商中的重要一员。中国电力建设集团有限公司和中国能源建设集团有限公司内部各成员企业具有法人资格,依法享有法人财产权,独立享有民事权利和承担民事责任,是自主经营、自负盈亏、自我发展、自我约束的市场竞争主体。这就要求电建企业要主动、彻底地抛弃过去的依赖观念和思想,迎接主辅分离带来的机遇和挑战,遵循市场经济规则,把经济效益作为企业主要目标,促进电力工程建设企业加快与国际接轨,积极开拓国际市场,提高国际竞争力。这也促使电力建设企业加快建立现代企业制度,转变内部经营机制,深化内部改革,加强电力设计、施工、修造企业的优化重组,加快培育我国电力行业建设施工龙头骨干企业和具有较强国际竞争力的建设集团公司,推进我国电力工业的建设和发展。

3. 任重道远、负重前行

两大电建企业的战略重组包括产权重组、资产重组、组织整合等多方面。主辅分离改革及电力设计、施工企业一体化重组,涉及范围广、人员多、耗时长、难度大,任务艰巨。

"包袱重,职工多,资产负债率高"是两大电建企业的特点。中国电建注册资本金300亿元,员工20万人;中国能建注册资本金260亿元,资产总额1 875亿元,职工

16万余人。电力辅业的企业负担重,各种历史遗留问题多,解决难度大。为此,尽管改革重组方案安排了920万千瓦发电资产的变现收入作为改革成本用于解决职工安置等问题,但两大电建集团公司资产负债高是不争的事实。2009年,水电顾问与中国水电的资产负债率分别为78%和86%。① 2013年三季报显示,中国电建资产负债率已高达82.01%。② 如何做到两大电建集团的平稳过渡,降低企业高负债率和解决职工安置?如何充分发挥集团总部的引领、服务、管控、评价、奖惩等功能,如何调整优化集团的组织结构?如何持续推进内部资源重组整合,做好管理整合、制度对接、文化融合,形成工程设计、咨询、监理、施工、修造等相对完整的产业价值链?这些都是两大电建企业亟须解决的问题。

二、电建企业文化体系的特点

中国电力建设集团有限公司和中国能源建设集团有限公司是2011年才成立的综合性电建集团公司,这两大集团公司的企业文化建设还处于整合和实践探索中。

2014年12月,中国电建《企业文化手册》正式发布。《企业文化手册》主要包括中国梦、社会主义核心价值观和中国电建介绍、中国电建企业文化介绍以及集团公司标示篇、理念篇、战略篇、源流篇、社会责任篇、廉洁篇、践行篇等7个篇章,图文并茂,精炼入微,全面展示了集团公司的核心价值理念、企业愿景、企业精神、企业经营理念等企业文化建设的重要内容,展示了集团改革发展历程和履行央企社会责任的经典篇章,是集团企业文化建设理念和文化行为的集成。

中国能源建设集团公司文化体系包括使命、愿景和发展目标三个方面。同中国电建集团公司相比,中国能源建设集团公司在企业文化建设特点、指导思想、基本原则、步骤和保障措施方面还有待进一步的挖掘、整合和凝练。

这两大电建集团公司的企业文化建设总体上还处于初步建设的阶段,文化建设全面落地还需要一段很长的时间,分别阐述如下。

1. 中国电建集团公司的企业文化

(1) 中国电建集团公司企业文化体系③

企业文化体系主要包括企业文化建设的指导思想、企业文化建设的基本原则、企业文化建设的目标、企业文化建设的步骤和企业文化建设的保障措施。

企业文化建设的指导思想:高举中国特色社会主义伟大旗帜,以邓小平理论、"三个代表"重要思想和科学发展观为指导,培育和践行社会主义核心价值观,弘扬中华民族优秀的传统文化和公司优良传统,大力实施"文化强企"战略,以爱国奉献

---

① 中国电建重组之重.《能源》2012.11.
② 中国电建"走出去"可再干三五十年. 中国证券报. 2014.2.17.
③ 中国电力建设集团有限公司《企业文化手册》. http://www.powerchina.cn/g305.aspx.

为追求,以促进发展为宗旨,以学习创新为动力,以加快转型发展为主线,以提高持续发展为目标,以精神文化建设为载体,努力建设具有鲜明时代特征、丰富管理内涵和"中国电建"特色的企业文化,为建设世界一流综合性建设集团提供强大的思想保证、精神动力和文化支撑。

企业文化建设的基本原则:坚持战略引领、目标导向原则;坚定理念统一、继承发展原则;坚持以人为本、和谐凝聚原则;坚持统筹兼顾、科学发展的原则。

企业文化建设的目标:通过实施文化建设铸魂、立道、塑性、提升思想文化建设主题实践工程,建立起与社会主义核心价值观相匹配,适应先进生产力发展要求,遵循文化发展规律,体现员工根本利益,展示企业品牌形象的"中国电建"文化体系,使核心价值理念在全体干部员工中入眼、入心、入行,确保"三合",实现"三提升",即确保理念融合、战略吻合、行动契合,实现用文化的力量促进集团意识的提升、协同意识的提升、形象和竞争力的提升,取得铸就一种精神、搭建一个平台、建好一片阵地、形成一套制度、推出一批成果、塑造一支队伍、弘扬一批楷模、提升一种能力、唱响一个品牌、实现一个目标的"十个一"建设成果,进一步增强公司的凝聚力和核心竞争力,为公司"建世界一流企业、创国际著名品牌"提供文化支撑。

企业文化建设的步骤分三个阶段。第一阶段:围绕"文化的魅力——新征程、新思想、新作为、新贡献"核心主题,建构体系,强化宣传。第二阶段:围绕"文化的价值——精神是推动发展的核心动力"核心主题,融入实际,全面落地。第三阶段:围绕"文化的力量——世界一流我先行"核心主题,巩固加强,完善提升。

企业文化建设的保障措施:建立健全企业文化建设的领导体制和工作体系,完善企业建设的运行机制,加强企业文化建设队伍建设,充分发挥工会、共青团、青联等群众组织作用,将企业文化建设作为企业发展战略的重要组成部分,与生产经营、党的建设、思想政治工作和精神文明建设有机结合,加强领导,统筹规划,重点推进。

(2) 中国电建集团的核心价值观、企业愿景、企业使命和经营理念[①]

核心价值观:责任,创新,诚信,共赢。责任:中国电建兴业之基。坚持依法经营,提高产品质量和服务水平,为社会承担责任,为企业创造效益,为员工谋求幸福,实现企业科学发展。创新:中国电建发展之魂。坚持解放思想、转变观念,实现体制机制创新、技术创新、管理创新以及人才创新,不断提升企业核心竞争力。诚信:中国电建立企之本。坚持在生产经营及服务活动中认真履约,立诚守信,有诺必践,言真行实,树立企业良好形象。共赢:中国电建经营之道。自觉维护国家、社会、顾客、员工等相关方利益,实现和谐发展,共同发展。

企业愿景:建世界一流企业,创国际著名品牌。中国电建瞄准行业国际先进水平和国际著名品牌建设目标,推进集团化运作、国际化发展、多元化经营、专业化服

---

① 中国电力建设集团有限公司《企业文化手册》。http://www.powerchina.cn/g305.aspx.

务、信息化管理,建成治理结构完善、发展理念先进、管理机制科学、创新能力卓越、盈利能力突出,品牌知名度和美誉度享誉全球的世界一流综合性建设集团。

企业使命:服务全球能源和基础设施建设,引领行业绿色发展。中国电建始终站在水利、电力等基础设施建设前沿,致力于打造全球新能源及可再生能源行业领先地位,以雄厚的实力和良好的信誉,面向全球提供集成式、全产业链、综合性能源与基础设施建设服务。中国电建尊重自然、保护自然,坚定地奉行绿色发展理念,以科技进步引领行业发展。

经营理念:诚实守诺,变革创新,科技领先,合作共赢。诚实守诺:企业处理内外部关系的道德要求。中国电建对国家、对社会、对客户、对员工信守承诺,言行一致,表里如一。变革创新:企业科学发展的动力源泉。中国电建努力转变发展方式,持续创新商业模式、服务模式、管控模式和激励模式,不断激发企业创造活力。科技领先:企业核心竞争力的本质内涵。中国电建坚持科技强企,追求技术进步,用领先技术引领发展、服务客户、创造效益、赢得市场。合作共赢:企业经营管理的价值标准。中国电建重视相关方利益,在战略协同与合作中创造价值,在互惠互利中追求共同发展与进步。

2. 中国能建集团的企业文化体系

中国能建集团公司企业文化体系主要包括企业使命、企业愿景和发展目标。"世界能源,中国能建"是中国能建集团公司使命,"行业领先,世界一流"是中国能建集团公司愿景,"建设具有国际竞争力的工程公司"是中国能建集团公司发展目标。

如前所述,由于这两家电建集团刚成立不久,企业文化建设刚刚起步,具体落地措施尚未系统推出。但是,从其企业文化手册的内容可以看出,两家集团公司都表达了快速融入市场竞争的强烈愿望:一方面要继承原有的优良传统;另一方面又要通过理念创新、科技创新、管理创新等手段,激发企业活力;同时还要通过强化责任意识、诚实守信与合作共赢等理念变革树立企业形象。多措并举,塑造企业品牌,提升企业的核心竞争力。其企业文化呈现出明显的传承性、创新性、包容性等特点。

第三节 中国发电企业文化

2002年,国务院下发《电力体制改革方案》,新方案的三个核心部分是:实施厂网分开,竞价上网;重组发电和电网企业;从纵横双向彻底拆分国家电力公司。国家电力公司按"厂网分开"原则组建了两大电网公司、五大发电集团和四大电力辅业集团。中国国有发电企业一直由五个大型发电集团公司和四个小型发电公司掌控,其业务涉及火电、水电、核电、风电、光伏、海上电站等等各种发电形式,成为中国发电行业的主力军。其中,五大发电集团包括中国华能集团公司、中国大唐集团公司、中国华电集团公司、中国国电集团公司、中国电力投资集团公司,四小公司包括华润电力、国华电力、国投电力与中广核。神华集团则作为煤电一体化发电集团的典范,近年来在国有发电企业中异军突起。

一、发电企业的性质和特点

1. 由垄断走向市场竞争

国家《电力体制改革方案》提出"政企分开、厂网分开、主辅分离、输配分开、竞价上网"的电力企业改革方向,要求打破垄断,引入竞争,建立社会主义电力市场经济体制。"厂网分开"把发电企业推向了市场,发电行业形成了投资主体多元化、全方位竞争的格局,也是电力体制改革最彻底的一个环节。发电企业一方面坚持"建并结合"的发展方针,实现了跨越式发展,迅速扭转了缺电的局面;另一方面又展开了"资源争夺战",从电力、煤炭资源到装机规模,从传统能源到新能源,从电力、煤炭市场到资本、人才市场,从新建项目到并购重组等多方面,展开了激烈的竞争。以五大发电集团央企为主发电企业,则面临更大市场份额的压力,从而不可避免地相互竞争,攀比装机容量的规模。从资金实力来看,五大发电集团作为中央企业具有良好的信用,可以更好地得到来自银行等金融机构的融资支持,从而支持了企业的规模扩张。近几年,发电企业开始变规模思维为价值思维,积极探索战略转型,同时,也注重发电企业之间的市场协同,适当控制产能,优化电源结构,实现管理创新、科技进步,提升企业综合实力。

2. 处于高投资、低盈利、高负债和高风险模式

我国约一半的煤炭产量用于发电,约73.4%的装机是火电机组,发电量的81%来自火电。2005年受国内外影响,我国全面放开煤炭的价格,煤炭价格开始出现上涨,煤炭价格上涨的压力又传递给发电企业,但上网电价继续承袭了电改前"政府管制"的定价模式,电价政策仍然没有放开,竞价上网和双边交易仍然处于试点探索阶段,在外部电煤价格不断上涨而上网电价不能及时调整的情况下,包括五大发电企业在内的火电企业就会出现巨亏。

2003年底到2011年初,中央发电企业标煤单价累计涨幅超过170%,而火电平均上网电价仅上涨了50%。2008年,中国发电企业出现了大面积亏损,2011年五大发电企业火电亏损312亿元,比2010年增亏190亿元[①]。

2013年,在煤炭价格走低的情况下,发电企业的盈利状况才出现好转,五大发电集团利润总额达740.34亿元,创下了自2002年以来的最高纪录[②]。截至2014年10月底,五大发电集团当年利润总额737亿元,基本接近2013年利润总额,预计全

---

① http://www.chinapower.com.cn/newsarticle/1166/new1166440.asp.
② http://news.xinhuanet.com/fortune/2014-01/16/c_126017192.htm.

年可能突破 1 000 亿元①。

不容忽视的是,在业绩辉煌的背后,困扰五大发电集团多年的高负债率依然存在,尽管目前的负债率较 2012 年相比有了明显降低,但五大发电集团的平均负债率仍然达到了 84%,远远高于国资委为央企设定的 70% 的警戒线,比央企 63% 的平均负债率高出了 21 个百分点②。

3. 由高耗能、高污染向节能减排、绿色清洁能源发展

发电企业因大量使用燃煤,一直以来被作为高耗能、高污染对象所关注。2014 年 4 月份新修订的《环保法》也全面加大了对污染物排放企业的监管和惩罚力度;"史上最严标准"的《火电厂大气污染物排放标准》又明显提高了火电行业环保门槛,加大了火电行业环保成本,未能按要求达到排放标准的企业今后将被关停。环保部发布公告,对 2013 年脱硫设施存在突出问题的 19 家企业予以处罚,罚脱硫电价款或追缴排污费合计 4.1 亿元。在 19 家上榜企业中,华能、中电投、华电、国电和大唐五大电力集团均有下属子公司上榜③。在公众舆论的压力和国家日益严格的节能减排政策面前,电力行业节能减排的压力不断增大。我国大气污染雾霾天气增多,社会广泛关注,国家高度重视。针对这一情况,国家正在实施综合治理,制定更加严格的环保标准。电力企业煤炭消费量大,要主动适应能源工业变革,推动燃煤发电清洁高效发展,走绿色、低碳、清洁的可持续发展道路,这就促使发电企业高耗能、高污染向节能减排、绿色清洁能源发展。截至 2013 年年底,我国煤电装机容量占总装机容量的比例已经下降到 70% 以下,水电、风电、核电、太阳能发电、燃气发电等清洁能源发电装机容量是 4.61 亿千瓦,比重达到 37%,发电量 1.4 万亿千瓦时,占比为 26%。随着国民经济高速高质增长以及生态文明建设等外部环境的要求,煤电装机比重将保持持续下降的态势④。

4. 由单一发电业务向电为核心、煤为基础、上下一体化发展的综合能源集团转变

2002 年电改后新成立的五大发电集团,基本上都是单一发电业务。几年来,面对电力供需形势发生变化、电煤价格大幅度上涨、电力价格扭曲的状况难以改变,节能减排压力逐渐加大、国资委对中央企业实行经济增加值(EVA)考核,以及自身存在的盈利能力不强、资产负债率偏高、资本金相对短缺等问题,各发电集团纷纷调整发展战略,都提出了"电为核心、煤为基础、产业一体化协同发展"的发展思路,通过新建和"收购、兼并、重组"等资本运作手段,不断进入新的发展区域,不断延伸产业

---

① http://www.cs.com.cn/ssgs/hyzx/201501/t20150116_4620302.html.
② http://finance.eastmoney.com/news/1354,20140421378356810.html.
③ http://www.zhb.gov.cn/gkml/hbb/bgg/201406/t20140612_276862.htm.
④ http://www.chinapower.com.cn/newsarticle/1207/new1207528.asp.

链,逐步向综合性能源集团迈进①。

二、发电企业文化体系的重要内容和特点

尽管这两年随着煤炭价格下跌,五大发电集团开始盈利,但企业仍处在较高的负债率。五大发电集团都认识到,出现这种亏损局面,表面上看是电煤成本飙升与资产结构单一的问题,实际上是企业价值观念、发展理念等文化上的问题。这就促使发电企业开始重视企业文化建设,根据自身企业特色,提出和构建具有自身特色的核心价值观、公司使命、公司愿景、公司精神和奋斗目标等企业文化内容。

1. 发电企业的核心价值观

作为企业文化的核心,企业核心价值观是一个企业在长期发展历程中所形成的一些基本理念和指导思想。这些基本理念和指导思想是企业发展的基石,是企业的文化基因,是企业实现永续发展必不可少的精神特质。它体现了一个企业发展的根本价值追求,有什么样的核心价值观,就会形成什么样的企业使命及愿景,从而形成各具特色的企业文化。企业核心价值观渗透到企业经营发展全过程,内化为员工心灵深处的精神信仰,外化为员工的集体行为、习惯和性格,固化为战略规划、制度和机制,从而形成企业的核心竞争力。

尽管发电企业核心价值观不尽相同,但在基本原则上保持了高度一致,呈现出一些共同特点。

第一,重视创新。华电集团、华能集团、大唐集团和电力投资集团都把创新作为自己企业核心价值观的重要内容。英特尔总裁格鲁夫说:"超级竞争的时代里,持续不断地变化创新与快速的战略决策是获得长期竞争优势,保持基业长青的关键。"创新是企业做大做强、保持长盛不衰的根本方法。中国华电倡导创新意识,健全创新机制,鼓励创新行为,使创新成为员工的自觉行为和企业蓬勃发展的持久动力。华能集团认为不断创新是企业核心竞争力。创新才能发展,创新才能做强,创新是企业发展的不竭动力。大唐集团强调集团公司要主动应对内外部环境变化带来的挑战,在继承优良传统的基础上,冲破旧思维、打破旧格局、突破旧技术,持续推进管理创新、制度创新和技术创新。电力投资集团强调实施创新思维、转变观念,推进改革、创新发展,在创新中追求卓越。实现工作流程的合理策划与修正;保障工作过程的优化执行与管理;追求工作业绩的卓越效率和效益。

第二,强调诚信。华电集团、华能集团和电力投资集团都把诚信作为企业核心价值观的重要元素。诚信是中国华电处世做事的根本法则。中国华电强调始终以诚信面对客户及社会公众,言必行,诺必践。华能集团坚持诚信是企业立身之本。电力投资把诚信作为企业核心价值观五元素中的一个元素。

---

① 陈宗法. 电改八年:催生发电行业六大新变化. 中国证券报,2010-9-7.

第三,提倡和谐。企业和谐文化氛围是企业持续发展的动力。和谐是中国华电不懈追求的共同理想。中国华电坚持以人为本、着力科学发展、诚挚服务社会,努力营造企业与员工、社会、自然友好共融的和谐环境。国电集团强调全面履行企业社会责任,致力于人与人、人与企业、人与社会、人与自然和谐相处。电力投资集团提出三个和谐:实现集团公司内部的和谐共事,增强企业凝聚力;实现集团公司与社会关系的和谐共赢,创建和谐社会;实现产业发展与自然的和谐共处,保护环境,实现可持续发展。

2. 企业使命

企业使命管理是指企业在社会进步和经济发展中所应担的角色和责任。企业使命是企业的根本性质和存在的理由,说明企业的经营领域、经营思想,为企业目标的确立与战略的制定提供依据,也是企业文化建设的重要组成部分。

将企业使命列入公司企业文化体系,昭示了发电企业强烈的社会责任意识。而且,发电企业结合自身的行业特征,不约而同地将自己的社会责任聚焦于服务国家与致力环保两个方面,呈现出鲜明的政治性与重环保的特点。

中国华电于2009年7月修订颁发公司文化体系《华电宪章》,明确了"创造更大的经济、社会、人文价值"的公司使命。华能集团把"三色文化"作为企业的使命。"三色文化"是指为中国特色社会主义服务的"红色"公司;注重科技、保护环境的"绿色"公司;坚持与时俱进、学习创新、面向世界的"蓝色"公司。大唐国际集团把"提供清洁电力,点亮美好生活"作为集团公司的公司使命,提出要以高度的政治责任感和社会责任感,全过程推行清洁生产,减少污染物排放,努力提供优质电力,以满足客户、员工和股东的需求,创造温馨、和谐的美好生活。

3. 企业目标与企业愿景

企业目标就是在一定时期内综合内外部环境和资源,设定的一个预期要达到的成果。企业愿景则是企业对未来的期待、展望、追求和梦想。企业目标较明确、具体,企业愿景较生动、笼统;目标是实现愿景的基础,为实现愿景服务;愿景有助于确定发展目标,是推动企业超越环境的动力,是指引企业前进的方向。

发电企业制定的企业发展目标普遍表达了努力实现企业转型、争做业界翘楚愿望,体现出明显的市场竞争意识。

华能集团的企业发展目标是:做强做大、保持领先。中国电力投资集团的奋斗目标是:成为整体实力突出,海内外可持续发展能力显著的世界一流能源企业集团。中国国电的战略目标是:大力发展新能源引领转型、建设一流综合性电力集团。大唐集团则直接将"成为国际一流的能源企业"设定为公司愿景。

有些发电企业,在树立企业发展目标的基础上还明确表达了企业愿景,这些企业愿景呈现出强烈的人文关怀意识,而"以人为本"正是现代企业管理的制胜法宝。

中国华电紧跟时代发展进程,以价值华电、绿色华电、创新华电、幸福华电为追求,将员工的幸福感视为企业发展的终极目标。中国国电把"家园·舞台·梦"作为企业愿景,坚持以人为本,关注员工需求,搭建广阔舞台。

4. 企业精神

企业精神是现代意识与企业个性相结合的一种群体意识,是企业全体或多数员工所具有的共同内心态度、思想境界和理想追求,它表达着企业的精神风貌和企业的工作风气。企业精神作为企业内部员工群体心理定势的主导意识,是企业经营宗旨、价值准则、管理信条的集中体现,它构成企业文化的基石。

发电企业的企业精神同样表现出与自身国有大型能源企业特质的契合,在公司业务上追求卓越,在社会责任上力争表率。

中国华电以产业报国为己任,坚持高效运营、谋求更好发展,因此"自强求变,厚德求进"是中国华电全体员工的共同追求。"务实和谐,同心跨越"是对大唐集团公司组建以来所展现的企业精神的提升概括,是大唐人秉持的价值观在具体工作中的生动体现。电力投资集团的企业精神则是"奉献绿色能源,服务社会公众",它昭示了集团公司立志为社会提供优质清洁的能源产品,勇于承担服务社会公众的国有企业社会责任的价值取向,表明了集团公司发展战略的时代价值内涵。

5. 企业理念

企业理念是指那些由思想、观念、心理等因素经长期的相互渗透、影响而逐步形成的一种内含于企业生产经营中的主导意识。

发电企业的企业理念同样显现出鲜明的行业特点。一般的企业理念通常包含管理理念、经营理念、人才理念等内容,发电集团的企业理念除了这些常规内容之外,还特别强调安全理念、廉洁理念、环保理念,并将之列入企业文化手册,对其进行具体详尽的阐释,体现了国有大型发电企业注重安全生产、廉洁奉献和社会责任的行业特点和道德自觉。

三、发电企业文化建设的措施和成效

发电企业在各自企业核心价值观、公司使命、公司愿景、公司精神和奋斗目标的引领下,重视企业文化建设的全面落地。2009年,华电集团多家单位获得"全国电力企业文化建设荣誉"称号;2012年,华能国际被授予"全国企业文化示范基地"称号;2013年国电集团公司荣获"全国企业文化优秀成果"称号。

在众多发电企业的文化建设中,具体措施和成效主要表现在安全文化、服务文化、管理文化、廉洁文化和责任文化五个方面。

1. 发电企业的安全文化

国际原子能组织在1988年的切诺贝利核电站事故的总结报告中第一次使用了"安全文化"一词,并将其解释为"组织的或个人建立的特性和态度的集合,它确定安全第一的观念,核电站的安全问题由于其重要性而保证得到应有的重视"。英国的健康与安全委员会推出了被最广泛承认和使用的安全文化的定义：安全文化是个人和群体的价值观念、态度、观念、能力和行为方式的产物，它决定了对组织的安全和健康管理的承诺、行为方式及熟练程度。组织之间积极的安全文化是建立在互信的交流上的，通过分享对安全重要性的认识和对预防措施有效性的信任来实现。

企业安全文化载体划分为制度载体、行为载体和物质载体。制度载体是企业安全文化的具体化、条例化和文本化，是企业安全文化建设体系所涉及的各类全员共享的规范性安全行为要求的明确化，可以进一步分解为表现形态和执行状态两个方面。行为载体是由安全文化所驱动的人的各种行为表现，包括人的思考、感知和学习等心理行为在内，又可以分为集体安全文化所产生的组织行为表现和个人安全文化所产生的个体行为表现两个方面。物质载体是行为载体所涉及的各类实体资源。

十八大报告中指出"要强化公共安全体系和企业安全生产基础建设，遏制重特大安全事故"。实现企业安全生产，核心是管理，关键在意识，目的是发展。安全文化建设已经成为企业文化的重要组成部分，并且作为一种价值取向在企业管理中得到不断强化。发电企业正在形成这种共识：安全文化不仅是企业管理的最高境界，而且是企业的核心竞争力。推动企业管理水平的全面提升，实现本质安全，必须大力建设企业的安全文化。

（1）建立和完善安全生产规章制度文化

电力安全生产事关全社会稳定以及人民生命财产安全，涉及千家万户，责任重于泰山。抓好安全生产工作历来是发电企业重中之重的工作。

发电企业根据各自企业的生产特点，制定了安全生产规章制度，比如华能集团公司不断建立健全安全生产规章制度，着力推动安全生产管理制度化、规范化，并且把安全理念纳入到企业文化中去。2012年组织修订并印发《电力生产事故调查规程（2012年版）》《风电企业安全生产管理体系管理标准规范性文本（试行）》等7个规章制度，印发火电11项、水电12项、风电8项技术监督标准，进一步夯实了安全生产制度基础。大唐集团对集团公司八年来的安全生产管理理念和方法进行全面总结、提炼、升华、再集成，形成了一套具有大唐特色的管理体系。公司先后制定了《安全生产工作规定》《安全生产奖惩规定》《防止人员误操作工作管理办法》《危险点分析与控制工作管理办法》等46项安全监管制度。中国国电集团安全第一、生命至上的安全理念是其管理理念中重要的内容，严格落实"安全第一，预防为主"的方针，把安全作为做好一切工作的基础，确保人身安全，确保生产稳定，确保经济运行和保障员工的身体健康和家庭幸福，让员工感受到生命的意义和工作的快乐。

（2）加强安全培训与检查的行为文化

华能集团公司加强员工安全生产培训，不断完善全员安全教育培训体系，牢固树立"培训不到位是重大安全隐患"的意识,根据专业、岗位特点和实际情况,加大安全培训投入,强化以安全管理、资格认证、专业技能等为主要内容的全员安全教育培训,提高员工安全意识和能力。中国华电集团公司扎实开展安全生产月、"液氨安全应急"和"安规"视频专项培训和各级安全教育,提升全员安全管理素质和技能。全年累计培训班组长以上人员约 12 000 余人次,培训厂级安全监察人员和注册安全工程师 400 余人次,安全培训覆盖率达 100%。公司深入推进以"科学发展、安全发展"为主题的"安全生产月"活动。各单位积极参加电力安全生产知识竞赛等活动,通过开展安全宣誓签名、安全生产主题征文、安全主题演讲比赛等形式多样的宣传教育活动,营造浓厚的安全文化氛围。2012 年,公司被国家安全生产监督总局评为"安全生产月活动"优秀组织单位。

2. 发电企业的服务文化

服务文化就是企业在长期的对客服务过程中所形成的服务理念、职业观念等服务价值取向的总和。它是服务标准、服务理念、服务宗旨、服务效果的统一,并以此培育形成全体员工共同遵循的最高目标、价值标准、基本信念以及行为规范。它不仅是一种经济文化、管理文化、组织文化,更是一种关系文化。这种关系文化表现在企业内部关系上,主要是在企业内部形成一种团结和谐的气氛;其表现在外部关系上,则是企业应尽可能为顾客提供力所能及的服务,提倡一种真诚的服务精神。服务文化一旦转化为员工的心理需求,会激发出员工的积极性和创造性。服务文化具有引发企业成员产生一种高昂的情绪和奋发进取精神的效力。通过服务文化的塑造,使每个成员从内心深处自觉地产生积极向上的服务观念及行为准则,从而形成强烈的使命感和持久的动力,成为企业员工自我激励的一把标尺。

(1) 服务国家的电力企业文化

以"厂网分开,竞价上网"为核心内容的电力体制改革正进一步向纵深发展。五大发电集团公司和两大电网公司正式成立后,电力垄断体制被打破。这给发电企业带来了新的发展机遇,也带来了巨大的压力和挑战。现在的电力市场竞争中,比拼的不仅是电价和质量,更重要的是企业服务。近些年,中央发电企业在抗冰保电、抗震救灾、奥运保电、世博保电等危急关头和关键时刻以身作则,坚决履行社会责任;不惜代价、不畏艰难,千方百计保障电煤供应,确保安全生产,充分保障了全社会用电、用热需求。在电煤价格持续上涨、火电企业亏损不断扩大、资产负债率不断攀升、资金供应不断紧张、外资逐步撤离中国燃煤发电产业的形势下,中央发电企业始终坚持自身使命,努力筹措资金,保障电煤供应和燃煤电厂生产经营,稳定了电力生产和供应,坚定地履行了肩负的社会责任。

(2) 服务电网和用户的电力企业文化

2002 年电力企业改革方案"厂网分离、主辅分离、输配分开、竞价上网"到现在才完成了"厂网分离"和"主辅分离",电网仍然垄断着买方市场和卖方市场,发电企业的电主要卖给电网,电网是发电企业主要买方。因此,服务电网是发电企业履行社会责任的主要任务,也是企业发展的客观需要。电力企业改革停滞了12年之后又进入了改革新阶段,国务院总理李克强在2014年4月18日国家能源委员会会议上指出,中国要调整能源结构,关键要推进能源体制改革;要放开竞争性业务,鼓励各类投资主体有序进入能源开发领域公平竞争;加快电力体制改革步伐,推动供求双方直接交易,提供更加经济、优质的电力保障,让市场在电力资源配置中发挥决定性作用。十八届三中全会强调凡是能由市场形成价格的都交给市场,政府不进行不当干预,推进水、石油、天然气、电力、交通、电信等领域价格改革,放开竞争性环节价格。国家发改委已经批复了云南大用户直购电试点的输配电价,以支持云南作为全国电力价格市场化的试探。大用户直购电是指工业大用户和电厂签订购销协议,由发改委核定电网输配电价,由电网输配电量。其目的是打破电网公司对电力销售环节的垄断,由用电企业和发电企业之间自由交易,从而理顺供需关系、促进电力市场化改革。也这就意味着发电企业今后不仅要为电网公司服务,也要为用电大户企业服务。2013年,国电内蒙古东胜热电有限公司完成发电量35.4亿千瓦时,其中大用户直供电交易电量达9.8亿千瓦时,大用户直供发电量约占总发电量的1/3。从2009年到2013年,国电东胜热电公司共完成大用户直供电交易18.5亿千瓦时,增利3.89亿元。发电企业如何降低其成本,为用电大户提供优质服务,是发电企业今后努力的方向。

3. 发电企业的管理文化

美国著名管理学家德鲁克在《管理学》中提出,管理效率依赖于价值系统、管理哲学等文化变量。"核心竞争力"概念和德鲁克的理论都反复强调了企业中文化因素是企业管理的核心因素,是企业管理成败的根本与关键。由此可见,企业管理文化的建设尤其重要,它直接影响到企业效益,它涵盖了企业文化的诸多因素,如制度文化、经营文化、营销文化、执行力文化等等,是企业文化建设的核心竞争力。同时,倡导管理文化,也是以人为本谋发展的有效措施,它能够增进广大员工对企业管理文化的理解与认同,增强企业的凝聚力,实现企业、员工双赢目标,促进企业持续和谐发展。企业管理文化的建设主要包括以人为本的管理文化、不断进步的技术文化和健全完善的制度文化。

(1) 以人为本的管理文化

"人"是企业中的核心要素,既是管理的缔造者,也是管理的执行者,因此,管理文化的建设必须坚持"以人为本"的原则。要真正发挥企业文化作为企业发展核心思想的"以人为本"的价值观念,就要做到"员工第一",真正实现员工在企业中的地位和价值,只有把企业的发展真正融入员工的人生目标和个人发展中去,把企业的发展观念与员工的价值观念进行整合和统一,充分反映企业发展的核心作用,这才是"企业文化"作为推动企业发展的"管理思想"的真正意义所在。

发电企业基本都重视员工的发展，围绕"以人为本"的原则，在员工权益、员工发展、民主管理和员工关爱四个方面实现企业与员工协调发展、企业价值与员工价值有机统一。华电集团重视人文价值企业使命；华能集团重视人才的绿色文化；国电集团追求员工幸福和价值归属，为员工提供了生活乐园和精神家园；大唐构建"同心文化"，奉行"企业与员工共同发展"的理念，大力实施职工素质工程，科学制定并实施员工年度培训计划、大唐人才森林计划，积极为员工构筑素质提升和发展平台。中国电力投资集团同样看重"人"的元素：倡导人本理念、人文精神，凝聚人心，调动员工积极性；实施人本管理，提升管理水平，提高员工素质，促进人的全面发展和员工价值的实现。

（2）不断进步的技术文化

企业核心竞争力的培育和形成关键在于企业技术创新，只有技术创新超前，竞争力才能超前。但是，没有一个好的文化创新先导就难以产生出先进的满足市场需要的技术创新。企业技术创新是企业竞争取胜和不断升级的源动力。当代科技创新的高密化、集聚化、一体化和加速化，大大促进了整个社会的发展，企业间的竞争由产品竞争向技术创新前移，进而前移到知识竞争，前移到人的价值理念和思想观念竞争，也就是文化与思想观念等方面的竞争。

发电企业要提升企业核心竞争力，实现自己的企业目标和愿景，必须注重技术文化，走技术创新之路。例如，中电投集团公司不断加强产学研合作，努力提升集团的科技竞争力：集团公司拥有国家地方联合工程研究中心1家，国家级企业技术中心2家，省级企业技术中心4家，国家创新型企业和创新型试点企业各1家，博士后科研工作站4个。华能集团大力推进脱硫、脱硝和节煤、节电、节水、节地等工作，在我国电力行业率先建成大型烟气脱硫火电厂，率先利用中水作为循环冷却水，率先采用大型液态排渣锅炉，努力实现清洁生产。华能国际"超超临界燃煤发电技术的研发和应用课题"荣获国家科技进步一等奖；3个项目获"亚洲电力技术创新奖"；华能北京热电建成投产我国第一个电厂二氧化碳捕集系统；华能上海石洞口第二电厂二氧化碳捕集系统示范工程达到世界先进水平；华能大连电厂创造了世界上火电机组单机连续运行的最高纪录；华能玉环电厂作为我国唯一的火力发电建设工程，荣获了新中国成立60周年"百项经典暨精品工程"荣誉称号，载入了共和国的史册。

（3）健全完善的制度文化

制度文化是企业文化的重要组成部分，是企业文化的中坚和桥梁。因此，在制度文化建设中，要突出创新、严于落实，建立科学的企业决策机制和人力资源开发机制，制定完善的企业运行规则和经营管理制度，构建精干高效的组织架构，使各项工作衔接紧密，保证企业目标顺利实现。要强调的是，制度文化建设要遵循两个原则：一个是"平等原则"，坚持制度面前人人平等，调整员工接受制度的心态，缩短贯彻执行制度的差距，发挥制度文化对员工的激励和约束力；另一个是"参与原则"，员工参与民主管理的程度越高,越有利于调动他们的积极性。企业建立开放的沟通制度,可以及时了解员工的思想动态。同时,要强化监督,规范管理行为,营造和谐的文化氛围,促进企业管理水平的提高。

例如,华电集团注重各项管理制度深度融合,实现了制度与文化理念的对接,使员工既有价值观的导向,又有制度化的规范,内化与外化结合,文化与管理一体,隐性与显性相融,刚性约束与柔性管理优势互补,推动了企业管理水平的不断提升。按照管控架构、组织体系、职责分工,重新规划、设计新的规章制度框架体系,认真研究提出相关规章制度的废、改、立工作计划,共制定了包括综合管理制度、计划发展管理制度、人力资源管理制度、财务管理制度、安全生产及燃料管理制度、工程建设管理制度、科技环保管理制度、资产管理制度、党建及企业文化管理制度、企业监察制度、审计制度、体制改革及法律事务管理制度等在内的相关制度达400多件,其中修订、废止的规章制度100多件①。

4. 发电企业的廉洁文化

廉洁文化就是廉洁奉公的先进思想道德观念及其指导影响下的廉政制度、组织、社会风气、社会意识形态及相关的法律规范的总和,也包括人们关于廉政知识、信仰、规范、价值观念及与之相适应的行为方式、社会评价。廉洁文化是社会主义先进文化的重要组成部分,廉洁文化建设是社会主义核心价值体系的重要内容。大力加强廉洁文化建设,充分发扬廉洁文化激浊扬清、扶正去邪的功能,有利于保持国有企业社会主义方向,有利于实现企业健康、持续、和谐发展;有利于员工与企业共同发展,确立正确的价值取向。

(1) 建立防腐惩贪的制度文化

习近平总书记强调,制度问题更带有根本性、全局性、稳定性、长期性。关键是要健全权力运行制约和监督体系,让人民监督权力,让权力在阳光下运行,把权力关进制度的笼子里。发电企业近几年查处腐败案件主要集中在工程基建、物资采购和招投标等领域。发电企业建设工程领域涉及的金额较大,一些建筑承包企业为了能够拿到工程,通过行贿手段拉拢发电企业基建管理人员和工作人员;发电企业大宗设备采购领域是职务犯罪案件的多发区位,物资采购领域职务犯罪的主要表现形式为收取"回扣""手续费";财务管理领域发生的职务犯罪案件的特点比较鲜明,一般为单位领导、财务领导或一般财务人员利用财务管理的漏洞,贪占、挪用甚至私分单位资金。

针对上述问题,发电企业在预防和惩处腐败等方面进行了探索。华电集团在招标投标和物资采购方面建立招标与采购网,为推行"阳光采购"、促进"降本增效"而规划建设的专业化电子商务平台,加强廉洁风险防控的专项工作,分试点和推广两

---

① http://www.powersp.com.cn/chuangxinchengguo/wenhuachuangxin/20110818/357.html

个阶段推进；各单位以业务流程为基础，采取静态查找和动态搜集相结合等办法，围绕重点岗位和关键环节，对人财物管理、招标管理、合同管理、燃料管理等工作过程中可能产生的廉洁风险点进行了全面排查，在深入分析的基础上对其表现形式进行了描述，确定了涉及的岗位或人员。大唐发电集团的"阳光工程"建设以制度创新为核心，建立具有企业特色的惩防体系建设长效机制，营造用制度管权、按制度办事、靠制度管人的良好氛围；"阳光工程"建设把"大监督"体系建设作为惩防体系体制机制建设的重点工作，依据"统一要求、分级负责"的原则，建立健全监督工作责任体系，注重发挥纪检、监察、审计"三位一体"作用，构建反腐倡廉的"大监督"工作格局。中国华电集团不断加强反腐倡廉制度建设，制定《中国华电集团公司领导干部谈话制度实施办法》，加强和改进对党员领导干部的日常教育和管理。完善各级纪检监察机构设置和人员配备，充分发挥纪检、监察、巡视、审计等监督合力，"大监督"体制机制和队伍保障进一步加强。

（2）开展多种形式的廉洁文化活动

发电企业围绕企业核心理念，以社会主义核心观为指引，通过各种形式的宣传教育活动，营造风清气正的廉洁文化氛围。把廉洁文化核心理念教育列入员工培训计划；将党风廉政和廉洁从业规定作为干部员工学习的重要内容；开展党规行纪知识竞赛，全面廉洁从业教育覆盖面达100%；为防治"节日病"，引导党员、干部自觉过好"廉关"，每逢节日来临前，组织开展节前党风廉政教育，并通过制发廉政贺卡、短信、电脑屏保，丰富教育内容，增强教育效果；积极推进廉洁文化"五进"（进班子、进班组、进岗位、进家庭、进项目）活动，努力营造"人人想要廉洁、人人能够廉洁、人人实现廉洁"的氛围。树立、弘扬廉洁文化建设先进典型，推动廉洁文化建设落到实处。组织党员干部观看身边的腐败案件警示录像、旁听相关案件审理、参观监狱、听取劳教人员"现身说法"、举办预防职务犯罪的法律知识讲座等形式，深刻剖析新的历史条件下发生违纪违法案件的原因、教训和启示，以案说法，督促党员干部长修为政之德、长思贪欲之害、常怀律己之心、防止腐败问题重演。国电和风风电开发有限公司新创办的"清风廉韵"廉洁文化微信公众平台2014年与广大员工见面，为每位员工奉上了一份新春"廉洁"大礼。该微信平台拓宽了员工学习渠道，设置了纪检动态、警示园地、学习简报、热点互动等多个栏目，通过图文、语音、视频等形式，打造信息交流、活动交流、心灵交流的平台，实现信息直接互动。

5. 发电企业的责任文化

企业责任文化是企业文化核心的价值观与基础，是企业赢得竞争优势的源泉，是企业文化研究与建设在新领域的延伸，属于企业文化的子文化之一。企业责任文化是企业在生产经营活动中形成的根本理念、行为习惯和工作氛围，它不仅体现在企业的发展战略上，还体现在管理中的制度设计以及责权的分工上，因此，企业责任文化就是企业经营过程中员工、股东、社区、社会、政府、环境等各个组成要素间形成互动的一个平衡系统。它将责任的落实提升到企业文化管理的高度,从价值观、制度、行为和物质的层面来具体分析企业责任落实的情况,给责任的落实找到了一个文化管理的平台。

(1) 服务国家的责任文化

五大发电集团属于国家大型国有企业,承担国家责任,具体包括落实国家政策和保证能源安全,提供电力能源,完成国家税收,实现企业管理和技术创新等内容。

华电集团把"不断创造更大的经济、社会、人文价值"做为中国华电的光荣使命。

大唐发电集团的"同心文化",其中一个重要的方面就是指集团公司与国家同心,以电力报国为己任,执行国家能源战略,与时代共同进步。2008年奥运会举办期间,中国大唐集团公司承担着北京和青岛50%以上负荷的供电任务,涉奥企业没有发生一次非计划停运,出色完成奥运保电任务。为助力绿色奥运,大唐集团公司完成了48台机组1365万千瓦容量环保改造任务,13家涉奥企业全部实现环保在线监控。

华能集团的"三色文化"中的"红色文化","红色"是华能本色,是立身之本、"三色"之本。建设"红色"公司,是华能的根本态度和精神境界,是华能为国民经济发展、社会进步和人民生活水平提高而努力的历史使命的集中体现,是华能职责的生动写照。华能作为电力体制改革后的国有五大发电集团之一,作为我国最早按市场方式运行的大型电力企业,在为中国特色社会主义服务、为增强综合国力提供强大物质基础、为振兴民族产业和人民生活水平提高等方面肩负重要使命。2009年至2010年,为解决西藏缺电的燃煤之急,华能国际主动承担起电力援藏工作,以援建方式分别在拉萨和阿里建设两个应急电源点。这两个电厂,一个是世界屋脊最大的电厂,一个是世界海拔最高的电厂。

(2) 环境保护和节能减排的责任文化

我国大气污染形势严峻,社会广泛关注,国家高度重视。针对这一情况,国家正在实施综合治理,制定更加严格的环保标准。

发电企业煤炭消费量大,更要主动适应能源工业变革,推动燃煤发电清洁高效发展,走绿色、低碳、清洁的可持续发展道路。

根据2014年1月份相继发布的五大发电央企2013年工作报告,2013年五大发电央企发电装机容量总计5.84亿千瓦,同比增长6%。其中,清洁能源装机容量增幅颇为抢眼。华能集团2013年低碳清洁能源装机达到3504万千瓦,占总装机的24.5%,同比提高3.5个百分点。新核准、开工和投产项目中,低碳清洁能源分别占47.8%、48.2%和75.4%。水电、风电、太阳能装机分别突破1800万千瓦、970万千瓦、60万千瓦,分别同比增加418万千瓦、125万千瓦和52万千瓦。燃机项目也有新突破。大唐集团2013年工作报告则显示,2013年大唐集团核准电源项目734万千瓦,新开工636万千瓦,投产563万千瓦,期末在建2111万千瓦,其中清洁能源比重分别高达46.8%、52.8%、65.9%和76.3%。华电集团的转型升级步伐也明显加快,2013年清洁能源装机比重接近三分之一,水电、气电装机在同行业中保持领先。国电集团去年清洁可再生装机比重达25%,同比增加2.5个百分点。其中,风电装机达1 732.5万千瓦,居世界第一。中电投集团2013年火电新增容量793.35万千瓦,核准容量738.4万千瓦,创历史新高。新能源新增容量364.27万千瓦,核准容量453.56万千瓦,装机容量将近翻了一番,其中光伏发电容量增长3倍之多。

清洁能源装机比重的大幅提升,标志着五大发电央企加快了调整电源结构、转变发展方式的步伐。华能集团2013年完成脱硝改造2 883.7万千瓦,脱硝机组占煤电机组比重超过65%;完成脱硫增容921万千瓦、除尘改造517.8万千瓦。大唐集团到2013年已完成火电机组脱硝装备率达67%的目标。国电集团脱硝装机容量6 179万千瓦,同比增加3 097万千瓦;在运脱硫机组达9 112万千瓦,占比98.9%。在"十一五"和"十二五"前期的积累基础上,五大发电央企目前完成脱硫装机占比均在98%以上①。

(3) 维护员工权益的责任文化

对职工负责是企业首要的社会责任。第一,企业发展是经济和社会发展的前提。企业是市场的主体,而职工是企业发展的支撑力量。在生产力构成的诸要素中,劳动力是最活跃的因素,亦即人力资源是企业的最宝贵资源。企业只有承担起保护职工生命、健康安全和确保职工待遇等责任,才能提高他们对企业的忠诚度、向心力,进而激发出最大的潜能,为企业永续发展、创造最大价值提供内在动力,从而为国民经济和社会发展作出贡献。第二,企业劳动关系和谐是社会和谐的基础。构建社会主义和谐社会是我们国家在新时期、新阶段要实现的宏伟目标和工作大局。企业是社会的细胞,只有劳资关系主导方的企业所有者和管理层积极营造以人为本的现代企业文化,切实对职工负责,才能发展和谐的劳动关系,进而对社会的和谐稳定发挥基础性作用。第三,对职工负责才能更好地履行社会责任。企业社会责任是一个综合性指标,包括承担诚实守信、货真价实、缴纳税款、节约资源、保护环境、公共建设、扶贫济困、发展慈善事业、发展科技、保护知识产权等责任。这些社会责任的承担,需要以企业长足发展为条件,而企业的发展是通过对职工负责激发内在动力来实现的。

五大发电集团充分尊重和维护广大员工的合法权益,支持各级工会组织独立自主开展活动。分(子)公司和基层企业均建立了比较完善的职工代表大会制度。通过执行重大事项向职代会报告制度、职工代表巡视检查制度、厂务公开制度、民主评议领导干部制度以及开展合理化建议等活动,有效保障了广大员工的知情权、参与权、监督权和表达权。建立健全工会与企业平等协商机制,签订并认真执行集体劳

---

① http://www.chinairn.com/news/20140226/095553660.html.

动合同、个人劳动合同及女职工权益保护专项集体合同等,保障了广大员工在企业改革发展、生产经营中的切身利益。在役企业工会建会率、在册员工参会率、集体合同签订率、劳动合同签订率均保持100%。

(4) 服务社会公益的责任文化

五大发电集团集团公司积极致力于促进发展成果共享,积极参与社会公益事业,根据自己公司的特点,成立了各具特色的社会公益组织和基金,重点关注社会弱势群体帮扶、助学助教等公益领域,取得了良好的社会效果。

华电集团于2008年设立"和华"爱心基金,用于社会救助、捐资助学等,2010年向青海玉树、西南旱区以新疆、西藏等地捐款5 950万元,历年累计捐款已超过4亿元,荣获全国文明单位、"中华慈善奖"、"金蜜蜂社会责任领袖型企业奖"、"全球契约中国企业典范实践奖"和"低碳中国·领军品牌"等荣誉称号,社会责任发展指数位列中国100强企业第九名。公司广泛开展"郭明义爱心团队"组建工作,集聚华电爱心行动合力。中国电力投资集团开展了"映山红"爱心助学志愿者行动。自2006年以来始终坚持以"服务企业发展,奉献社会公益,促进青年成长"为主线,以爱心助学为重点,以品牌建设为平台,建立健全工作机制,扎实推进爱心助学志愿者行动。"映山红"爱心助学公益基金240余万元,为10所贫困山区学校(农民工子弟学校)捐赠物资,有效促进了青年志愿者工作的开展。中国国电集团于2006年出资成立大渡河"双同"爱心帮扶基金。5年来,该基金累计筹款1.67亿元,在大渡河流域沿岸先后捐建了14所希望学校、12所爱心医院,资助了539名优秀贫困大中小学生就学。

第四节 中国供电企业文化

根据党中央、国务院有关电力体制改革精神,中国供电企业主要设立国家电网和中国南方电网有限责任公司,其领导班子组建工作由中组部负责。

国家、南方电网公司作为关系国家能源安全和国民经济命脉的国有重要骨干企业,以建设和运营电网为核心业务,承担着保障更安全、更经济、更清洁、可持续的电力供应的基本使命。多年来,这两家公司坚持文化强企的战略,努力建设优秀的企业文化,提升电网品牌价值和企业形象,促进公司科学发展,争创世界一流企业。

一、供电企业的性质和特点

供电企业属于特大型能源型国有企业,它不仅要肩负着为社会发展提供安全、高效、清洁的电力供应和友好服务的基本使命,而且要体现国家意志、人民意志,充分发挥国企的政治责任、经济责任、社会责任。为此,在所有制、管理模式、经营方式上有其自身的特点。

1. 所有制形式多元化

随着电力行业厂网分开、资产重组、多家办电等项改革的顺利完成,我国电力行业逐渐走上了市场化的道路,从而确立了企业在市场活动中的主体地位。由于改革的不断深入,一个所有制多元化的局面已经形成:两大电网公司和新疆兵团为中央国有企业;地方水电、内蒙古、陕西地方电力公司和山西国际电力公司为地方国有企业;还存在一部分农垦、林场、油田和煤矿等自供自管的独立供电企业;少量原来为地方国有的供电企业改制为上市公司。对于资产相对集中的、具有特殊垄断地位的电力企业,所有制形式的多元化发展,多种所有制形式并存的实践方式,是电力企业走入市场化运作,实现跨越式发展的重要过程。

2. 管理模式多元化

由于所有制形式的多元化,产生了管理模式的多元化。区域电网公司为国网的子公司;省级、地区级电力公司为子公司;最为复杂的管理模式在县级供电企业,既有中央直属供电企业(原直供直管),又存在趸售代管、股份制和独立经营等管理模式;农村供电所则为县公司的派出机构。我国地域广阔,各地经济发展差异较大,供电企业管理模式的多元化,符合我国国情和供电企业发展生存的需求。通过近几年"两改一同价"工作的顺利实施,供电企业多元化的管理模式,在构建坚强电网,提高供电质量、推广优质服务、增强企业竞争力和建立企业专业化管理等方面起到了良好的作用。

3. 经营方式多元化

电网改革也包括经营方式的多元化,主要表现在县级供电企业。中央直属供电企业接受上级电力公司对人、财、物统一管理,统一核算,收支两条线。趸售代管供电企业为独立的经营实体,代管电力公司只对其人、财、物进行管理。股份制公司是由按公司化运作,并实行管理的供电企业。不同经营方式下的供电企业,在市场经济的竞争中,尽最大努力实现经济效益、社会效益和环境效益的可持续发展。

4. 政治使命高度化

电力供应的稳定和安全直接关系社会稳定和国民经济发展。供电企业要最大限度地满足国民经济和人民生活的发展需要,避免大面积停电事件发生,确保社会安全与稳定。特别在重大事件和节假日期间,电力企业还要落实电力可靠供电方案、应急预案及反事故措施,进行反事故预演或演练等,以更好地服务民众和社会。

二、供电企业文化体系特点

基于企业的性质和特点的差异性,企业文化建设也有所不同,因而形成了不同的企业文化体系。在学习和借鉴国内外企业文化理论和实践的基础上,我国供电企业紧扣时代精神和行业特点,形成了符合社会主义先进文化方向、具有电网特色的企业文化体系——企业使命、公司愿景、企业宗旨、企业精神、核心价值观等价值理念[①],其特点主要表现在以下三个方面。

1. 国家安全性

电能是一种特殊商品,以光速传输且不可大量储存,产、供、销、用同时完成,发电、用电必须在电网调度的统一指挥控制下保持严格的平衡,输电、配电相互影响、密不可分,任何一个环节出现问题都可能影响大电网的整体安全。鉴于此,世界各国已将电网安全上升到国家安全的高度。应对自然灾难、恐怖事件;防御系统操作失误,人为干扰;定期检查设备老化等问题成为供电企业文化建设的重中之重。

我国供电企业同样把保安全放在各项工作的首位,制定了严格的规章制度、投入了大量的人力、财力资源来避免安全事故的发生。从能源安全和国家安全的双重角度加强大电网的安全稳定建设,在此基础上统筹兼顾电网的经济环保等要求。

2. 服务性

供电企业作为基础性、公用性的行业,提供特殊商品——电力商品的服务,如何服务好每一位客户,激发员工潜能,树立企业良好形象,提升企业的效益成为企业至关重要的生命线。

多年来,供电公司坚持"服务人民、奉献社会"的主导思想,提出服务党和国家工作大局,服务电力客户,服务发电企业,服务经济社会发展的理念。在任何情况下,把国家利益和人民利益放在首位,充分体现"人民电力为人民"的服务思想,保证用户安全可靠用电。

3. 责任性

供电公司是关系国民经济命脉、关系国家能源安全、关系社会稳定,在国民经济发展中发挥重要作用的特大型国有企业,是电力行业中落实国家能源政策、在发电企业与用户之间发挥桥梁作用的电网经营企业,是建设和运营国家电力市场、实现全国范围资源优化配置的骨干企业,同时还是为社会经济发展和人民生活提供普遍服务的公益性企业。

一直以来,供电公司坚持公司使命与价值追求的统一,坚持国有企业的政治责任、经济责任与社会责任的统一,努力做好"四服务",即"服务党和国家工作大局;服务电力客户;服务发电企业;服务经济社会发展"成为企业发展的宗旨。

2006年,国网举行新闻发布会,正式发布《国网2005社会责任报告》,这是我国中央企业对外正式发布的第一份社会责任报告,"标志着中央企业开始融入自觉履

---

① 国网坚持"奉献清洁能源、建设和谐社会"的使命,"建设世界一流电网、建设国际一流企业"的公司愿景,"服务党和国家工作大局、服务电力客户、服务发电企业、服务经济社会发展"的企业宗旨,"努力超越、追求卓越"的企业精神,"诚信、责任、创新、奉献"的核心价值观和"以人为本、忠诚企业、奉献社会"的企业理念。南网以"主动承担社会责任,全力做好电力供应"为使命,提出了"万家灯火,南网情深"的核心价值观和"辛苦我一人,点亮千万家"的企业精神。

行社会责任的世界潮流,是中国企业社会责任运动的一件具有里程碑意义的事件"①。16个章节共计2.9万余字的报告,阐述了国网的价值观、核心业务运作的基本理念、对各方面利益相关者的责任定位和具体行动,以及国网重要的"六个角色定位"和"十个方面的社会责任"。

自2006年起,国网在履行社会责任方面做了大量的工作,每年都要向公众公布社会责任报告,并主要从以下几个方面建设并落实责任:电网建设责任,对能源供应负责;安全生产责任,对供电负责;履行优质服务负责,对广大用户负责;"三个建设"责任(党建、企业文化建设和员工队伍建设),对企业发展负责;兼济天下,对公众负责。

自此,国网始终扮演着中央企业社会责任领跑者的角色:先后发布我国企业首个企业履行社会责任指南、首本企业绿色发展白皮书、首个企业价值白皮书,率先提出全面社会责任管理等理念,率先创建社会责任理论模型,率先开展全面社会责任管理四级试点,率先成立公益基金会,在历次中央企业社会责任工作会议上都作了先进典型发言。

2007年,南网发布第一份企业社会责任报告。主要阐述公司2007年确保安全供电,在经济、环境和社会等方面的工作绩效,同时适当报告公司成立五年来改革发展的主要成果。2013年,发布企业第7份社会责任报告,被中国社科院企业社会责任研究中心评定为"五星级"社会责任报告,公司成为国内唯一连续4年社会责任报告获评"五星级"的企业。未来公司将参照国际通行的社会责任标准和指南,从利益相关方关心和公司业务特点两个维度考虑,围绕公司核心责任、政治责任、基本责任、时代责任、特殊责任和共同责任等"六大责任"②,努力实现企业经营与社会责任的高度统一,致力于企业在经济、社会与环境方面的全面、协调、可持续发展,将公司建设为服务好、管理好、形象好的国际先进电网企业。

三、供电企业文化建设的措施

在过去的十多年中,供电公司不仅成功解决了历史遗留问题,而且为我国政治、经济、文化的发展作出重大的贡献。供电公司在很短的时间内取得骄人的成绩,得益于其优秀的企业文化,其主要措施体现在以下四个方面。

1. 安全文化

供电公司坚持以员工为本,要求每位员工树立"关爱企业、关爱他人、关爱自己、关爱家庭、关爱社会"的思想,以对党和国家事业,对人民生命财产高度负责的态度,全面落实安全责任,充分发挥人在安全生产工作中的主观能动性。强化员工安全关

---

① http://www.sgcc.com.cn/ztzl/nzgzhy2006/cjhg/40213.shtml.
② http://www.gd.xinhuanet.com/newscenter/2014-05/17/c_1110734688.htm.

口,把静态的、被动的、滞后的安全管理变成动态的、主动的、超前的安全管理。想尽一切办法,采取一切措施,管控一切风险,预防一切事故。

国网确立人员、时间、力量的"三个百分之百"保安全,深入开展"百问百查"活动,抓"三基"(从基础抓起、从基层抓起、从基本功抓起),用"三铁"(铁的制度、铁的面孔、铁的处理),反"三违"(违章指挥、违章作业、违反劳动纪律),杜绝"三高"(领导干部高高在上、基层员工高枕无忧、规章制度束之高阁)现象,坚持"四全"(全面、全员、全过程、全方位)保安全,实现"三控"(可控、能控、在控)。

南网始终坚持"一切事故都可以预防"的安全理念,坚决同"违章、麻痹、不负责任"三大安全敌人作斗争;增强全员安全意识,认真落实各项安全措施,严格落实各项规章制度,全面落实安全生产责任制;提高电网设计标准,提高电网设备装备水平,提高抵御自然灾害的能力;做好事故预想,完善应急预案,确保电网安全,确保人身安全,确保电力供应。

基于以上的要求,各子公司深入开展"安全提升年"等活动,强化各级安全生产责任制,建立隐患排查治理常态机制,形成系统的电网安全性评价体系。强化公司所属电厂、农电、装备制造以及集体企业的安全管理。进一步强化设备状态检修,加强带电作业和标准化抢修作业。加强配网全过程闭环管理,利用2—3年时间使重点城市核心地区的用户平均故障停电时间达到国际最低水平。实现各级应急指挥中心互联互通,健全应急救援协调联动机制。开展信访稳定大检查,做好员工思想政治工作,严防极端行为和群体性突发事件。加强保密管理,严防发生失泄密事件。主要着手以下几方面的建设。

(1) 落实安全责任

在强化安全责任落实方面,供电公司要求各省、市、县公司建立健全安全责任体系,进一步明确岗位安全职责规范,各省对各市公司、各市公司要对所属区县公司的安全责任落实情况进行指导检查。

(2) 制定安全规章制度

在加强安全规章制度管理方面,每一个子公司认真做好母公司通用标准在本公司的宣贯工作,并要求各子公司建立健全安全例会制度,及时总结安全生产情况,研究制定预防措施。

(3) 监督全面质量

不断加强质量监督工作,强化可靠性指标管控。在深入开展隐患排查治理方面,各子公司要完善隐患排查治理常态工作机制,加强本单位安全事件的闭环管理工作。在全面提升应急管理水平方面,进一步建立健全各公司应急组织机构,开展应急协调联动机制建设,强化应急队伍建设工作。

(4) 加强员工安全教育

供电公司采取多种方式强化员工的安全教育培训,组织开展安规调考工作,不断提升员工安全意识。比如，南网技能竞赛"十个规定动作"：凭票工作；凭票操作；戴安全帽；穿工作服；系安全带；停电；验电；接地；挂牌装遮拦；现场交底。为进一步规范职工安全行为，各子公司坚持"以员工为本"，以员工生命安全为第一目标，举办安全文化"进工区、进班组、进现场"讲座，开展了"一封平安家书"、"安全无小事"征文、"我安全，我廉洁，我幸福"签名承诺、"拍图片查违章"、"自编安全箴言警语"、举行安全知识、技能竞赛等活动，并在工作区、生活区张贴安全条幅，进一步促进员工安全生产习惯的形成。开展"党员干部争先锋，青年争当生力军，职工群众争当主人翁"的主题活动，筑牢安全生产中人的思想基础，确保电网安全、员工平安、企业稳定、社会和谐。

2. 服务文化

供电企业曾在社会上被称为"电老虎"，企业形象及行风一直受到社会的关注。供电公司重组后，这两大公司把优质服务提升到关系公司生存和发展的高度，作为企业的核心竞争力来打造。提出公司要以服务创造价值，要以优质服务提升公司的形象。坚持以客户为中心，坚持服务至上，始于客户需求、终于客户满意，积极推进优质服务规范化、常态化和人性化，为客户提供安全可靠的电力供应和真诚规范的服务，持续为客户创造价值。坚持共谋发展，坚持合作共赢，共同发展，把公司自身发展置于整个国家发展战略之中，发展公司，服务社会，与各方平等合作，互利互惠，谋求与发电企业、客户以及社会的和谐发展，实现企业利益、行业利益和社会利益的协调统一。坚持服务理念追求真诚，服务内容追求规范，服务形象追求品牌，服务品质追求一流。

（1）国网公司为了确保服务文化落地，推出了一系列保障措施。

提出服务"十项承诺"。城市地区：供电可靠率不低于99.90%，居民客户端电压合格率不低于96%；农村地区：供电可靠率和居民客户端电压合格率，经国网核定后，由各省（市、区）电力公司公布承诺指标；供电营业场所公开电价、收费标准和服务程序；供电方案答复期限：居民客户不超过3个工作日，低压电力客户不超过7个工作日，高压单电源客户不超过15个工作日，高压双电源客户不超过30个工作日；城乡居民客户向供电企业申请用电，受电装置检验合格并办理相关手续后，3个工作日内送电；非居民客户向供电企业申请用电，受电工程验收合格并办理相关手续后，5个工作日内送电；当电力供应不足，不能保证连续供电时，严格执行政府批准的限电序位；供电设施计划检修停电，提前7天向社会公告；提供24小时电力故障报修服务，供电抢修人员到达现场的时间一般不超过：城区范围45分钟，农村地区90分钟，特殊边远地区2小时，客户欠电费需依法采取停电措施的，提前7天送达停电通知书；电力服务热线"95598"24小时受理业务咨询、信息查询、服务投诉和电力故障报修。

推出"三公"调度"十项措施"。坚持依法公开、公平、公正调度，保障电力系统安全稳定运行;遵守《电力监管条例》,每季度向有关电力监管机构报告"三公"调度工作情况;颁布《国网"三公"调度工作管理规定》,规范"三公"调度管理;严格执行购售电合同及并网调度协议,科学合理安排运行方式;统一规范调度信息发布内容、形式和周期,每月10日统一更新网站信息;建立问询答复制度,对并网发电厂提出的问询必须在10个工作日内予以答复;完善网厂联系制度,每年至少召开两次网厂联席会议;聘请"三公"调度监督员,建立外部监督机制;建立责任制,严格监督检查,将"三公"调度作为评价调度机构工作的重要内容;严肃"三公"调度工作纪律,严格执行《国网电力调度机构工作人员"五不准"规定》。

制定员工服务"十个不准"。不准违反规定停电、无故拖延送电;不准自立收费项目、擅自更改收费标准;不准为客户指定设计、施工、供货单位;不准对客户投诉、咨询推诿塞责;不准为亲友用电谋取私利;不准对外泄漏客户的商业秘密;不准收受客户礼品、礼金、有价证券;不准接受客户组织的宴请、旅游和娱乐活动;不准工作时间饮酒;不准利用工作之便谋取其他不正当利益。

(2) 南网则大力践行"万家灯火,南网情深"的优质服务文化。

南网坚持优化资源配置,保证电力供应,供应紧张时做好有序用电,做到限电不拉路,错峰不减产;保证电网安全运行,城市供电可靠率不低于99.85%,农村供电可靠率不低于99.5%。综合电压合格率不低于99%,主网频率合格率不低于99.99%;新增报装客户供电方案答复期限:居民客户不超过3个工作日,低压电力客户不超过7个工作日,高压单电源客户不超过15个工作日,高压双电源客户不超过30个工作日;提供24小时电力故障报修服务,供电企业工作人员到达现场抢修的时限,自接到报修之时起,城区范围不超过45分钟,农村地区不超过90分钟,边远、交通不便地区不超过2小时。因天气、交通等原因无法在规定时限内到达现场的,向用户进行解释。

在做好传统服务和常规服务的同时,南网还注重强化个性化、差异化、多元化服务,提升服务的层次和水平,为客户提供增值服务。广泛推行"客户经理制,客户代表性",即根据用户的负荷情况,重要程度等实行分类管理,对重要客户和大用户指定专人负责具体服务工作。在营业窗口推出"首问负责制","限时办结制",节约用户时间,减轻用户负担,提升服务质量。建立高标准的营业窗口,通过95598电话热线为用户提供周到的服务,"95598,服务千万家"已家喻户晓;电力110抢险服务队坚持24小时为城市居民提供方便、快捷的供电服务。此外,还努力落实国家西电东送战略,促进东西部协调发展,西电东送电力超过1 400万千瓦。

3. 廉洁文化

供电公司在廉洁文化建设上坚持干事、干净的理论。干事的内涵包括想干事、会干事、干成事;干净的内涵包括忠诚企业、公平正义、廉洁自律。干事是关键,干净是前提。只干事不干净是腐败,只干净不干事是失职。两者辩证统一,相辅相成,密不可分。公司党组高度重视廉洁文化建设,全员参与、系统谋划、分步推进的要求,坚持全面推进,突出重点,注重建立科学规范、运转高效的工作机制、责任机制、保障机制。通过抓理念根植、环境塑造、制度建设、风险防控、理论研究等,廉洁文化建设内涵不断丰富,方式不断改进,逐步构建起符合电网企业特点、具有电网特色的廉洁文化体系。

(1) 国网构建科学的管控与惩防体系

第一,加强组织领导,建立廉政建设长效机制。2009年,国网特色惩治和预防腐败体系理论初步形成。公司党组于2009年3月份印发文件,确立"三化三有"(企业化、责任化、业务化,预防有方、监督有效、惩治有力)特色惩治和预防腐败体系基本框架,提出了"三严一常"(建立严密规章、发扬严细作风、实施严格管理,做到常抓不懈)的根本措施。2011年3月印发了《党风廉政建设责任制实施办法》,要求各子公司认真学习和贯彻该办法。该办法实行党风廉政建设责任制,坚持党委统一领导、党政齐抓共管、纪委组织协调、部门各负其责、依靠群众的支持和参与的反腐倡廉领导体制和工作机制。坚持集体领导与个人分工负责相结合,谁主管、谁负责,一级抓一级,层层抓落实。把党风廉政建设作为公司改革发展的重要内容,纳入领导班子、领导干部目标管理,与生产经营管理等业务工作紧密结合,一起部署,一起落实,一起检查,一起考核,努力构建"三化三有"特色惩治和预防腐败体系,服务和保障"一强三优"现代公司建设。

第二,打造廉政活动场所,营造浓厚廉洁氛围。坚持活动促廉、文娱教廉,通过职工群众喜闻乐见的形式,提高群众参与度。举办"道德讲堂""廉政论坛""文艺汇演"等活动,让广大员工学廉、知廉、说廉、明廉、践廉;在公司办公区、生活区等适当位置,打造廉洁文化墙,通过"廉语""廉画""廉标""廉牌"等形式寓形于墙,寓教于心;录制公司《文明创建专题片》,用较大篇幅介绍公司党风廉政建设取得的成绩,鼓励广大员工乘势而上,再接再厉。组织观看《领导干部从政道德警示录》等专题电教片,警醒干部员工把握人生、干事干净;在基层工区、班组举办廉洁漫画展,在"年、节"期间编发《廉政传单》,选编优秀廉文、典型案例等内容,供广大员工学习品读;在公司门户网站建设"反腐倡廉专栏",解读廉策廉规、通报工作情况、宣传廉洁导向,充分利用网络优势传播廉洁文化。

第三,注重廉政理念建设,加强整体规划。国网将廉洁文化建设纳入党建工作整体规划,与企业经营管理和精神文明等工作一同部署、一同检查、一同落实、一同考核。引导广大党员干部特别是领导干部树立科学的发展观和正确的政绩观,坚持"为民、务实、清廉";与机关效能建设相结合;通过廉洁文化建设工程,进一步提高机关工作效能,转变工作作风,规范工作行为;制度落实,廉洁文化才能有为、有力、有用;载体丰富,廉洁文化才能共识、共鸣、共振。

(2)南网建立廉洁风险防控机制①

第一,构建廉洁风险防控机制的思路。构建廉洁风险防控机制,既要准确把握惩治和预防腐败体系建设的总体要求,又要密切结合企业生产经营的特点。一是以规范权力运行为核心,围绕权力配置、运行、监控,系统梳理各类廉洁风险。二是把教育、制度、监督、纠风、改革、惩处六个核心要素融入防控措施中。三是强化前期预防、中期监控、后期处置,建立监督、纠错和考核机制,把风险管理融入企业生产经营的具体业务和管理流程中。四是依托信息化实现实时监控与预警,按照"人防+技防"、"制度+科技"的思路,完善管控手段。同时,突出重点对象,抓住关键环节,落实防控责任,健全长效机制。

第二,开展廉洁风险辨识与评估。风险辨识与评估是构建廉洁风险防控机制的基础性工作,其准确程度直接关系工作成效。一是开展风险辨识。运用综合手段,从管理行为、业务流程、内控状况等入手,梳理各类、各层、各级廉洁风险,形成风险库。二是进行风险评估。对辨识的风险进行系统性评估,确定风险事项等级和分布状况。三是发布风险控制计划,确定年度目标、策略、措施。目前,南方电网公司所属试点单位已建立了内容完整、分层分类的廉洁风险库,横向包含了领导决策、干部人事、财务管理等方面,纵向涵盖了从决策到执行的各个环节,将风险控制目标层层分解到具体业务环节和工作岗位。

第三,突出抓好廉洁风险防控措施的制定与落实。一是教育引导机制方面。根据风险评估结果,把教育资源和力量向各级领导人员和关键岗位工作人员倾斜,教育引导他们筑牢思想道德防线。二是源头防范机制方面。对领导决策环节存在的风险,采用制度决策流程。对干部人事管理环节存在的风险,试行民主初始提名、竞争性选拔等选人用人机制。对物资招投标环节存在的风险,采取五级供应商管理的防控措施,用刚性的制度和流程规范潜在供应商、登记供应商、合格供应商、候选供应商和供货供应商的产生过程。三是权力监控机制方面。注重发挥各监督主体的作用,探索构建大监督格局。重点通过业务信息系统和电子监察系统,对业务流程执行情况进行常态监控,对重点业务、关键环节的制度执行情况定期分析评估,发现偏差及时预警、纠正。对电网固定资产投资建设可能存在的廉洁风险,实行委派监察专员制度,同时组成专项检查组,从项目前期管理、招标管理、物资采购、合同管理、实施过程、竣工决算、财务管理等方面,开展全过程监督检查。四是行风纠建机制方面。针对营销系统中因工作单流转超时可能造成客户投诉的风险,建立信息预警机制,对即将超期的工作单,由系统自动向经办人发送手机短信提醒,对连续三次超期办理工作单的工作人员给予红牌警告,并纳入绩效考核。针对基层供电企业在

---

① 赵建国.南方电网公司以廉洁风险防控机制建设为切入点 推动惩治和预防腐败体系融入企业管理,[N]中国纪检监察报,2011-11-29.

窗口服务等方面可能存在的风险,出台《加强和改进基层供电企业反腐倡廉建设的意见》,把防控机制延伸到基层。五是惩治腐败机制方面。从权力运行监控过程中发现违规违纪线索,采取警示提醒、诫勉谈话、督促整改和责任追究等措施,对前期预防不到位的单位和个人督促整改,对存在廉洁风险行为的单位和个人进行问责。

第四,持续改进廉洁风险防控机制。作为一项涉及方方面面的综合性、系统性工程,廉洁风险防控机制不可能一蹴而就,要取得实实在在的成效,需要持之以恒、持续改进。一是按照全员全程的要求落实责任,建立和完善廉洁风险管理考核制度,确保责任落实到位。二是按照全面质量管理的要求形成闭环管理,定期评估廉洁风险防控措施和预警机制的适宜性与有效性,纠正偏差,优化措施,确保廉洁风险防控机制适应反腐倡廉建设的新要求,适应企业发展的新情况。

4. 创新文化

作为国有企业,供电公司全体员工肩负着强烈的历史使命感和时代的紧迫感,争创先进,创一流。公司上下团结一致,群策群力,认真总结存在的问题,全面推进理论创新、技术创新、管理创新和实践创新。

(1) 国网公司全方位、多层次营造"努力超越,追求卓越"的创新氛围

从思想理念上创新。为了加快推进公司知识型、技能型、创新型职工队伍建设,更好地服务工作、服务社会、服务企业,各子公司搭建员工发展平台,成立了创新工作室,如劳模敬业示范岗、技能教学岗、创新课题组工作室等,在劳模创新工作室的带动下,员工成为了创新成果的共享者和受益人,成长通道不断拓宽,也给电力企业创新工作注入了新鲜的血液。

从评价体系上创新。为了更好地调动员工的积极性,公司在考核体系上创新,采用"师带徒"方式,提供员工各种成长通道,在各岗位都会成才,让年轻的员工拥有更多的机会成长。

从管理上创新。公司全面加强班组创新管理,将社会责任理念融入班组日常管理和科技创新,推动实施创新驱动发展战略,进一步发挥劳动模范、高技能人才和广大职工在建设创新型企业主力军作用,激励和鼓励职工创新,班组创新成效显著。

从模式上创新。各工作室通过"产学研"相结合的发展模式,以"生产维护—解决难题—成果转化、人才培养"为主干线,实现了技术创新与人才培养的双目标。

(2) 南网坚持"南网梦,创新梦"的开拓之路

从队伍建设上创新。2011年6月,南网印发了《人才发展"六大工程"工作方案》,这标志着南网人才发展"六大工程"全面启动实施。人才发展"六大工程"包括经营管理后备人才培养工程、科技领军人才开发工程、技术专家培养选聘工程、高技能人才培养工程、海外高层次人才引进工程、总部人才建设工程。到2020年,建立起一支符合公司"国际先进电网企业"战略目标的人才队伍,完成人才发展的"十百千万"工程:打造10个国际一流的科研团队,培养造就30名在电网行业细分专业

领域国内著名的领军人才;培养100名分子公司级复合型后备管理人才和500名战略性复合型青年人才;培养选拔2 000名高级专业技术人才;新增10 000名技师人才。该《方案》明确了阶段目标、任务分工和责任,努力打造一流的人才队伍。

从理念上创新。供电行业是服务性行业,过去电网公司往往过于关注设备是否安全,而不是关心用户能不能"用上电,用好电"。2007年,南方电网启动与国际先进水平电力企业对标,学习使用通行的"国际语言"——可靠性指标。他们深刻认识到,电力企业的根本任务就是以客户为中心,最大限度地为用户提供不间断、安全、可靠的电力供应,从而为电网找到了"以提高供电可靠率为总抓手"这样一条电网企业的科学发展的创新之路。

从管理体制上创新。南网实行管控闭环、班组信息化、财务共享等管理方式,在战略上富有远见性,并且设立了后评价和后评估机制,实现了闭环,促进了企业管理水平的不断提升。

四、供电企业文化建设的成效

经过十多年的努力,我国供电企业总体发展态势良好,企业规划科学,结构合理,技术先进,安全可靠,运行灵活,标准统一,经济高效,资产结构合理,盈利和偿债能力强,不良资产少,成本费用低,现金流量大,客户欠费少,事故率低,可靠性高,流程规范,服务高效,社会满意,敢于担当,品牌形象好。安全、质量、效益指标国内外同业领先,企业健康发展,建立了较健全的现代企业制度,具有较高的国际化水平。

1. 国际竞争力得到大幅度提高

2002年改革至今,我国一举实现了从电力大国向电力强国的巨大转变。截至2011年年底,电网规模为世界第一,220千伏及以上输电线路达到48万千米,变电容量达到22亿千伏安。截至2012年6月,我国风电并网容量达到5 258万千瓦,跃居世界第一。我国拥有世界唯一的特高压输电完全自主知识产权,坚强智能电网建设成就举世瞩目[①]。

作为全球最大的公用事业公司,国网目前在全球财富500强公司中名列第七位,公司业务集电网投资、建设、运营及装备制造于一体,综合实力强大,资本、人才、技术、市场优势突出,成为在全球范围最有实力的输电项目接盘企业,有更多的发达国家与之合作。惠誉、标普、穆迪国际三大评级机构对国网信用评级结果分别为A+、AA-、Aa3,高于英国国网等国际一流电力企业的国际信用级别,为央企最高水平。2003—2012年,公司研发投入不断增长,获得国家科学技术进步奖39项,拥有专利16 399项,增长了44倍;形成841项国家、行业标准,建立了系统完整的特高压和智能电网标准体系。国网成为全国首批"创新型企业",并成为国际电工委员会

---

① 中国储能网新闻中心,凝聚在科学发展的旗帜下　国家电网公司十年,[N]国家电网报,2013-1-6.

(IEC)常任理事,国际影响力和话语权明显增强①。

南网公司坚持稳中求进,着力保安全、促增长、转作风、强基础,服务南方五省区小康社会建设。目前在全球财富500强公司中名列第115位,较2013年上升了19位,自2005年首次进入世界500强企业以来,公司连续第10年入围。2013年全年完成售电量7 433亿千瓦时,营业收入4 482亿元,连续7年获得国资委经营业绩考核A级,并荣获第三任期业绩考核A级以及优秀企业奖、科技创新企业奖、节能减排优秀企业奖。公司已初步形成了电网安全稳定与控制技术、电网经济运行技术、系统集成应用技术等三大核心技术。2002—2012年累计获得国家级、省部级及行业科技奖97项、专利授权974项②。

2. 综合管理水平不断提升

这两大供电公司全方位、多层次、拓思路提升安全生产、电网建设、经营、优质服务等管理水平。这两大供电公司坚持贯彻"以人为本,精益求精"的理念,以"精确决策、精确计划、精确控制、精确考核"为基础,以整体优化的方式,科学配置要素,实现管理上的挖潜增效。

2011年底,全国人均年用电量达到3 490千瓦时,接近新中国成立初期的400倍,人均用电量在全球发展中国家居首位。装机容量达到10.63亿千瓦。全口径发电量47 306亿千瓦时,居世界第一位③。

2005—2012年,国网营业收入、资产规模、利润总额、全员劳动生产率均实现翻番,国有企业的竞争力和生命力得到充分彰显。2012年,公司经营利润创历史最好水平。截至2014年年底,国网境外资产达到298亿美元,是2009年的17倍,年投资回报率在12%以上。2014年,国网开展明察暗访,整改报装难、缴费难等突出问题累计150多项;精简服务流程,办电时间缩短20%,交费方式增加至25种,新增交费网点18.6万余个;解决了10个"孤网"运行、38个县域电网与主网联系薄弱问题;完成336万户"低电压"治理。国网经营区域未发生大面积停电事件,城市供电可靠率99.967%,农网供电可靠率99.878%,城乡户均停电时间缩小至7.796小时/户。

2014年,根据第三方专业咨询机构的评价,南网第三方客户满意度达81分,跻身国际先进水平。广东、广西、云南、贵州、海南五省区在当地民意机构关于公用服务行业满意度评价中均名列前茅④。全网的频率合格率、500千伏电压合格率等指标保持国内领先水平,较好地满足了客户对电能质量的要求。而全网的城市、农村客户年平均停电时间分别为2.31小时和5.77小时,同比大幅下降28%和27.8%。

---

① 叶子.国家电网公司十年创新发展路,[N]中国电力网,2013-7-12.
② 中国南方电网有限责任公司,南方电网成立十周年 致力于建设国际先进电网企业,[N]人民日报,2012-12-31.
③ 中国储能网新闻中心,凝聚在科学发展的旗帜下 国家电网公司十年,[N]国家电网报,2013-1-6.
④ 南方电网公司发布企业社会责任报告,[N]南方电网报,2015-1-16.

在全国 10 家供电可靠性 A 级金牌企业中,南网占了一半。2014 年,南网没有发生设备和电力安全事故,没有发生对社会、公司造成重大不良影响的安全事件,各级各类电力安全事件的总数同比降幅近 4 成,是近年来安全生产局面最好的一年。

3. 社会责任大力践行

我国供电公司每年发布年度社会责任报告[①],报告主要从企业可持续发展的角度,来谋划企业的未来。内容不仅涉及如何做好电力供应,而且涉及履行社会责任,践行公益实践,致力绿色环保,彰显企业风采。

(1) 积极参与社会公益事业

这两家供电公司广泛参与贫困地区经济社会建设,注重定点扶贫、对口支援、开发与合作相结合,提高扶贫资源使用效率,持续帮助受援地区提升自我发展能力;每月为千万农村"五保户"和城市"低保户"减免一定的电费,无偿为低收入家庭检查维修电路、安装服务;组织青年志愿者团队,开展各类志愿服务主题活动,向社会传递真情和关爱;在重大自然灾害和突发事件面前,全力抢险复电,主动捐款捐物,支援灾区重建等。

2006 年至今,国网通过设立"国家电网爱心基金",实施爱心助残项目,为 7 000 名残疾人装配了义肢,为北京残奥会有关的 17 个民用机场配备了 2 955 辆助行轮椅,为全国约 600 名贫困儿童重建听力;实施爱心助老项目,为湖北、重庆、四川、甘肃、青海、宁夏 6 个省(自治区、直辖市)的 1 万多名孤寡老人提供救助,并在各地建设村级幸福院、老年人日间照料中心、托老所,改善农村老年人特别是孤寡老人、留守老人的基本生活;实施爱心助学项目,在全国各地建成投运约 200 所"国家电网爱心希望小学"。据不完全统计,"十一五"以来国网系统对外捐助款物累计超过 17 亿元[②]。2013 年 4 月,国网荣获第八届"中华慈善奖"最具爱心捐赠企业。这是公司继 2006、2008、2009、2010、2011 年之后,第六次获得慈善领域政府最高奖项,并成为目前唯一一个六次荣获该奖项的中央企业。

2008 年四川汶川地震,南网公司及员工捐款和物资过亿元;2010 年青海玉树地震,公司捐款捐物累计达 2 589.27 万元,其中,捐款 600 万元,捐赠价值共计 715 万元的应急发电设备 110 台(总容量 1 543 千瓦),全系统党员缴纳"特殊党费" 1 020.737 3 万元,员工捐款 243.623 8 万元,捐赠棉衣棉被等物质 9.91 万元[③];2013 年雅安地震,公司第一时间向四川省慈善总会捐款 500 万元。同时,公司还组建了 2 支地震应急抢修救援队伍,抽调 130 名队员、20 辆抢修车、2 辆发电车,并配备电力抢修工器具、安全设施、照明装置等。此外,员工积极奉献爱心,爱心款达 740 多万

---

① 2004 年,国网连续十年发布社会责任报告。2007 年,南网连续七年发布社会责任报告,2011—2014 年,南网成为国内唯一连续 4 年社会责任报告获"五星级"的企业。
② 国家电网公司对外联络部,国家电网公司第六次荣获"中华慈善奖",[N]中国电力网,2013-4-19。
③ http://www.sasac.gov.cn/n86114/n326638/c855295/content.html。

元。据不完全统计,2007年至今,公司对外捐助款物累计超过2亿元。

(2) 致力于绿色环保事业

供电公司作为国家能源产业链中的核心环节,把推进绿色发展作为企业发展的战略目标之一,公司不仅要保障可靠可信赖的能源供应,而且要负责任地对待每一个利益相关方,努力做绿色发展的表率,负责任地开展国际化运营,保证运营透明度,接受社会监督。

2010年,国网充分发挥"责任央企"的表率作用,发布了我国首个企业绿色发展白皮书,率先提出绿色发展战略,充分阐述了国网推进绿色发展的系统思考、战略部署、具体行动及其重大社会价值。《国网绿色发展白皮书》(以下简称《白皮书》)的发布,旨在向政府和社会公众传递企业界推进绿色发展的战略思考和理性声音,贡献社会榜样型企业推进绿色发展的基本范式,积极推动全社会形成绿色发展共识,凝聚绿色发展合力,服务生态文明建设[1]。据不完全统计,2010—2013年,公司年累加推进二氧化碳减排22亿吨,2014年公司推动产业和社会实现二氧化碳减排超过8亿吨[2]。

2011—2013年,南网公司连续三年全面开展节能发电调度,优先调用可再生能源、核电、高效火电发电,尽可能以最少的一次能源消耗、最低的环境排放来满足经济社会发展用电需求。2013年,完成智能化节能发电调度技术支持系统建设。全年节能发电调度减少化石燃料消耗折合标准煤561万吨,折合减排二氧化碳1 492万吨,减排二氧化硫11万吨。公司大力建设3C(Computer,Communication,Control)绿色电网,从制度建设、科技研发等多层次实现电网建设的效率最大化、资源节约化、环境友好化。颁布电网标准设计和典型造价V1.0,形成统一的绿色电网建设标准。制定绿色电网建设指导意见和行动指南。选取74项工程、345个样板点开展示范工作建设[3]。

4. 员工综合素养不断提升

近几年来,这两大供电公司坚持"人才强企"战略,把提升员工综合素质作为"三提升"工程的关键,坚持以人为本,针对人员结构老化、文化层次不一、专业技术人员短缺、员工整体素质不高等瓶颈问题,多措并举,狠抓员工素质教育,全方位提升员工职业素养,为企业加快发展提供坚强的人才保证和智力支撑。

2002—2013年,国网公司全员培训率从69%提高到93.5%,全员劳动生产率从15.3万元/人·年提高到55万元/人·年。通过实施"1551"人才培养工程、高精尖科技人才培养计划、五年2万新技师培养计划、紧缺人才培养计划、特高压电网专项

---

[1] http://www.sgcc.com.cn/bps/news/04/221507.shtml.
[2] http://www.sgcc.com.cn/index.shtml.
[3] http://www.csg.cn/shzr/.

人才培养计划、西北优秀青年人才培养计划、总部挂职培养交流计划等,在实践中培养和锻炼人才,使广大员工在建设"一强三优"现代化公司的伟大事业中,找到实现自身价值的舞台。

国网公司还在中央企业中率先建立了职工代表大会制度,广大员工的知情权、参与权、监督权得到保障,主人翁地位充分体现。组建共产党员服务队,涌现一批彰显时代精神的先进集体和个人,成为全国首批"创新型企业",成功举办2006年、2009年特高压国际会议和2011年智能电网国际论坛;建成了以"四基地两中心"为核心、世界最先进的特高压试验研究体系和风电、太阳能两个研发(实验)中心,国家级实验室达到11个。2003—2013年,国网累计获得国家科学技术进步奖39项,其中包括特等奖1项、一等奖4项,获得行业奖455项,专利拥有量达到16 399项,比2003年前增长了44倍;形成841项国家、行业标准,建立了系统完整的特高压和智能电网标准体系,特高压交流1 000千伏电压成为国际标准电压①。

2002年南网成立之初,科技基础相对薄弱,没有一家国字号科研机构,技术人员绝大多数从事生产运行管理,拥有专利数不足20项,年科研投入不足2亿元。然而,2012年公司已初步形成了电网安全稳定与控制技术、电网经济运行技术、系统集成应用技术等三大核心技术。10年累计获得国家级、省部级及行业科技奖97项、专利授权974项。根据南网幸福指标体系,开发了幸福测评工具,抽取21 716名员工进行了幸福现状测评,通过测评在公司层面上幸福指数为73.9,员工个体层面幸福指数为76.8,均处于均等幸福。在公司系统各个层级中,呈现出单位级别越低,岗级越低的员工幸福指数相对越低的总体态势。员工队伍优势是,注意安全,责任意识强,人际氛围和谐,品德高尚,家庭和谐,乐岗敬业,企业认同度高,自我发展意识强,管理层优秀,心态积极,创新意识强②。

思考题:
1. 中国电力建设企业在企业文化落地方面还需要哪些有力的举措?
2. 中国五大发电企业文化体系构建中的特色和亮点有哪些?
3. 中国电力建设企业、发电企业和电网企业的企业文化有哪些共性和差异?
4. 中国供电企业在企业文化落地方面还需要哪些有力的举措?
5. 国家电网和南方电网的企业文化有哪些异同?
6. 国外供电企业文化建设特色?

---

① http://www.sasac.gov.cn/n1180/n1566/n259730/n8153738/15283947.html.
② http://finance.sina.com.cn/hy/20120409/112911776142.shtml.

案例：

文化领航企业兴——江苏华电扬州发电有限公司文化兴企

淮左名都，竹西佳处。江苏华电扬州发电有限公司这个坐落在古运河畔的现代能源企业，高擎文化兴企的大旗，以《华电宪章》为统领，主动接受地域文化熏陶，坚持不懈地培育和发展以"发展实力、创新活力、文化魅力"为内涵的"三力文化"，以文化引领科学发展、以文化推动管理创新、以文化凝聚智慧力量，不断激励和引领扬电人在电力体制改革和激烈的市场竞争中，战胜困难，跨越障碍，争创一流。先后荣获全国企业文化优秀奖、华电集团公司企业文化示范基地和安全文化示范单位等殊荣。

发展实力：文化引领科学发展

从文化的源头寻找发展动力，从文化的层面去审视、创新企业管理，坚持以创造可持续价值为先导，坚定不移地实施文化强企战略，扬电公司走出一条文化引领科学发展之路。

二十世纪八十年代末，较早接受企业文化理念的扬电公司，在江苏电力系统率先扬起了文化建设的旗帜。企业文化从客观存在到主动建设，是一种自觉；从主动建设到全面发展，则是一种飞跃。党政工团齐心协力，共同推进文化建设。从单项切入到系统推进，从领导认识到全员认同整体推进，"三力文化"融汇于战略、体现于制度、外化于行为，不断迸发出新的感召力。

"管理一流，指标先进，效益显著，和谐发展"的愿景目标，为扬电公司不断校准科学发展的定位。扬电公司将"发展实力"作为"三力文化"建设的"第一主课"。围绕做大增量、做优存量，努力追求企业外延与内涵双发展，规模与结构相协调。各级领导励精图治，团结带领全员求真务实谋发展、一心一意干事业，不断开创"发展增实力、实力促发展"的新局面。

坚持向先进看齐，与优秀对标，强化精益管理，加大技术创新，打造出依靠内涵发展创效益、树形象的"扬电样板"。以建设环境友好型、资源节约型企业，促进可持续发展为价值取向。扬电公司大力发展循环经济，在同行中率先建设脱硫工程，率先实施机组增容改造、整体优化改造、高压电机变频改造、锅炉微油点火改造等一系列重大节能技改，塑造了"绿色扬电　共享共建"的崭新形象。优化机组运行方式、精细经营要素管理，全面落实各项减排措施，扬电公司各项经济技术指标持续创出历史最好水平，位居同类型电厂领先地位。突出的安全、经营、管理业绩，为扬电公司履行好国有企业三大责任奠定了坚实基础，在江苏"两个率先"、"三个扬州"和"四个华电"建设中，始终发挥着"排头兵"作用。

发展是第一要务。从增强价值创造和可持续发展能力出发，扬电公司抢抓机遇，顺势而为，积极推动企业外延发展，追求规模效益，在推进企业做强做大的征途中不断迈出坚实的步伐。

二十世纪八十年代末,两台20万千瓦机组的建设,使扬电公司枯木逢春,再创辉煌。2002年,以宁启铁路建设为契机,建设铁路专用线,为企业进一步发展赢得先机。2003年,抓住江苏缺电机遇,扩建两台33万千瓦发电供热机组,实现了扬电人"百万电厂"的世纪梦想。十二五期间,扬电公司顺应国家"上大压小、节能减排"新的能源政策,积极呼应华电集团公司、江苏分公司新的发展战略,推出"128"五年规划目标,为企业描绘发展壮大的新蓝图。

扬电公司积极服务华电集团做强江苏板块,在关停20万千瓦四号机组作为句容百万千瓦机组"上大压小"容量的同时,从增强价值创造和可持续发展能力出发,努力推动能耗较大的20万千瓦五号机组关停,抢抓"气化江苏"发展战略机遇,主动对接扬州市生态城市建设规划,加快转变发展方式,大力推动煤机向燃机的转型发展。2012年一季度,9F燃机项目、维扬分布式能源项目分别获得国家能源局和省能源局"路条",差异化发展为扬电公司发展实力的增强开拓了新的空间。

事业激发斗志,"发展实力"的文化火炬点燃了员工管理效益双提升、战略转型创一流拼搏奋进的信心,不断给予员工同舟共济、共渡难关的精神动力,让全员在思想上与企业未来发展的美好诉求同步跟进。

创新活力:文化推动管理创新

文化创新带动了企业全面创新。以创造更大的经济、社会、人文价值为使命,扬电公司自强求变,倡导创新意识,健全创新机制,鼓励创新行为。

坚守"诚信、求真、和谐、创新"的核心价值观,以创建华电优秀发电企业、先进企业和星级发电企业为主线,以管理创新年活动为抓手,将新战略、新理念、新要求,引入到生产、经营、管理各个方面,贯穿到规章制度、管理流程、工作标准。文化引导的软性效应和制度执行的刚性效应有机糅合,"三力"文化在企业精益化管理中不断展现出新的活力。

不管遇到什么样的冲击,无论是规划长远还是近期决策,扬电公司坚持以"务实创新、追求卓越"的企业精神把握全局,把保持发展先进作为"第一标杆"。

"科学决策,效益至上"的经营理念和"制度为准,以人为本"的管理理念在企业管理等各个环节得到创造性地运用。围绕低成本运行、指标最优化、效益最大化,抓电量创效、抓燃料降本、抓融资保障、抓掺配掺烧、抓增收节支,突出管理先行先试的《经营文化》,指引全员励精图治、逆势图强,向管理要效益。以"月度管常规、季度管重点、年度管目标、专项管贡献"为特点的绩效管理体系,充分调动、保护好员工的积极性和创造性。学习型党组织建设带动学习型企业创建,180多个学习实践型团队及时将成果转化为管理效益双提升的科学思维和方法措施。适应市场化运营新要求的全方位对标管理、全面预算管理、全员绩效管理,在产生效益的关键环节和流程上抓细抓实,促进企业向经营型、精益化转变。文化管理的张力,引领扬电公司在变革中取得进步,在困境中求得生存,经受了电力体制深化改革、企业改制运营的历炼,经住了煤炭、资金、电力市场前所未有的严峻考验。在激烈的市场竞争中,扬电公司一次又一次越过激流险滩,取得令同行为之瞩目的经营业绩。

安全是企业最大的效益,也是衡量国企社会责任和企业形象的重要标志。扬电公司安全生产十一周年的创新实践证明,只有当安全成为文化,安全生产才会成为一种必然。

从"四新保一新"思路的提出,到"强化超前防范,严格过程管理"理念的形成,再到"两高两低"工作标准的推出。在建设本质安全型企业的雄关漫道上,积极探索具有扬电特色的安全文化建设,打开了企业安全发展的平安之门。

坚持以人为本,运用安全文化的渗透力,着力培养安全思想意识高、安全防范能力强的高素质员工队伍。推进制度创新,运用安全文化的扩张力,不断完善过程精细、管理闭环的安全生产长效机制,努力打造安全压力层层分解、安全责任人人分担的安全环境。强化设备管理,运用安全文化的创造力,全面破解制约安全生产的难点、重点问题,努力打造安全可靠、状态优良的设备。让安全的人驾驭安全工作,用安全的环境规范安全行为,以安全的设备保证安全生产,使扬电公司不断化解安全生产上行压力,牢牢把握安全生产的主动权。截至4月30日,扬电公司连续安全生产突破4660天,再次刷新历史纪录,连续安全生产纪录在华电集团系统位居前四位。

把人才资源作为第一资源,创新人才理念,大力实施"人才强企"工程。科学合理的教育培训、人才选拔、动态管理及评价、奖惩机制,让能干事的有机会,想干事的有舞台,干成事的有待遇,开垦出让优秀人才脱颖而出新天地。不仅直接推动了扬电公司各项工作的创新突破和全面先进企业形象的确立,还为华电在江苏的发展输送了大批人才。

谈到"三力文化"的作用,扬电公司总经理孙志宏深有感触地说:"文化建设的繁荣发展,助推了扬电公司管理水平的提升,团队凝聚力的增强,员工行为的规范,为企业切实履行好政治、经济、社会责任发挥了重要作用。"

全国五一劳动奖状、全国精神文明建设工作先进单位、全国和谐劳动关系优秀企业、全国模范职工之家、中央企业先进集体、江苏省循环经济示范单位⋯华电集团公司首批优秀企业、先进企业、四星级企业⋯⋯作为华电系统基层发电企业一面先进的旗帜,扬电公司获得的重量级荣誉背后是文化兴企生动实践的成功案例。

文化魅力:文化凝聚智慧力量

围绕一个目标、坚持两个融合、导入三大系统、注重四个"特"字,经过四个阶段、27年的持续创新发展,"三力文化"建设进入了"深水区"形成了具有鲜明特色的五大文化体系。

企业是树,文化是根、员工是本。扬电公司将企业为人、企业靠人、企业聚人的人本理念贯彻到文化建设的实践之中,让员工与企业同发展、共奋进,扬电公司以文化人的实践不断绽放出独特的魅力。扬电公司党委书记洪顺荣在各种场合反复强调:"企业越是困难,越要最大限度地运用先进文化把员工的思想凝聚起来,潜能激发出来,要努力用愿景鼓舞人,用精神凝聚人,用机制激励人,用环境培育人。"

以企业精神引领员工,主题教育激发员工,文明创建提升员工。连续十多年开展的"一年一主题,一年一特色"的职工主题教育活动和"四文明"创建等活动,积极构筑培育企业精神的"灌溉渠"。企业精神"内化"为"责任担当,价值归属"的精神动力,促进广大员工加强公司分文化、部门子文化的实践运用,努力用实际行动向最好最优看齐。

党政同频共振,421讲学工程、党建"三示范"、623片区共学共建模式、党建数字化管理,在提高企业党建科学化水平的创新实践中树立的品牌,为企业实现可持续发展提供坚强的政治保障。思想政治工作共融互补、目标同向、行动同步。加强社会主义核心价值观和道德教育,强化典型引路,倡导岗位建功,激励员工展风采、争贡献。

大力开展春送祝福、夏送凉爽、秋送助学、冬送温暖"幸福行动"。"企业给我一分爱,我还企业十分情"。广大员工用更加旺盛的工作热情回报企业。热心社会公益事业,持之以恒为社会奉献爱心与温暖,充分展示了企业与员工回馈社会的高尚情怀。扬电公司重视用深厚的扬州文化滋润员工,努力在文化大市建设中放大"文化魅力"。

成立江苏省首家企业文联,定期举办企业文化艺术节,12个群众性文体协会组织开展丰富多彩的活动,陶冶员工精神生活,培养了团队拼搏精神。"电火花"文学社作为电力行业文化艺术的奇葩和展示扬电形象的'文化名片',被王蒙、汪曾祺、白桦等一大批著名作家誉为"奇特的扬电文化现象"。

优秀文化的驱动,使具有50多年历史的扬电公司接受了洗礼,规模速度与质量效益相统一、企业发展与经济社会资源环境相适应、物质文明与精神文明相支撑、企业发展与员工发展相协调,文化的"软实力"持续转化为推动科扬电公司学发展的核心竞争力。面对企业加速转型升级的新形势新任务,贯彻党的十七届六中全会精神,以《华电宪章》为统领,实施企业文化建设三年规划,"三力"文化将引领扬电公司乘风破浪,持续前行!

(案例来源:http://www.cec.org.cn/hangyewenhua/qiyeguanli/2013-02-25/97629.html.)

案例分析:

江苏华电扬州发电有限公司以《华电宪章》为统领,构建"发展实力、创新活力、文化魅力"为内涵的"三力文化",将"三力"文化纳入企业发展战略、融入生产经营管理。强化时代特征,以价值思维、理念创新和文化创新落实经济责任、政治责任和社会责任。突出地域特色,打造三力文化的三张王牌,即文化"品牌"、绿色"品牌"、文明"品牌"。围绕发展是第一要务的目标,以人为本,将企业为人、企业靠人、企业聚人的人本理念贯彻到文化建设的实践之中,让员工与企业同发展、共奋进。运用安全文化的渗透力,着力培养安全思想意识高、安全防范能力强的高素质员工队伍;创新人才理念,大力实施"人才强企"工程。扬州发电有限公司将企业文化建设发展与时代特征、行业特质、地域特色相结合,形成鲜明特色的文化体系,2013年被国务院国资委命名为中央企业企业文化建设示范单位,2014年获得电力行业企业文化优秀案例一等奖。

参 考 文 献

1. [美] 阿伦·肯尼迪, 特伦斯·迪尔. 西方企业文化[M]. 北京: 中国对外翻译出版公司, 1989.
2. [美] 埃德加·H·沙因. 企业文化生存指南[M]. 北京: 机械工业出版社, 2004.
3. [美] 埃德加·H·沙因. 企业文化与领导[M]. 北京: 中国友谊出版公司, 1989.
4. 鲍玉敏. 大庆油田电力集团企业文化建设研究[D]. 哈尔滨工业大学, 2009.
5. [美] 彼得·圣吉. 第五项修炼: 学习型组织的艺术与实务[M]. 郭进隆译. 上海: 上海三联书店, 1994.
6. 蔡罕, 郭鉴. 传播学视阈下的企业文化研究[M]. 杭州: 浙江大学出版社, 2010.
7. 陈春花. 从理念到行为习惯[M]. 北京: 机械工业出版社, 2013.
8. 陈元芳, 张捷, 刘大利. 企业文化简明教程[M]. 武汉: 华中科技大学出版社, 2013.
9. 陈宗法. 电改八年: 催生发电行业六大新变化[N]. 中国证券报. 2010-9-7.
10. 成刚. 领导人是企业文化的倡导者和推行者[J]. 中外企业家, 2010(1): 56—60.
11. 戴纲书. 现代企业文化新论[M]. 武汉: 武汉人学出版社, 2002.
12. [美] 戴维·尤里奇, [美] 史蒂夫·克尔, [美] 罗恩·阿什克纳斯. 通用电气模式[M]. 北京: 机械工业出版社, 2011.
13. 邓光华, 杨怡, 任维萍. 浅析电力企业领导班子的团队建设[J]. 管理观察 2009(10): 107—109.
14. 邓亚红. 核心模式[M]. 北京: 中国电力出版社, 2010.
15. 定雄武. 企业文化[M]. 北京: 经济管理出版社, 2012.
16. 窦琳琳. 电力企业管理人员领导力开发模式初探[J]. 中国电力教育, 2008(20): 260—261.
17. 范运年. 落实十八大精神, 加强电力企业领导力建设[J]. 中国电力教育 2013(3): 8—11.
18. 范志红. 五凌电力公司企业文化建设研究[D]. 湖南大学, 2012.
19. [美] 菲利普·科特勒, 南希·李. 企业的社会责任——通过公益事业拓展更多的商业机会[M]. 北京: 机械工业出版社, 2005.

20. 高歌. 对电力企业打造核心竞争力的思考[C]. 纪念改革开放 30 周年优秀论文集, 2008.
21. 高寅欣. 电力行业企业文化测评研究[D]. 北京交通大学. 2008.
22. 郭斌. 浅谈我国电力企业的社会责任[J]. 城市建设理论研究, 2013(15): 75—76.
23. 国家电网: 建设卓越的企业文化推动企业科学发展, http://www.sasac.gov.cn/n1180/n1566/n259730/n8153738/15283947.html.
24. 国家电网公司对外联络部. 国家电网公司第六次荣获"中华慈善奖"[N]. 中国电力网, 2013-4-19.
25. 国家电网公司人力资源部. 企业文化[M]. 北京: 中国电力出版社, 2010.
26. 洪向华. 论企业文化与企业领导的辩证关系[J]. 理论探讨, 2003(3): 81—82.
27. 黄其励. 火力发电可持续发展新技术[J]. 中国电力, 2002(1): 8—12.
28. 黄伟峰. 关于供电企业社会责任承担的思考[D]. 华中科技大学, 2007.
29. 贾德昌. 让北京上海率先购买绿色电力[J]. 中国工程咨询, 2002(2): 7—9.
30. 江苏省电力公司. 电力企业班组文化建设[M]. 北京: 中国电力出版社, 2006.
31. 黎群, 唐艳. 对企业文化测评方法的研究[J]. 北京交通大学学报(社会科学版), 2007(4).
32. 李春萍. T 集团企业文化诊断[D]. 华南理工大学, 2010.
33. 李珂. 电力企业伦理建设[J]. 安徽电气工程职业技术学院学报, 2004(4): 96—99.
34. 李潇, 巫世晶, 李国庆. 领导力与现代电力企业创新发展[J]. 领导科学, 2011(29): 57—58.
35. 李雪松. 浅谈电力企业领导干部的管理[J]. 广东科技, 2012(23): 18—19.
36. 李亚民. 企业文化学[M]. 北京: 机械工业出版社, 2012.
37. 林海斌. 企业文化与企业核心竞争力[J]. 党政干部学刊, 2012(6).
38. 刘光明. 企业文化教程[M]. 北京: 经济管理出版社, 2008.
39. 刘一丁. 我国电力体制改革进程[N]. 中国能源报, 2012-3-19, 第 05 版.
40. 刘志耀, 董韶华. 企业文化理论与实务[M]. 北京: 中国经济出版社, 2004.
41. 卢代富. 国外企业社会责任界说述评[J]. 现代法学, 2001(6): 137—144.
42. 卢建昌, 牛车晓. 电力企业管理[M]. 北京: 中国电力出版社, 2007.
43. 吕良伟. 中国电力工业发展及产业结构调整[J]. 中国电力, 2002(1): 1—7.
44. 南方电网公司发布企业社会责任报告, http://www.gd.xinhuanet.com/newscenter/2014-05/17/c_1110734688.htm.
45. 南方电网公司发布企业社会责任报告[N]. 南方电网报, 2015-1-16.
46. 南方电网捐助 500 万元参与重建的玉树中学挂牌, http://www.sasac.gov.cn/

n86114/n326638/c855295/content.html.

47. 潘冬冬. 电力企业文化建设与发展策略研究[D]. 天津大学,2012.
48. 邱建伟. 突破文化"落地"的障碍[J]. 企业文明,2006(7).
49. 权勤升. 国有企业领导人才管理机制研究[D]. 安徽大学,2007.
50. 桑庭晓. 绿色生态视野下电力企业的环境社会责任[J]. 社会文化,2010(10):34—38.
51. 山东中烟工业公司青州卷烟厂企业文化调查问卷. 北京仁达方略管理咨询有限公司,2008.
52. 社会榜样型企业推进绿色发展的基本范式——《国家电网公司绿色发展白皮书》框架与内容解读,http://www.sgcc.com.cn/bps/news/04/221507.shtml.
53. 申望,李秋燕. 成功企业的企业文化[M]. 北京:中国华侨出版社,2002.
54. 实现企业发展与经济社会发展的和谐统一 中央企业履行社会责任要发挥重要的表率作用,http://www.sgcc.com.cn/ztzl/nzgzhy2006/cjhg/40213.shtml.
55. 史永辉,刘鹏,陈耀. 电力企业核心竞争力提升中存在的问题及对策[J]. 产业与科技论坛,2012(3).
56. [美]斯蒂芬·罗宾斯. 管理学(第4版)[M]. 北京:中国人民大学出版社,1997.
57. 孙海彬. 电力发展概论[M]. 北京:中国电力出版社,2008.
58. [美]托马斯·J.彼得斯,小罗伯特·H.沃特曼. 成功之路[M]. 北京:中国对外翻译出版公司,1985.
59. 汪礼建. 电力企业文化与核心竞争力探析[J]. 现代管理科学,2005(1).
60. 王成荣. 企业文化[M]. 北京:中央广播电视大学出版社,2000.
61. 王吉鹏,郭正杰,徐耀强. 企业文化重构[M]. 北京:中国电力出版社,2007.
62. 王吉鹏,李明. 企业文化诊断评估理论与实务[M]. 北京:中国发展出版社,2005.
63. 王吉鹏. 中国电力行业企业文化管理状况调查[J]. 电力设备,2004(7).
64. 王继承. 哈电成功之道[M]. 北京:机械工业出版社,2012.
65. 王景升. 企业文化建设落地的途径与方法[J]. 现代商业,2009(11).
66. 王敏,马宗林,孙刚等. 世界知名电力企业社会责任创新实践[M]. 中国电力出版社,2010.
67. 王冉. 中华老字号企业文化的诊断与变革[D]. 华东师范大学,2010.
68. 王彦亮. 面向电力行业企业的企业文化管理研究及应用[D]. 重庆大学,2010.
69. 王赵宾. 中国电建重组之重[J]. 能源,2012(11).
70. 王卓. 企业文化测量及实证研究[D]. 吉林大学,2007.
71. [美]威廉·大内. Z理论——美国企业界怎样迎接日本的挑战[M]. 北京:中

国社会科学出版社,1988.
72. 魏杰.企业文化塑造:企业生命常青藤[M].北京:中国发展出版社,2002.
73. 武淑平.电力企业生产中人因失误影响因素及管理对策研究[D].北京交通大学.2009.
74. 肖海:南方电网员工处于均等幸福状态,http://finance.sina.com.cn/hy/20120409/112911776142.shtml.
75. 谢厚鹏.企业文化的定性与定量测评研究[D].北京交通大学,2006.
76. 新电改方案已内部下发[N].京华时报,2015-03-23.
77. 徐耀强.电力企业文化建设进程[J].中国电力企业管理,2009(22).
78. 徐耀强.企业故事:演绎企业文化的有效工具[J].中国电力企业管理,2009(1).
79. 阎世平.和而不同——母子公司型企业集团文化整合的根本原则[J].经济问题探索,2003(9).
80. 杨克明.企业文化落地高效手册[M].北京:北京大学出版社,2012.
81. 杨月坤.企业文化[M].北京:清华大学出版社,2011.
82. 叶子.国家电网公司十年创新发展路[N].中国电力网,2013-7-12.
83. [美]约翰·科特,詹姆斯·赫斯科特.企业文化与经营[M].北京:华夏出版社,1986.
84. 张德,潘文君.企业文化[M].北京:清华大学出版社,2013.
85. 张德.企业文化建设[M].北京:清华大学出版社,2009.
86. 张德.企业文化与CI策划[M].北京:清华大学出版社,2013.
87. 张海滨.宁夏电力公司企业文化建设研究[D].华北电力大学,2010.
88. 张勉,张德.组织文化测量研究述评[J].外国经济与管理,2004(8).
89. 张勉.企业文化的诊断应用研究——以某家电力工程公司为例[J].管理评论,2005(9).
90. 张小敏,李明东,柴炜.浅析新时期电力企业领导干部的考核[J].经营管理者,2012(22):321—322.
91. 张岩松,周宏波,乌玉洁.企业文化案例教程[M].北京:清华大学出版社,北京交通大学出版社2012.
92. 张怡梅.企业文化与提升企业核心竞争力[J].商业研究,2006(24).
93. 章登庆.企业文化建设落地研究[D].首都经济贸易大学,2006.
94. 赵建国.南方电网公司以廉洁风险防控机制建设为切入点 推动惩治和预防腐败体系融入企业管理[N].中国纪检监察报,2011-11-29.
95. 赵蕊.长江电力企业文化体系构建研究[D].重庆大学,2008.
96. 赵霞.日照供电公司企业文化诊断评估[D].山东大学,2009.

97. 赵鑫彩. 基于接受心理的企业文化落地策略探析[D]. 山东师范大学,2011.
98. 赵忆. 基于 FCA 的母子型国有企业集团文化落地研究及应用[D]. 重庆大学,2012.
99. 郑伯埙. 组织文化价值观的数量衡鉴[J]. 中华心理学刊,1990(32).
100. 中国储能网新闻中心. 凝聚在科学发展的旗帜下 国家电网公司十年[N]. 国家电网报,2013-1-6.
101. 中国大唐集团公司:2012 年社会责任报告、2013 年社会责任报告. http://www.china-cdt.com/dtwz//indexAction.ndo? action = showNewsList&s = shzr_shzrbg&t = index_shzr.
102. 中国大唐集团集团公司:2011 年社会责任报告、2013 年社会责任报告. http://www.china-cdt.com/dtwz//indexAction.ndo? action = showNewsList&t = index_shzr&s = shzr_shzrbg.
103. 中国电建"走出去"可再干三五十年. 中国证券报[N]. 2014-2-17.
104. 中国电力投资集团公司:2012 年社会责任报告、2013 年社会责任报告. http://www.cpicorp.com.cn/shzr/shzrbg/.
105. 中国国电集团公司:2012 年社会责任报告、2013 年社会责任报告. http://www.cgdc.com.cn/shzr/index.jhtml.
106. 中国华电集团公司:2012 年社会责任报告、2013 年社会责任报告. http://www.chd.com.cn/channel.do? cmd = show&id = 725.
107. 中国南方电网:2010、2011、2012、2013 年社会责任报告,http://www.csg.cn/shzr.
108. 中国南方电网有限责任公司. 南方电网成立十周年 致力于建设国际先进电网企业[N]. 人民日报,2012-12-31.
109. 周俊. 电力企业领导学习力培育研究[J]. 科技与企业,2012(22):46—47.
110. 周焱、梁东刚. 新形势下电力企业文化建设研究[J]. 山西财政税务专科学校学报,2010(24).
111. 邹春阳. 大庆电力集团企业文化建设研究[D]. 大庆石油学院,2008.
112. Cameron K. S., Quinn R. E. *Diagnosing and Changing Organizational Culture: Based on The Competing Values Framework*[M]. New York:Addison-Wesley Press, 1998.
113. Denison D. R., Mishra A. K. *Toward a Theory of Organizational Culture and Effectiveness*[J]. Organization Science, 1995, 6(2):204-223.
114. Hofstede G., Neuijen B., Ohayv D., et al. *Measuring Organizational Culture: A Qualitative and Quantitative Study across Twenty Cases*[J]. Administrative Science Quarterly, 1990, 35:286-316.

115. Reilly C. A., Chatman J., Caldwell J. *People and Organizational Culture: A Profile Comparison Approach to Assessing Person — organization Fit*[J]. Academy of Management Journal, 1991(34): 487-516.
116. Samuelson, Paula. The Pure Theory of Public Expenditure [J]. Review of Economics and Statistics, 1954(36). 387-389.

图书在版编目(CIP)数据

电力企业文化理论与实践/何宇宏等编著. —上海:复旦大学出版社,2015.10
(复旦卓越·经济学系列)
ISBN 978-7-309-11750-9

Ⅰ.电… Ⅱ.何… Ⅲ.电力工业-企业文化-高等学校-教材 Ⅳ.F407.61

中国版本图书馆 CIP 数据核字(2015)第 212373 号

电力企业文化理论与实践
何宇宏 等 编著
责任编辑/宋朝阳 谢同君

复旦大学出版社有限公司出版发行
上海市国权路 579 号 邮编:200433
网址:fupnet@fudanpress.com http://www.fudanpress.com
门市零售:86-21-65642857 团体订购:86-21-65118853
外埠邮购:86-21-65109143
浙江省临安市曙光印务有限公司

开本 787×960 1/16 印张 17.75 字数 331 千
2015 年 10 月第 1 版第 1 次印刷

ISBN 978-7-309-11750-9/F·2187
定价:35.00 元

如有印装质量问题,请向复旦大学出版社有限公司发行部调换。
版权所有 侵权必究